創意戲劇化
圖畫書教學

李玉玫 著

序

　　自從參加如果劇團辦的創意戲劇研習，發現小學生心理緣於其表象、想像、思維、言語的逐步發展，非常適合創意戲劇教學，但目前在國內一般教師認為課程較費時間，不便實施。本研究試著將圖畫書和創意戲劇結合，配合閱讀課、彈性時間、綜合領域等課程，企圖整合建構出適合教師在圖畫書教學上，可以激發學習者更多的想像力及創意，並運用不同方式編寫劇本、演出。演故事模式，包括舞臺劇、廣播劇、相聲劇、故事劇場等，分別取其多媒體運用、聲情美、諧趣化和敘述表演等特性來進行創意教學，期待這套模式足夠讓學習者因喜愛戲劇活動而愛上閱讀、會嘗試自己編劇、獨立完成表演，進而明白圖畫書書中蘊含的真理；將所以意識到的知識、道理運用在日常生活，並擴展圖畫書教學的境界。

　　本書的完成，特別感謝上帝賜給我智慧和創意以及許多人的協助、支持與鼓勵。首先最要感謝的是指導教授周慶華老師，如果不是老師的督促、指導和鼓勵，論文不可能如期完成。在求學這段期間看到老師不僅花很多時間教我們研究的方法與態度，也對學生付出滿滿的愛與關心，這些都深深影響我做學問、做人的態度，能遇到老師，真是我生命中的貴人。

　　此外感謝口試委員母校英美系溫宏悅教授、蔡佩玲教授在論文口考時提出許多寶貴的建議與指導，讓本論文得以修正的更加完整，並可做為未來可繼續研究的方向。這三年來感謝語文教育研究所的王萬象老師、洪文珍、洪文瓊、陳光明老師，在課業及生活上的指導、照顧與鼓勵，使得久未當學生的我，在研究所的生涯得以順利展開，充實而愉快的度過這三年時光。

　　另外要感謝班上三十一位活潑熱情的微笑天使寶貝們，一直支持配合這次研究，用心閱讀圖畫書、寫劇本、排演，並接受訪問，讓這次的實證研究能很順利以質性研究法來檢證創意戲劇化圖畫書教學的內容。

　　還要感謝同學、好友們的鼎力相助；三位同事在臺東生活起居上的照顧；讀書會好姊妹的關心、教會小組兄弟姊妹隨時的陪伴和代禱；輔導團夥伴們的鼓勵，校長、主任、同事對我的教學和演出，給予的協助和配合，這些愛才能支持我努力完成研究。

　　這段時間裡還要感謝的是家人的體諒與支持，使我能將大部分的心力投注在課業上。更謝謝國榮在身旁默默的支持與鼓勵，才能完成到臺東築夢的理想，以及兩位可愛的女兒，因為妳們的貼心，讓我的求學生涯劃上美好的句點。

　　最後感謝臺東的好山好水，浸潤了我的心靈：感謝這些精采的課程，開闊了我的人生！此時此刻，道不盡感謝的心情，獻上最誠摯的祝福給所有幫助我的天使。此外，本書付梓缺失疏漏之處在所難免，尚請諸先進不吝指正。

李玉玫

臺東 2011.08

目　錄

圖　次

表　次

第一章　緒論

第一節　研究動機

關於我的研究動機，先來分享一本圖畫書的故事吧！

今天是感恩節，艾德和安妮獨自在家。而且……喔，糟糕！安妮把晚餐烤焦了！安妮的心情壞透了，因為她搞砸了感恩節，決定去燙衣服，但是艾德肚子好餓。艾德說：「我們去看看街上那間新開的餐廳，還有沒有在營業。」新世界餐廳的大門還開著。艾德說：「太棒了！」「艾德，我們好像不應該來這裡。」「別胡說八道了！反正，他們的門開著。」好幾隻不高興的眼睛正在廚房門後偷看。「太可惡了！」李歐小聲說。「誰忘了把大門關上？我們今天不營業啊！唉！感恩節大餐泡湯了。」塔雅娜：「我來敲鍋子，把他們嚇跑。」（黛比・艾威爾，2005：4-12）

孩子們很生氣這對不速的客不請自來，想盡方法要把他們嚇走，不讓他們毀了在美國第一個感恩節大餐！可是老奶奶卻告訴孩子們要張開雙手邀請艾德和安妮，加入這場筵席，一起吃飯唱歌跳舞，互相分享兩個不同民族感恩節文化。於是兩家人成了好朋友，並且感受奶奶說的智慧哲理：「感恩節的大門就像快樂的心，要大大敞開著。」（黛比・艾威爾，2005：13-28）

會接觸這本書是聽了劉清彥的導讀和介紹，讓我很感動！故事中散發出的溫暖和力量，可以深深觸動孩子的心。剛好我參加如果劇團辦的「圖畫書創意戲劇」研習，那場研習主要是說明圖畫書內容非常吸引孩子，它也最貼近孩子的思考面、生活面，再加上書中呈現的畫面，老師只要運用創造性戲劇的元素（暖身、故事、音樂、創意、思考辯論劇、簡易道具），就能協助孩子理解書中的內容，並提供孩子進入故事的想像空間，將書中沒有說清楚的內容或主角遇到的問題與困境，透過討論將想出的方法即興創作演出來。於是我在班上用這本書帶領孩子進行創

意戲劇化教學，將孩子在安妮烤焦火雞時以及在餐廳要和這對老夫婦說什麼話，才能熱絡氣氛。所想出的方法，寫入劇本，並指導他們製作道具，配合音樂，在晨會時間演給全校師生欣賞，獲得無數的好評與讚賞。

　　演完後，我問小朋友：「你們真的每件事都會感恩嗎？有沒有什麼事你不太想感恩？」他們分享有時候被父母罵，或被別人欺負，還有人說踩到香蕉皮滑一跤等等，讓他們不想感恩。可是這時候班上的小朋友，就會幫他們找可以感恩的理由，五花八門。也許是書中最有智慧的艾德在故事結局說的一句話：「我覺得最值得感恩的就是妳把我們晚餐烤焦了。」（黛比‧艾威爾，2005：30）打動了小朋友的心，因為連這個事情都可以感謝，那每件不順遂的事似乎都可以找到感恩的方法了。看到戲劇的力量，不僅可以讓孩子體會書中人物的心情，也讓他們可以改變思維。因此，我又以同樣的方法運用於不同的圖畫書，發現這套方法在教學上非常實用。

　　由於我個人是臺中市生活領域輔導員，必須承辦主題輔導研習，所以我在 2008 年利用四個星期一下午主講了四場「當圖畫書遇上戲劇～擦出表演的火花」研習，參加的八十多位老師，都努力學習創意戲劇的方法，並應用在圖畫書和課文教學。最後一堂課，分四組即興演出四本圖畫書，每一組都創意無窮，令人驚豔。老師們在研習回饋單上，寫了很多對創意戲劇教學的想法，大部分老師覺得很實用，回去很快就能運用在課文、圖畫書教學；但是有些老師質疑這套教學，教學者很費心力，很花時間，孩子上這些課，真的會具有創造和思考的能力，並能運用在生活的真實情境？

　　看到這些老師的疑問，讓我也很懷疑這套教學是否對孩子有很大的幫助。由於先前我一直擔任中、低年級老師，限於孩子的能力，所以大部分圖畫書的創意教學內容、劇本改寫，都是我花很多時間去思考完成，於是我為了想將這套教學能理論化、實用化、更簡單化，決定將這群孩子由低年級一直帶到高年級，看看他們是否能透過這樣的教學，在生活中具備帶得走的能力。

　　現在他們已經是六年級的學生，觀察思考能力、書寫能力、邏輯組織已經有一定的水準。在姚全興《兒童文藝心理學》中談到有關兒童文學心理發展的內容如下：文學心理因素包括表象、想像、思維、言語等，因此兒童文學心理的發展，離不開兒童表象、想像、思維、言語的發展。（姚全興，1990：234-235）而小學六年級學生心理發展其表象、想像、思維、言語的逐步發展，最適合做這項研究。我希望能利用閱讀課、綜合活動課、彈性時間，透過創意舞臺劇、廣播劇、相聲劇、故事劇場的練習，訓練他們由故事中揣摩故事人物的聲音、表情、動作，並嘗試編寫劇本，讓他們有這方面的能力，可以獨立完成表演。最好能配合學校閱讀本位課程，每一年上學期舉辦的「閱讀推銷高手」比賽，這個比賽辦法是不限人數，孩子自由報名，利用升旗時間上臺推銷圖書館的好書。倘若表現非常優秀，可以代表學校到校外參加比賽。並鼓勵他們分組將圖畫書改編成腳本，定期到低年級說演故事，不但可以磨練自己的膽量，還可以培養自己說演故事的技巧，以及團隊合作表演的能力和激發出更多的創意。最後目標是能將圖畫書改編為舞臺劇，利用各班「大膽秀自己」的時間，在學校正式演出。

　　因此，這項研究將會根據班上的學生，挑選不同類型圖畫書，增加閱讀理解的能力、創意戲劇的多面向，讓每個不同專長的孩子，都有屬於自己的舞臺。而如何指導學生能有多面向的創意思考力和表演能力，並用理論來引導教學，這也是我所要研究的動機。倘若能研究出一種創意戲劇化圖畫書教學的課程，讓教學者有參考的依據，並能讓學生在小學時就能感受閱讀和戲劇的樂趣，這將是圖畫書教學的一大進步。

第二節　研究目的與研究方法

　　至於如何指導學生能將圖畫書的內容，用創意說演方式，轉化成一個吸引人聆聽的故事，除了老師要有創意以及對故事內容的敏感度，還要具備演說、戲劇的功力，才有能力培養學生的閱讀理解能力、編寫劇本能力以及說演表演能力。當我意識到這些問題的存在，就要去解決，

而解決問題就是研究的目的。「哲學上的目的因是說凡是出於有意的行為，都有目的的『先行意識』及其『最後達成』，而這又可分為行為本身的目的和行為者的目的兩種狀況。」（周慶華，2004a：5）因此，本研究目的包括兩個部分：一為研究本身的目的（就是解決「創意戲劇化圖畫書教學問題」）；一為我作為研究者的目的。

就研究本身的目的來說：圖畫書的故事跨越不同時空，內容包羅萬象，作者擷取幻想和神秘元素融入故事創作，讓學生在閱讀時，引發他們遊走想像和現實的思維特質，產生關聯性思考，在故事裡自然會將自我經驗和故事中的情境與角色情感連結在一起，彷彿故事內容談的就是自己，並在閱讀中發現自己，將自己的觀點和心境與文本結合，靠想像化解自己面對的困境壓力和解決問題，並化身為現實中不存在的角色，從中獲得愉悅和滿足。因此，閱讀的當下，那些曾經出現在我們生活中的各種情緒、情感和人際互動的經驗，或是我們所處的環境和關心的事物，甚至是過去的閱讀經驗，都會在閱讀中產生關聯。書裡常常蘊含許多大智慧，這些訊息會一點一滴滋養讀者的生命，幫助他們建立積極向上的生命，形成足以穩定思維和行事的價值觀，轉化為成長的重要力量（劉清彥，2006：12-15）；進一步擴展他們的視野和生活經驗，再加上畫面，很容易理解作者所要傳達的意義。例如：《桂花雨》這本圖畫書，由黃淑英將散文家琦君寫的故事畫上插圖，並細心考證民初人物的穿著、生活的情景，將琦君童年時期以來的種種生活，重現在學生的眼前（琦君，2002），讓他們從琦君細膩多情的文筆，可以看到原來平凡的生活裡，竟然蘊藏這麼多不平凡的故事。學生看完書，對當時民國初年的學生生活，會有初步的認識。再利用創意戲劇化的元素，帶領學生在學習過程中，理解琦君當時的學生生活和家庭生活。創作性戲劇是「一種即興的、非表演性，且以過程為主的一種戲劇形式。活動的方式是由一個領導者帶引參與者將人類生活的經驗加以想像、反應及回顧的過程」。換句話說，創作性兒童戲劇是「老師引導孩子們去思考、去想像且釐清他們的想法，進而幫助他們用自己的語言和動作來表達和勾繪出他們的內心世界」。（莎里斯貝莉，2000：10）以圖畫書作為輔助教學的教材，可引導學生閱讀理解圖畫書文本後，再利用創意舞臺劇化、廣

播劇化、相聲劇化、故事劇場化等戲劇化的具體作法，彌補學校的語文教學。由於教師未能系統化納入文學的技巧賞析和創作思考訓練，所以造成我們的學童在有範圍的主題裡不但畏怯「說話」，也無法以流暢文字表露其個人的思想，以致完成的作文很少有文學的語言。因此，藉此理論的建構，是為了喻示強化彌補正式語文課程的不足。

　　就研究者的目的來說，不外乎要「藉著所解決的問題來遂行權力意志（包括謀取利益、樹立權威和行使教化）和體現文化理想」。（周慶華，2004a：6）而我作為這次研究者的目的，是希望學生透過圖畫書的閱讀，讓他們對抽象不易領會的真理、能很快明白其中的意涵，也可以提升心靈的思維、以及看待人事物的眼光和角度，都會有奇妙的影響。

　　我更期待這個研究能建立一個可供圖畫書教學教材的方向，以創意戲劇化的方式，讓每個學生可以透過表演，包括模仿與自己創作的表演，建立對事物的理解，更可以透過群體合作，達到相互溝通與相互學習的機會，讓學生對自己的肢體和說演能力更有自信。再者期望將研究的一些新的方法，提供有興趣從事圖畫書戲劇化教學者的參考，期待他們能再激發出更多教學火花，讓更多教學者和學生受惠。

　　本研究為了讓學生人手一本書，可以進行深度討論和分享，以及將創意編寫簡單的劇本和腳本，所以將以學校班書為教材，為了能配合研究的教學向度（多媒體運用、聲情美、諧趣化、敘述表演）教學，將選擇四本具有代表性的圖畫書《你很特別》、《桂花雨》、《兩姊妹和她們的客人》、《不是我的錯》作單一圖畫書進行研究印證，而非單一圖畫書則和其他班書搭配使用進行研究印證。

　　為了能順利達到這些目的，我必須使用一些相應的方法。本研究屬於理論建構的範疇；而為了使論述更行綿密，還會搭配以實務印證。而有關理論建構的規律，在周慶華《語文研究法》一書，則有清楚的敘述：理論建構，講究創新，大致上從概念的設定開始，經由命題的建立到命題的演繹及其相關條件的配置等程序而完成一套具體系且有創意的論說。（周慶華，2004a：329）

　　根據這論點，本研究要建構的理論，必須先將所有涉及的面向一一列出加以設定。在研究創意戲劇化圖畫書教學的意涵上，涉及創意、戲劇化、圖畫書的間的關係，這樣形成概念一：創意、戲劇化、圖畫書。

　　此概念一形成後，創意教學還涉及無中生有、製造差異的創意思考教學，希望藉由不同的圖畫書能讓學生激盪出更多水平思考、逆向思考，並藉由不同方式訓練學生說演的技巧。這便形成概念二：無中生有、製造差異、廣播劇、相聲劇、舞臺劇、故事劇場。

　　概念一、概念二都設定後，接著要建立命題以確認所要發展的觀點。這裡要建立的命題有五個：創意戲劇化圖畫書教學有特定的取向（命題一）；圖畫書教學可以與舞臺劇結合來展現多媒體運用的創意性（命題二）；圖畫書教學可以與廣播劇結合來展現聲情美的創意性（命題三）；圖畫書教學可以與相聲劇結合來展現諧趣化的創意性（命題四）；圖畫書教學可以與故事劇場結合來展現敘述表演的創意性（命題五）。而依據先前的論述，再經由研究後，可以透過圖畫書戲劇化的教學活動設計及實踐來檢證，而使得相關的命題，可以演繹出：本研究的價值，可以自我回饋提升圖畫書的教學成效（演繹一）；本研究的價值，可以提供其他教學者改善圖畫書的方法（演繹二）；本研究的價值，可以作為透過圖畫書理解、創作和傳播參考的典範（演繹三）

　　茲將「概念設定」、「命題建立」、「命題演繹」的發展進程圖示如下：

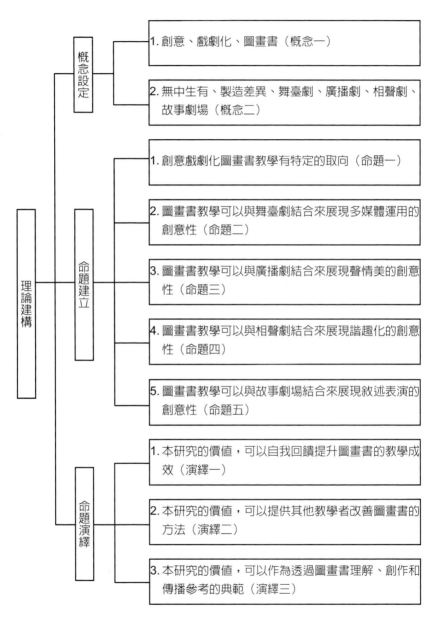

圖 1-2-1　創意戲劇化圖畫書的理論建構示意圖。

　　根據上述的理論架構，將於後面各章節逐步分析印證。研究的成果以在學校的場域來說，首先期望能透過這實踐的內容，讓學生和圖畫書產生連結，並產生創意，能在生活上隨性的說出或演出，帶給大家歡樂；其次希望教學者能有一個參考的方向，能多多將圖畫書與創意戲劇結合，讓教學更活潑，內容更多樣化；最後希望能讓更多愛好圖畫書和戲劇的社會大眾，一起來參與這樣的教學，期待我們的孩子，都能更愛閱讀圖畫書，也更會透過說演方式，表現自己的能力。

　　在論述中所涉及相關經驗的吸取整理，勢必要藉助一些研究方法，包括現象主義方法、哲學方法、美學方法、基進教學理論和質性研究法等，一起完成創意戲劇化圖畫書教學的理論建構。

　　論述的程序，簡述如下：所謂「現象主義方法」，是指研究意識所及的對象的方法。（周慶華，2004a：95）。包括相關的人、事和作品，及彼此的間互動的複雜關係。在本論述中是要用來處理既有研究成果的問題。這緣於我收集能力上的限制，僅能就我經驗的投射，將所意識到的對象作探討。在第二章文獻探討裡，將現有的關於圖畫書、創意、戲劇化教學等相關論述帶出來加以檢視，然後形成我可以再行研究的奠基性知識。

　　「創意」是本論述非常需要探討的內容，需運用哲學理論的後設思考問題：用來解決第三章創意戲劇化圖畫書教學的理論與現實需求、無中生有式的創意戲劇化圖畫書教學的嘗試、製造差異式的創意戲劇化圖畫書教學的全面展開。倘若說驚奇是哲學最大的標誌，那麼後設思維就是堅固這種標誌且促成它轉生發現新事物的「媒介」。（周慶華，2007a：219-220）

　　此外，既然本論述中會處理有關圖、文解讀上的新意和表演的方式，就不免要論及審美角度的詮釋，而這要藉助「美學方法」加以論述。所謂「美學方法」，是指評估語文現象或以語文形式存在的事物所具有的美感成分（價值）的方法。也就是指研究一切審美對象的美感特徵的方法。（周慶華，2004a：132-143）由於語文成品凡是藝術化後都具備一定的形式，這一定的形式的構成，一般稱它為美的形式。而對這一美的條件的探討就屬於美學的範圍。（姚一葦，1985：380）例如《花婆婆》

（芭芭拉‧庫尼，1998），花婆婆的爺爺旅行過很多地方，她小時候就希望能夠像爺爺一樣旅行過很多地方、老的時候能住在海邊的房子裡。爺爺告訴她別忘了做第三件事情，就是「做一件讓世界變得更美麗的事」。她答應爺爺了，雖然她不知道那是什麼。最後當她年紀大了、旅行過很多地方，最後因為生病也在海邊的房子住下來，有天她卻發現她先前隨手灑的魯冰花種子，居然全部開出美麗的花，於是她買了一包一包的魯冰花種子，一邊散步，一邊把種子灑在每一個角落。第二年春天，整個小鎮都開滿了美麗的魯冰花……最後她做到了答應爺爺的三件事。這本繪本的主旨，就是「做個讓世界變得更美麗的人」，閱讀完這本書卻帶給讀者不同的思維，重新認識什麼叫做「美」。但審美感知沒有一定的標準，每個人只要有心，願意用一些方法，做一點小小的改變，就能讓世界更美麗，以這樣的角度來解釋審美感知，當然更能提升學生對生活周遭環境的美感。

另外，由於本論述還要處理圖畫書如何加入戲劇化的教學，必須將基進教學理論收納進來一併討論：基進（radical）是一種空間和時間中的特殊的相對關係，旨在突破一切既有的規範（傅大為，1994：代序4）；而以它作為改善教學的策略所形成的理論，就是基進教學理論。（周慶華，2007b）在本研究中要用它來處理創意戲劇化圖畫書教學問題。

最後，以質性研究法來檢證創意戲劇化在圖畫書教學上的實踐。所謂「質性研究法」，是指實證研究的模式的一。它特別重視參與觀察和深度訪談，以便取得相關的語文資料而形塑一套理論知識。它有五個特質；（一）研究中蒐集的資料，是人、地和會談等「軟性」資料的豐富描述；（二）研究問題並非由操作定義後的變項來界定，而是在複雜的情境中形成研究；（三）研究焦點可以在資料蒐集中發展而成，而不是一開始就設定待答問題或待考驗的假說；（四）了解行為必須由被我的內在觀點出發，外在因素僅居次要地位；（五）傾向於在被我的日常生活情境裡，跟被我作持久接觸，以蒐集資料。它的模式約略是「經驗→介入設計→發現／資料蒐集→解釋／分析→形成理論→回到經驗」。（高敬文，1995；周慶華，2004a：204）。質性研究法在運用時還涉及信度和效度問題，我在第四、五、六、七章中，將運用質性研究法處理創意

圖畫書舞臺劇化、創意圖畫書廣播劇化、創意圖畫書相聲劇化、創意圖畫書故事劇場化等實際教學的問題，根據所蒐集到的觀察日誌、訪談錄音、回饋單，等資料轉化成文本形式，進行分析，將實證的資料，透過交互對照運用、歸類和比較作為理論建構的印證。

　　依據周慶華在《語文研究法》一書中對所列舉的各項研究方法的介紹，可以看出每種研究方法都有它的侷限（周慶華，2004a：164），無法完全顧及研究對象的各個層面，因此只能儘量以各種方法混合搭配的方式，讓我的研究能夠更趨於完善。

第三節　研究範圍及其限制

　　根據上節所提的研究方法，可以概括出本研究所能討論的範圍：對戲劇化教學、創意戲劇化圖畫書教學文獻予以整理、分析和批判（第二章）；以創意戲劇化圖畫書教學取向找出理論和現實需求，並做無中生有、製造差異的創意戲劇化的教學嘗試（第三章）；創意舞臺劇化圖畫書教學，將圖畫書教學與舞臺劇結合，可用單一圖畫書和非單一圖畫書改編為舞臺劇的多媒體運用教學，並進行相關的教學活動設計及其實務印證（第四章）；創意廣播劇化圖畫書教學，將圖畫書教學與廣播劇結合，著重在單一圖畫書和非單一圖畫書改編為廣播劇的聲情美教學，並進行相關的教學活動設計及其實務印證（第五章）；創意相聲劇化圖畫書教學，將圖畫書教學與相聲劇結合，將單一圖畫書和非單一圖畫書改編為相聲劇的諧趣化教學，並進行相關的教學活動設計及其實務印證（第六章）；創意故事劇場化圖畫書教學，將圖畫書教學與故事劇場結合，可用單一圖畫書和非單一圖畫書改編為故事劇場的敘述表演教學，並進行相關的教學活動設計及其實務印證（第七章）。希望此研究成果能為圖畫書教學注入新活力，讓學生更愛閱讀，並用聲音、表情，表演說、學、逗、唱或演出作者所要傳達意涵並加上自己的想像力和創意，期許臺灣的學生在表達能力上，會更有自信，也更有內涵。

　　研究的主軸是以創意戲劇化結合圖畫書進行教學活動，教材內容是以圖畫書為主。研究的對象為我所教學的六年級的學生，利用每週彈性時間、綜合活動、晨間閱讀三節課進行教學。而為了配合學生的年齡，以及每個學生都能有一本書，才能有效進行閱讀、討論、改編劇本，我是以學校班書（一共有 24 箱）為教材，並選取高年級適合閱讀的圖畫書進行研究。雖然文字淺顯易懂，但是內容涵意較深，需要仔細思考閱讀，才能類化成自己的想法。此外，為了能兼顧男女學生的喜好，所選的作品有：自信為主題，以《你很特別》（陸可鐸，2000）為代表；美感為主題，以《桂花雨》（琦君，2002）為代表；尊重為主題，以《兩姊妹和她們的客人》（桑雅・保嘉伊娃，2006）為代表；霸凌為主題，以《不是我的錯》（雷・克里斯強森，2000）為代表；由於「命題的演繹可以有無限多的展演，必須有所節制；以至自我圈定的範圍也就『勢必』不可避免的了」（周慶華，2004a：45），就得在取材的層面與所要解決問題關涉的層面來設定。

　　在取材層面上，為了選取的圖畫書能與舞臺劇結合，並運用多媒體教學，所以採用《你很特別》這本圖畫書，內容是敘述微美克村裡住了許多木頭人，他們都是同一位木匠雕刻出來的，木匠就住在附近山坡上的木屋。微美克人成天都忙著給遇到的人貼貼紙，那些條件好的而被看得起的人會被貼金星貼紙，條件不好而被看不起的人會被貼灰點貼紙，他們樂此不疲。而已經貼了很多金星貼紙的人還想要更多，就更努力表現，有些人則本來條件就不好，不知不覺就被貼了一身灰點，胖哥就是其中的一，以致他對自己很沒有自信，直到有一天，他遇到全身都沒有貼紙的露西亞。胖哥羨慕露西亞，露西亞建議他去找木匠伊萊，胖哥鼓起勇氣走進木屋，受到伊萊熱誠的歡迎，伊萊告訴他：「記得，你很特別，因為我創造了你，我從不失誤的」。胖哥才剛相信，一個灰點就掉下來。（陸可鐸，2000）這個故事我會請學生將他們覺得哪些是好表現可以貼金星貼紙的行為，以及不好的表現要被貼灰色貼紙的行為，編在劇本裡，並請他們分組製作簡單的服裝、道具、布景，並配合音樂、燈光、聲音、錄影，讓整齣劇都是學生參與製作、演出，呈現出舞臺劇的聲光色的效果。

　　另外，在這研究中選取《桂花雨》這本書其中一篇〈母親〉，與廣播劇結合，內容是描述每當琦君遇上挫折，記憶中母親的鼓勵是最好的慰藉。母親的善良、溫順與勤奮，是舊時代女性的典範，虔誠的宗教信仰造就她待人厚道不與人爭的性格，雖然沒認多少字，但卻重視兒女管教，琅琅上口的故事與經文，成了作者日後思念母親的橋樑。雖然母親不在人世，但母親的音容宛在，永遠活在她的記憶中。（琦君，2002）這篇有描述母親常在冬天暖暖的被窩裡，講故事並吟唱很多詞兒給琦君聽，讓她能安心入夢。我會請學生找出兩件事在書中最能描繪媽媽的慈愛與個性，並結合創意自編曲調，將「十八歲姑娘」、「孩兒經」吟詠出來，表現出廣播劇的聲情美。

　　為了配合相聲諧趣化教學，則選取《兩姊妹和她們的客人》這本圖畫書，這個精采的故事是敘述有一對姊妹住在一個小島上，那裡安靜又祥和。她們有一個種滿了花草的花園，還養了一隻狗和一隻貓，大家一起過著快樂又無拘無束的日子。有一天，兩姊妹的表弟來拜訪她們，她們高興極了！一開始熱心助人的表弟幫她們修好了許多壞掉的東西，姊妹倆都好高興，可是這個表弟做的還不只這些──他不但把表姊家裡的擺設改變了、重新粉刷房子的牆壁，而且還要表姊們改變生活習慣，改吃五穀雜糧麥片、一大早起來跟著他做運動、游泳，連原本跟她們生活在一起的貓和狗都不能待在房子裡，必須待在外面才行……可是兩位表姊們再也受不了了，正當她們要開口跟表弟說她們並不喜歡這樣的生活方式時，表弟卻先說話了：「我不是幫了妳們很多忙嗎？可是妳們，卻連一聲謝謝都沒有！像妳們這種人，人家怎麼做都不會滿足的！我今天就回家！」想一想，雖然表弟為表姊們做的每一件事都是好意，而且認為是對她們最好的，可是他並沒有問過表姊們的意見，而且表姊們根本就一點也不想做這樣的改變，因為她們一直都很喜歡自己的生活方式，生活得自由自在又快樂，所以表弟的熱心反而讓兩位表姊覺得很痛苦，還生了病，以致於根本忘了要跟表弟說謝謝！（桑雅‧保嘉伊娃，2006）這故事在強調兩姊妹與表弟個性的差異，中間會激盪出很多語言的趣味，我會請學生透過相聲劇說學逗唱的技巧，表現出主角和客人在生活上的差異性，產生諧趣化的效果。

　　《不是我的錯》這本圖畫書前十六頁講的是孩子的世界裡常存在強欺弱、大欺小的行為，一名體型弱小的孩子被人欺負了，蒙著臉哭泣，誰欺負了他？繪圖者以極簡的黑線條勾畫出一個孩子們的小群體，作者讓群體裡的孩子一一站出來表白，有的說沒看見誰打人、有的說因為害怕不敢幫忙、有的說只是輕輕打一下而已、有的說是別人先打的、有的說「他很古怪」所以活該挨打，各種理由加總起來，就是「這不是我的錯」這本圖多文少的圖畫書（雷‧克里斯強森，2000）非常適合故事劇場敘述表演教學，我會請一位學生當記者，逐一訪問當時圍觀的學生們，而每位被訪問的學生，必須想一些臺詞，讓自己有欺負那位哭泣的孩子的嫌疑，透過記者抽絲剝繭的調查和報導說明，大家一起發現是誰欺負了那位孩子的真相，讓這本書呈現故事劇場特有的懸疑氣氛，讓戲劇生活化，生活戲劇化。

　　研究範圍已經設定，對研究限制而言，本研究限制之一，是上課時間。因為學生的正規語文課只有五節，如果每週能固定挪用彈性課程、綜合活動、晨間閱讀三節課，進行圖畫書討論、激發創意思考想法、編劇、即興創作演出、演出後心得分享，才能將這個戲劇化教學做到完整；不過，現行小學課程常要配合學校行政活動，有時是運動會練習，有時是各處室政令宣導，課程常常無法有效應用在閱讀戲劇化教學，在有限的時間內，想討論的內容太多，所以圖畫書的內容勢必受到時間的壓迫，而有所取捨，只能期許透過創意戲劇化圖畫書教學，能讓學生讀出興趣，並能啟發生命智慧、深化價值反省、尊重與珍惜生命、並發展個人獨特的生命，這才是我進行此研究的最大目的。

　　本研究限制之二，是在選擇圖畫書的教材時，受限取材必須是學校班書，因為人手一本，才方便討論編寫創意劇本，而學校箱書屬於圖畫書類別，只有二十四本，為了要配合戲劇化教學，難免有遺珠之憾。我無法滿足每個人的需求，一一根據學生喜歡的圖畫書設計教學活動，教材內容的取捨只能由我自行規畫，只能期待在做非單一圖畫書改編為舞臺劇、廣播劇、相聲劇、故事劇場時，學生能多參與教材的選擇，讓學生能真正成為學習的主體，提升他們選擇圖畫書的能力，進而主動規畫創意戲劇化各項演出活動。

　　本研究不是要討論「創作性戲劇活動」的表達方式與應用，而是要直接運用「創作性戲劇活動」中諸如相聲的方式加以戲劇化，再配合「閱讀教學流程中說話教學是以『額外』強化方式介入，透過演講、辯論、舞臺劇、廣播劇、相聲、雙簧、說故事等活動安排來成就」。（周慶華，2007b：65）其中，說故事又分劇場性讀者劇場、故事劇場、室內劇場。為了配合教室的場地，可以讓學生即興創作和全體成員參與，我僅以相聲劇、舞臺劇、廣播劇、故事劇場來進行圖畫書教學驗證，其餘則因我個人能力不足或太費時間而不予考慮，這也是本研究限制之三。倘若以後還能再做這方面研究，則再安排其他戲劇活動，開創學生學習的多樣性。

第四節　名詞釋義

一、創意

　　創意是一種超越的表現，創意人能夠無中生有，以嶄新的眼光產生「靈感」，並且創造出複雜、有機、賦予完整生命的作品，而這靈感的發生固然神秘，但我覺得不管多麼隨機、龐大、複雜，靈感的發生確實有脈絡可尋，就是生命中的許多事件已經被儲藏在某處、必須有一個機制被啟動，知道在哪裡找這些事件，以及哪些事件能夠跟哪些事件串連在一起。創意的訓練需要方法和智慧，「知道什麼能做，什麼不能做」。就是創意的智慧，包含人生經驗和人生智慧，也包含創意技巧和創意經驗，創意的方法的組合力亟需要智慧的想像力來提升，而想像力也需要組合力才能更有效地運行。（賴聲川，2006：40-284）

　　林璧玉在《創造性的場域寫作教學》中為「創造」下定義為「無中生有」或「製造差異」。「無中生有」指的是一種原創性、獨創性也包含靈光一閃、突發奇想的新奇想法或創造力；「製造差異」指的是並非完全的創新，而是只能顯現「局部差異」的創新。（林璧玉，2009：81）

　　周慶華則認為人要使用「創造」一詞，就只是帶「創意」性的，僅僅為接近造物主的部分能耐。這一部分，向來有水平思考和逆向思考，可以撐起創意的架構。（周慶華，2010）

　　綜合上述學者對創意的定義，可知創造是有神論專許給造物主，特指造物主在七天創造天地萬物，而創意是人類靈光一閃、突發奇想的新奇想法或創造力，靈感的發生確實有脈絡可尋，才能在瞬間將生活經驗連結在一起。創意的訓練需要方法和智慧，包含創意技巧和創意經驗，分為「無中生有」、「製造差異」兩種，可訓練學生「水平思考」、「逆向思考」。本研究所要探討在教育現場創意實際應用戲劇化圖畫書教學中，觀察到學生透過圖畫書的圖像和文字呈現，圖畫書內容會有故事裂縫或縫隙，學生運用他們注意到或思考到的圖像或敘述文字，將創意方法「水平思考」、「逆向思考」和生活、知識、美感經驗連結，讓學生可以即興表演和創作，激發學生個人的觀察力、感受力、思考力、創造力。不過「無中生有」很難判定，僅能以我本身所接觸的作品，倘若無前例可循，就姑且指稱；而「製造差異」，只要學生的表現能顯現局部差異的創新，就是「創意」的表現。

二、戲劇化

　　何謂「戲劇化」？是不是專業演員才能從事的戲劇表演方式？其實不然，當學生還在幼兒時期，他們就常常以玩具或積木來象徵或自己妝扮即興演出的一些角色戲，也就是我們稱為的「辦家家酒」（胡寶林，1994：70），表示學生從小就非常喜歡用角色扮演的方式，運用想像力，在忘我的小天地自言自語或與玩伴對話。所以戲劇化教學是用各種戲劇的方式，應用在國小閱讀教學，這就和兒童戲劇有很密切的關係。胡寶林在《戲劇與行為表現力》一書中認為兒童戲劇應該是一種有創作性的遊戲，倘若是教學者能開啟兒童真情流露的動機，將內在感覺到的經驗世界和自我的慾望，透過肌肉和神經的興奮來表現世界與自我的相互關係，如模仿別的角色、虛擬幻想的情景等遊戲。新的兒童戲劇，是使兒童有創作表現的可能，有創作性的戲劇，要以遊戲的態度來處理。表示

創作性戲劇非常適用在兒童時期來教學。（同上）張曉華在《創作性戲劇原理與實作》一書，將「創作性戲劇」一詞，定義是由教師靈活運用戲劇各種方法，目的在引導自發性的學習意願，以想像的創作力，去付諸實際的行動而有的作為。並運用美國戲劇教育學家先鋒，溫妮弗列德・瓦德的創作性戲劇的教學方法，戲劇性活動有四點：

(一) 戲劇性扮演：係將兒童置於想像的戲劇環境中，表現出熟悉的經驗並藉以衍生出新的戲劇，以嘗試的生活去了解他人與社會的關係。

(二) 故事戲劇化：由老師引導學生，根據現有的文學的、歷史的或其他來源的故事，以創作出一個即興的戲劇。

(三) 以創作性的扮演推展到正式的戲劇：由學生蒐尋所選擇故事的相關背景與資料，設計並製作簡單的布景與道具，以便在學校演出。

(四) 運用創作性戲劇於正式的演出：當兒童聽過劇本朗讀，自己設計配樂與人物，再以自創性對話、扮演一場短劇。（張曉華，2007：39）

　　本研究將會運用創作性戲劇的教學方法，由老師引導學生，根據圖畫書，將兒童置於想像的戲劇環境中，自己設計配樂與人物，再以自創性對話，以創作出一個即興的戲劇（舞臺劇、相聲劇、廣播劇、故事劇場），並設計及製作簡單的布景與道具，推展到正式的戲劇演出。

三、圖畫書

　　在《圖畫書的欣賞與應用》一書中，作者林敏宜說：「圖畫書，英文為『picture books』，在日本稱為『繪本』，顧名思義是一種以圖畫為主，文字為輔，甚至是完全沒有文字、全是圖畫的書籍。」而且她更進一步指出圖畫書與有插畫的書 Illustrated Books）的不同，那就是圖畫書可方便小讀者閱讀，而插畫書則可使大讀者保持閱讀的流暢。此外，她也替圖畫書下了一個操作型定義，可以據此來判斷：當接受者聽完正文並看了插圖後，是否可以只看著圖畫，就正確的重述這個故事？如果可以，就是一本「圖畫書」；反過來，就是「有插畫的書」。（林敏宜，2001：15-16）

　　郝廣才在《好繪本如何好》指出，「繪本」的英文是 Picture book，就是圖畫書，而「繪本」大概是一本書，運用一組圖畫，去表達一個故事或一個像故事的主題，因為繪本是用一組圖畫說故事，畫面連貫韻律的好壞，決定繪本的成敗。所以一本繪本就像一串珍珠項鍊，要有一根線把珠子串起來，否則大珠小珠散落四處，連不成串。圖畫書用圖畫說故事，書中的插畫能把故事的情節、蘊含表達出來，並運用兒童式語言、兒童式經驗邏輯，讓兒童在閱讀時，發現畫面會不斷製造驚奇也會喚起意念；不僅有尋找與發現的樂趣，也是一種遊戲、一種娛樂，閱讀完會享受到讀圖畫書的快樂、感動。（郝廣才，2008：12）

　　本研究所選的圖畫書是《你很特別》、《桂花雨》、《兩姊妹和她們的客人》、《不是我的錯》等四本書，當作教學的媒介，因為都有符合學者們對圖畫書的定義，有故事線、情節、角色、時空地點，每一個要素都緊扣讀者的心，尤其書中的插畫，讓兒童在閱讀時，有尋找與發現的樂趣，閱讀完會享受到讀圖畫書的快樂、感動。

第二章　文獻探討

第一節　戲劇化教學

　　戲劇化教學不是訓練學生成為職業的演員,在臺上做正式的演出,而是以一種輕鬆、自然隨興的態度,在戲劇化的互動環境中,讓學生藉著戲劇扮演,用動作、言語及情緒表現來表達自己。「戲劇扮演」係創作性戲劇先鋒溫妮弗列德・瓦德在她所著《與兒童作戲劇扮演》中所提出,以故事戲劇化及即興表演為主軸的創作性戲劇教學。主要教育觀點是:引導兒童發揮最高潛能,成為一個有創作性的個體與社會一份子,當兒童遇有背離學習狀況時,只要給予機會,「戲劇」是兒童都能做得好的表現方式,而且也是與生俱來的興趣;而戲劇的要素,是用以引導各小組學生創作出屬於自己的戲劇,使他們學習對自我的認知與其角色的定位。如今這種創作性戲劇已廣泛為教師們應用於各年齡層的戲劇活動和課程。(張曉華,1999:303-304)

一、創作性戲劇適用在幼兒期

　　在幼兒時期,葉玉珠、葉玉環、李梅齡、彭月茵四位學者的研究指出:創作性教學採用「將創作力戲劇融入主題統整教學」的方式,有助於幼兒創造力的啟發,尤其是在「新奇性」的表現和有助於幼兒學習動機的提升。(葉玉珠、葉玉環、李梅齡、彭月茵,2006:1-27)可見幼兒是非常喜歡角色扮演,他們單純天真的心智,很適合戲劇化教學。

二、創作性戲劇適用在兒童期

　　兒童時期,根據廖曉慧的研究,教育家們發現戲劇教學的重要性,也將戲劇引入初階教育——兒童教育上。主要論述:(一)兒童教育困

境：傳統的學校教育壓制束縛了兒童們熱情活潑好動的天性，對兒童潛能的開發、個性的發展，實在是百害而無一利；（二）兒童戲劇教育的理論基礎：杜威強調教育應該結合生活經驗的理念，強調要由學生的生活經驗出發，透過「做中學、學中做」的教學方法，戲劇教學的實施，正是體現戲劇帶給學生生活經驗上的真實感受，不斷地體驗與反省，進而由其中進行學習；（三）兒童戲劇的開發練習：啞劇-開發肢體動作、Mask Monologue 面具獨白，使兒童的肢體動作、說話更靈活；（四）戲劇要素對兒童有很大的啟發：演員、排演、正式劇場演出、幕後工作；（五）兒童戲劇的安全教育：教育關於兒童自我認定的流動性、以淺顯易懂的方式，有組織系統的引導，再輔以貼近生活的例子說明，深化兒童的安全概念。（廖曉慧，2004：29-32）

三、創作性戲劇可以結合不同學科

粘鳳茹則認為創作性戲劇呈現的方式如想像、肢體活動、戲劇性遊戲、默劇、即興活動及角色扮演等，正好與九年一貫藝術與人文領域的表演藝術教材內容不謀而合。（粘鳳茹，2005：96-102）吳美如的研究將戲劇活動融入語文領域的教學中，發現能有效增進學生的語文能力和增進學生學習動機；對學生學習能力的提升，具有積極正面的效果；並能培養學生互相尊重與欣賞的態度，體認團結合作的重要。（吳美如，2004：185-212）陳藝苑提出哈佛大學教授迦納於 1983 年提出多元智慧理論，認為每個人都擁有語文、邏輯——數學、空間、肢體——動覺、音樂、人際、內省和自然觀察八項多元智慧，這些智慧經常並存彼此互補作適性發展；每個人的八大智慧中，有些是顯性智慧有些是隱性智慧；由於語言與音樂具有密不可分的關係，藉由參與音樂活動或戲劇表演更可從活動中加強語文智慧、音樂智慧及其他智慧的發展。（陳藝苑，2004：52-57）

根據這些學者的研究，戲劇化教學在臺灣也是非常適合各年齡層和各學科，因為劇本可有可無，縱使有布景，也不需華麗；除非要上臺表演，道具也不須多用，甚至日常用品隨手可得都能成為戲劇的一部分。

只要取材採兒童感興趣的故事，或真實生活情況的短劇。在短劇中，可鼓勵學生討論人物個性、改編劇情、發揮想像力，扮演指定角色，其他人觀察，最後一起討論結果。角色扮演的主要目的在於促使學習團體能更真實感受到問題、事件及某些情況，藉此幫助學生了解及思考面對問題。在學習過程中，老師必須配合其他的教學方法，如故事講述、團體討論及開放式故事敘述等等，會讓課程內容更豐富。學生透過不同的人物角色、處境，能強化學習動機、引導多角度思考事物，還能提升學科的教學成效，並非常有效的幫助學生嘗試解決在實際生活中遇見的問題。傳統的單向教學模式由老師作為主導，學生只能被動地接收信息，少數人在臺下發言，與老師互動，也難以引起他們的學習動機。戲劇教學法的出現，正好鼓勵學生主動學習，加上其靈活互動的學習模式，讓學生充滿學習熱情，有助營造良好的學習氣氛，從而提升創意思考能力。

　　根據近年國內博碩士論文資料顯示，以戲劇化教學為主題的相關教學研究，已有日益增多的趨勢，為了明瞭各學者針對戲劇化教學所發展的相關研究，表 2-1-1 歸納整理近年來運用戲劇化教學法所發展的相關文獻。因為相關文獻太多，所以這表格是以選取對象為國小學童的文獻為主來探討：

表 2-1-1　戲劇化教學法相關研究成果

研究者（年代）	研究對象	題目	研究方法	部分研究結果和發現
洪嘉璐（2000）	以九歌兒童劇團在幼兒才藝班實施為例	《兒童參與創造性戲劇活動引導者角色的研究：以九歌兒童劇團實施為例》	本文旨在探討九歌兒童劇團中，三位創造性兒童戲劇活動老師課程進行的回應方式和引導技巧，以及了解老師的教學理念和影響實際教學的因素。資料蒐集方式，採用攝影觀察及深度訪談，同時，訪談劇	九歌三位老師進行創造性戲劇活動的影響因素，包括：老師的教學理念、故事內涵與戲劇活動目標的抉擇、先前相似教學經驗的轉移、團體狀況和秩序問題的回應與考量、個別幼兒處理的回應與考量，皆影響實際教學。

			團主任、同事及蒐集有關資料，作為相互驗證。	
張連強（2000）	聽覺障礙學童家長	《創作性戲劇活動對聽覺障礙學童家長生活影響的研究：以臺北市立啓聰學校為例》	本研究採用行動研究法，研究工具是將中文修訂版的「最近生活經驗調查量表」加以改良，並以「階段性回饋表」來了解活動進行中的狀況。	創作性戲劇活動能舒緩壓力，藉由這樣的活動來創造、思考出更適當的解決方案並且能以更正面、更健康的態度來面對往後的人生。
黎淑慧（2002）	四年級學童	《創作性戲劇應用於國民小學國語文課程進行角色扮演教學活動》	以板橋市中山國小四年三班共 35 人為研究場域，採行動研究方式，進行為期 20 節課的教學。	創作性戲劇： 1. 可作為學科學習與教學應用的媒介。 2. 可使學生的學習更為活潑、有趣。
吳美如（2003）	四年級學童	《戲劇活動融入國小四年級語文領域教學的行動研究》	本研究採用行動研究法，並於每次教學時，將教學的過程予以錄影，教學後再作謄寫及分析。研究中透過文件內容分析、現場參與觀察、和學生的深度訪談、教學回饋單等方式進行資料蒐集與分析。	1. 能有效增進學生的語文能力、學習能力、學習動機。 2. 能增進學生閱讀理解能力，並幫助學生閱讀記憶。 3. 學生能發揮豐富的想像力，並應用改寫和續寫的方式寫作。 4. 能培養學生互相尊重欣賞的態度，並體認團結合作的重要。
康志偉（2003）	特教班	《親師生合作學習「戲劇活動」的行動研究：以臺北縣豐年國小特教班為例》	本研究採取行動研究法，並輔以問卷調查方式，進行質性分析。而資料蒐集係經由檔案資料、方案計劃、文件資料、觀察記錄、深度訪談、問	1. 帶動孩子學習的興趣與表現的機會。 2. 家長認同戲劇活動對增進親子關係與提升孩子能力有教學成效。 3. 增加學生潛能的發

			卷調查等方式進行，並以三角檢驗法來考驗信度、效度，以形成行動研究的結論。	揮。 4. 觀眾回饋啓動特教班嘗試應用戲劇活動於教學上的信心。 5. 擴展了親師生集體創作的多樣性與可能性。
王美充 （2004）	三至六年級	國小戲劇教學的行動研究——以青山國小為例	研究採用行動研究進行，在以簡單的量的分析以了解學生在接受創造性戲劇教學後，對學童創造力提升的效益。	1. 理想的戲劇教學方式需有計畫階段的確立教學目標、課程規劃與設計，以及運作階段的教學實施與教學評量。 2. 教師藉由行動研究，以協同教學方式可促成教師對於戲劇教學上專業理解的加深加廣與專業發展，不失為專業成長的有利途徑。
呂智惠 （2005）	臺灣北部地區兒童圖書館	《說故事劇場研究：以臺灣北部地區兒童圖書館說故事活動為例》	本研究是以臺北市立圖書館林老師說故事活動、宜蘭縣文化局圖書館醜小鴨故事劇場及信誼基金會小袋鼠說故事劇團的說故事活動與說故事者為研究對象，進行無結構式、探索型實地觀察及半結構式的面對面深度訪談。	1. 說故事劇場的意義、功能及屬性。 2. 臺灣北部地區兒童圖書館說故事活動及說故事劇團的實施現況。 3. 說故事活動與說故事劇場的異同。 4. 臺灣地區兒童圖書館推展說故事劇場的可能型態。 5. 臺灣地區兒童圖書館推展說故事劇場的困難與因應策略。

王毓茹（2005）	低年級學童	《戲劇教學案例建立的研究：以國小低年級生活課程為例》	本研究依照案例建立的流程進行戲劇教學案例建立的工作。	研究目的在於以「案例」的方式呈現「戲劇教學」應用於國小低年級「生活課程」的「課程類型」、「教學現況」和「不同背景教師」所設計戲劇課程的特色，
吳如茵（2006）	四年級的學童	《以戲劇活動降低國小學童學習英語的焦慮：以臺南縣國小學童為例》	本研究使用 Horwitz 等人所設計的外語學習焦慮量表（FLCAS）以探究受試者在接受戲劇活動教學前的外語學習焦慮程度。	結果顯示戲劇教學有效地降低了低成就學童的英語學習焦慮。
張心盈（2006）	資源班三名智能障礙學童	《戲劇活動技巧應用於國小智能障礙學童社會技巧的研究》	本研究係採質性研究法中的個案研究法進行，研究對象為臺南市某一的國小資源班三名智能障礙學童，研究者透過錄影、訪談、觀察、文件分析、社交測量，進行資料蒐集與分析，以了解個案於普通班中社會技巧表現的情況。	1. 能引起個案的學習興趣，並增進其表達的能力。 2. 普通班導師與家長的配合，有助於個案社會技巧類化的效果。
林麗嬈（2006）	三年級學童	《視覺藝術結合戲劇活動在藝術與人文領域應用的研究：以三年級學童為例》	本研究選取三年級兒童三十位，進行五個單元二十二節的課程，以了解兒童在藝術與人文領域學習的改變情形。	1. 兒童對藝術活動的參與態度，有正向積極的提升。 2. 能夠增進兒童對畫家的認識和繪畫的欣賞。 3. 可以提升個人的內在知覺，促進社會性成長，增進兒童角色動作表現的能力和態

				度。 4. 可以增進兒童語言表達的能力及音樂表現的能力。 5. 以繪畫、想像活動結合肢體律動的藝術感通學習,是很有效的教學模式。
劉惠愉 (2006)	六年級學童	《戲劇活動融入國小社會學習領域教學的研究》	本研究以質性研究資料處理與分析方法,進行系統化的歸納、整理與分析,以得出研究結果與結論,並提出具體建議。	戲劇活動在社會科教師教學和學生學習上都有明顯提升和助益。
廖慧娟 (2007)	低年級學童	《兒童戲劇活動導入國小低年級寫作教學的研究》	研究者採用行動研究法,以所任教的國小一年級學生為對象,針對低年級國語課程中出現的童詩、記敘文、應用文及童話故事等四種文體共進行十二次的寫作教學,並對整個實踐歷程作詳實的紀錄與省思。	兒童戲劇活動: 1. 能讓低年級學生對寫作有積極正面的態度、有效提升學生的寫作意願,並增加學生對寫作的信心。 2. 教師具備對兒童戲劇的基本素養,更能確實掌握教學目標。 3. 家長對寫作教學的支持,對學生的寫作學習有正面的影響。 4. 教師透過與協同研究教師的教學討論,能有效提升教學品質。
簡良哲 (2007)	四年級學童	《創作性戲劇活動提升學童同儕人際關係的行動研究》	本研究採質量並用的行動研究,質性部分包括觀察、訪談;量化部分包括量表和問卷。	1. 能顯著提升學童的人際關係。 2. 能提升學童「人際溝通能力」。 3. 能促進良好的班級經

				營。
				4. 能改進教師的教學策略及專業知能。
吳佳芬（2007）	三位國小資優學童	《應用戲劇活動在國小資優班學童創造力的研究》	本研究採質性研究，以個案研究法探究國小資優學生參與戲劇活動的情形。	對於個案創造力中流暢力、變通力、獨創力三個向度上產生正向結果。
詹斯匡（2007）	六年級	《兒童創造力開發之教學研究──以圖畫書創作為例》	研究者希望能利用不同的思維模式及具有創造力的腦力激盪方法來引導學生，設計成三大主題的教學設計，透過相關圖畫書的思考與討論，讓學童能應用創造力中思考的流暢性、獨創性等表現於圖畫故事書創作，並透過分析學童的圖畫書創作作品來檢視此教學研究。	1. 研究蒐集資料都證實，圖畫書創意思考教學策略可以開發學生的想像力並激發其創造力的表現。 2. 圖畫書創意思考教學策略可以增加其思考的多樣性、可能性，並提升學生創作的興趣。 3. 學生可以應用思考的流暢性、獨創性等表現於圖畫故事書創作。
林佳蓉（2009）	高年級學童	《創作性戲劇活動應用在國小閱讀教學的行動研究》	研究者採行動研究的方式，經「行動、觀察、省思、修正」的歷程檢視教學成效，資料蒐集以訪談、觀察、學習單、文件資料、教學省思札記為主。	1. 創作性戲劇活動能提供每一位學生展現自我的機會。 2. 讓學生更喜歡閱讀。 3. 同時有助於國小高年級學童閱讀能力的提升。 4. 對於閱讀動機也有正向的影響。

　　除了以上表所列出的參考文獻，我還參考以下文獻，作為研究的依據：

王有福（2002）《創作性戲劇教學對國小四年級兒童創造力影響的研究》；

黃秀英（2002）《「創作性戲劇教學」應用於「藝術與人文」學習領域的課程設計與教學實務——以國北師附小四年級藝術與人文課的行動研究為例》；

林素鳳（2003）《戲劇教學案例建立的研究——以國小低年級生活課程為例》；

廖淑文（2005）《戲劇教學案例建立的研究～以國小藝術與人文領域為例》；

林明皇（2005）《創作性戲劇教學對國小學童創造力與自尊影響的研究》；

許岳真（2006）《創造性戲劇教學應用在國小環境教育的行動研究》；

陳麗芬（2007）《應用創作性戲劇教學於鄉土藝術課程的教學實驗研究》；

洪慧瑄（2007）《創作性戲劇教學對國小五年級學童口語流暢力影響的行動研究》；

鍾佳蓉（2007）《戲劇教學融入音樂劇欣賞及表演的行動研究——以如果兒童劇團《統統不許動》音樂劇為例》；

洪慧瑄（2007）《創作性戲劇教學對國小五年級學童口語流暢力影響的行動研究》；

劉家華（2007）《戲劇教學中教師問話技巧的探究》；

陳忠慈（2008）《兒童戲劇教學的研究——以教師自創劇本的應用為例》；

陳惠芬（2008）《童詩戲遊記-戲劇教學策略融入國小四年級童詩教學的行動研究》；

宋宜宣（2008）《戲劇教學策略融入社會領域情意教學的行動研究》；

葉玉環（2008）《創作性戲劇教學對幼兒自我概念、人際智能與創造力的探討》；

　　劉韓儀（2008）《創作性戲劇教學對國小選擇性緘默症》；

　　方琪（2008）《運用戲劇教學策略於國小三年級音樂欣賞的行動
研究──以普羅高菲夫「彼得與狼」為例》；

　　這些研究論述成果顯示：創作性戲劇教學可以應用在生活、語文、
藝術與人文、英文、社會等領域，以及和閱讀、人際關係、創造力都有
很大的關聯性。不論對象是屬於聽覺障礙、智能障礙、特教班、資優班
和普通班的學生，實施創作性戲劇教學在語文方面可以提高學生的閱讀
動機、同時有助於國小學童閱讀能力的提升、並豐富學生的寫作內容、
增加學生對寫作的信心。在英文方面，可減少學生的焦慮。在社會方面，
可以提升個人的內在知覺，增進兒童角色動作表現的能力和態度，促進
社會性成長。在藝術方面，以繪畫、想像活動結合肢體律動的藝術感通
學習，兒童語言表達的能力及音樂表現的能力會更佳，是很有效的教學
模式。在創造力方面，兒童在流暢力、變通力、獨創力三個向度上都產
生正向結果。可見創作性戲劇活動能舒緩壓力，提供每一位學生展現自
我的機會。藉由這樣的教學可以培養兒童創造、思考出更適當的解決方
案，並且能以更正面、更健康的態度來面對往後的人生。

　　就臺灣目前研究的文獻來看，我發現大家對創造性戲劇教學的實施
方式，有幾個問題：

　　（一）大部分研究者多採用行動研究法，這種研究方法可以解決他
們目前的困境和問題，但無法將成果經驗類化到其他人的身上。

　　（二）語文領域研究焦點多集中在國語科課文教學，提升學生聽說
讀寫的能力，但是國語課文取材都是國內散文家的作品，不僅題材有所
侷限，又受限於要教生字詞義，以致編輯常常改寫文章，造成內容不夠
童趣，難以吸引學生的目光，再加上篇幅過短、插圖又太粗糙，文字圖
畫無法陳述一個有情節的事件，讓兒童有虛實交錯的想像空間，所以很
難讓他們很快產生聯想，擴充思考力和想像力。

　　（三）這些研究多是著重在創造性戲劇教學的過程，很少有讓孩子
對故事人物的想法、創意思考的部分以及解決事情的方法，寫成劇本演
出，讓孩子有更豐富的語言、寫作、表演經驗。

（四）表現方式太單一，多是角色扮演、說演即興表演，倘若一直使用同樣的上課方式，容易讓孩子覺得無趣；尤其是高年級學生，已有自編自導的能力，喜歡小組創作上臺演出，享受掌聲的成就感。因此，給予孩子機會，能將創作性戲劇應用在不同方式的戲劇化教學，開發他們不同感官、多面向的戲劇學習，才是可稱道的。

根據這些問題，我認為再使用創作性戲劇教學法時，可選用圖畫書當教材。葛琦霞在《教室 VS.劇場》曾提出：一本完整的圖畫書，通常會包括角色、時空背景、主題、情節及想像等文學要素。教師從書中的文句和脈絡，便可以找到有關創作性戲劇的元素（葛琦霞，2004：10-11）學生也就能透過活動，運用肢體、感官深入感受文句和作者傳達的意涵。

張曉華認為進階的創作性戲劇活動，除了角色扮演、即興演出，還有默劇、說故事、偶戲與面具。其中說故事，又分個人、劇場性說故事活動：包括讀者劇場、故事劇場、室內劇場等。（張曉華，1999：188）為了能讓學生多元學習，除了故事劇場外，相聲劇、廣播劇、舞臺劇也是不錯的方式。我認為愛得華·賴特的說法是非常適用於國小學童的。他在《現代劇場藝術》中指出：其實每個人或多或少都是個演員……每當我們竭力去影響別人的思想或是行為的那一刻，我們就是在表演。（愛得華·賴特，1986：237）只要教師選擇適合的圖畫書內容，讓不同特質的學生學到更多創作性戲劇的應用方法，都能在表演的空間發揮所長。

第二節　創意性戲劇化圖畫書教學

圖畫書是透過「文字」、「插畫」來說故事，作者可以控制故事的節奏，或快或慢，插畫家則用圖畫，其實就是用線條、色彩、形狀在說話，可是它卻有很多變化，能夠產生許多不同的情緒，表現角色的個性。鄭淑芳認為無字圖畫書也提供無止境創造詮釋的可能性，擁有獨特與多樣創意的機會，讓學生每一次閱讀都有不同的感受和體驗。因此，可以用來培養學生的閱讀能力、寫作技巧、視覺讀寫能力、高層次思考技巧，並享受創作的樂趣，教師可以配合圖畫書內容設計教學活動，進行故事

創作、編寫劇本的活動，培養學生的文學能力，並扮演支持者、引導者、觀察者、傾聽者及共同研究者的角色，透過開放式的發問引導技巧，引導學生發揮創意和想像。（鄭淑芳，2002：76-77）黃淑瑛也指出教師可以透過圖畫故事書來激發兒童的創造力，讓他們更主動參與、預測思考故事、學習愉快、奠定日後良好的閱讀根基及創造思考技能，並採創意思考教學，包含問（引起欣賞與討論的動機）、想（構想）、做（製作）、評（分享）的教學流程；提供知識、經驗、生活三個向度的經驗統整，可以更貼近孩子們的生活，讓孩子的學習更充實完善。（黃淑瑛，2005：4-17）可見圖畫書可以激發兒童的創造力、思考力，讓他們想法更有創意。周文敏研究則指出圖畫書結合精美的插畫與優雅的文學，可以說是紙上的美術館，圖畫書教學倘若再結合包括視覺藝術、表演藝術以及音樂學習的活動，將迦納所提出的八種智能，應用於教學的活動中。最後結語中指出繪本教學將可發展孩子的心智與語言能力，激發想像力，增進創造力，進而豐富孩子的心靈。（周文敏，2001：58-62）既然上一節已有多位學者研究說明實施創作性戲劇教學是很有效的教學模式，並適用於各領域教學，也可以提供每一位學生展現自我的機會，藉由這樣的教學可以培養兒童創造思考力，所以它就和圖畫書特色不謀而合。謝華馨也在《應用創作性戲劇說故事教學活動的研究》中指出，運用圖畫書的故事，教師較易進行戲劇性的扮演。配合國語課文內容的教學，能使語文學習領域更為活潑生動。倘若以說故事人口述故事，進行故事戲劇化，則能增進學生彼此生活經驗的交流。（謝華馨，2003）蔡慧君在《結合繪本與創造性戲劇教學活動對國小三年級學童多元智慧的影響效果的研究》研究結果發現：結合繪本與創造性戲劇教學活動，能提升實驗組學童的語文智慧、動覺智慧、人際智慧、內省智慧，對實驗組學童的繪本結局改寫能力，具有增進效果，且隨著教學次數的增加而有漸增的現象。（蔡慧君，2007）既然結合繪本與創造性戲劇教學活動，有這麼多優點，本研究將圖畫書與表演藝術結合，並採用創作性戲劇化教學，提供兒童有趣味的想像空間，發展適合國小高年級的創意戲劇化圖畫書教學課程。

　　根據近年國內博碩士論文資料顯示，以創意圖畫書和圖畫書戲劇化為主題的相關教學研究，已有日益增多的趨勢，為了明瞭各學者針對創意性戲劇化圖畫書教學所發展的相關研究，表 2-2-1 歸納整理近年來運用創意圖畫書和圖畫書戲劇化教學法所發展的相關文獻。這表格是以選取對象為幼稚園、國小學童的文獻為主來探討。

表 2-2-1　創意圖畫書和圖畫書戲劇化相關研究成果

研究者（年代）	研究對象	題目	研究方法	部分研究結果和發現
鍾敏華（2002）	國小學童	《兒童繪本與兒童語文創造力的教學行動研究》	本研究旨在以兒童繪本為教學上的素材，透過行動研究方式，探討經由教師教學活動的設計與創造力教學的融入，對於學童語文創造力的展現效能。	1. 教師教學能有流暢、變通、獨創、精進的表現，才能激發學童的創造力。 2. 透過兒童繪本融入教學的語文創造力學習，可提升學童的學習動機與語文創造能力。
邱翠珊（2003）	國小二年級學生	《故事教學對國小二年級學生語文能力的影響》	本研究探用行動研究法，並於每次教學時，將教學的過程予以錄影，教學後再作謄寫及分析。研究中透過文件內容分析、現場參與觀察、和學生的深度訪談、教學回饋單等方式進行資料蒐集分析。	1. 故事教學課程能培養學生的聆聽能力、說話能力、閱讀能力、寫作能力。 2. 說故事教材的選擇以有趣的圖畫書為主。 3. 延伸活動的設計要多元化。 4. 配合現行課程，擬定單元主題。 5. 建立良好的討論規則。 6. 鼓勵學生正向表現，營造良好的情境。

吳明姿 （2003）	國小學童	《圖畫故事教學活動的研究——以關懷主題為例》	採用行動研究方式進行，經由說故事和角色扮演的方式來討論故事內容，了解學童對故事理解的狀況。	本研究旨在以實作的方式，尋求故事教學活動在面臨困境時的解決方式，透過故事討論與角色扮演的方式，來探討角色扮演方式是否比透過故事討論的方式更能提升學童對故事的理解能力，呈現研究者與學童於活動中所獲得的成長與改變。
謝華馨 （2003）	一年級	《應用創作性戲劇說故事教學活動的研究——以安和國小一年級為例》	主要目的在對創作性戲劇教學的探討，並以其說故事活動在國小一年級進行教學活動的行動研究，以探討創作性戲劇說故事教學活動的實作、指導方法與可行性等問題。	經兩年的研究發現：運用圖畫書的故事，教師較易進行戲劇性的扮演。配合國語課文內容的教學，能使語文學習領域更為活潑生動。倘若以說故事人口述故事，進行故事戲劇化，則能增進學生彼此生活經驗的交流。
鍾滿英 （2005）	三年級	《圖畫故事書創造思考教學對國小三年級學童的閱讀動機 閱讀自我效能成效的探討》	研究者以準實驗研究法的「等組前、後測」設計，以高雄市某國小三年級兩個班級的學童為樣本，一班為實驗組，進行圖畫故事書創造思考教學；另一班為控制組，進行圖畫故事書一般閱讀教學。	1. 接受圖畫故事書創造思考教學與未接受圖畫故事書創造思考教學的學生，其閱讀動機有顯著差異。 2. 接受圖畫故事書創造思考教學與未接受圖畫故事書創造思考教學的學生，其閱讀效能有顯著差異。 3. 閱讀動機與閱讀自我效能有顯著正相關存在。

戴琲樺（2005）	幼稚園中小天使家的 30 名混齡班幼兒	《故事與戲劇活動在生命教育教學上的應用》	由研究者在班級中進行二十一週說故事及戲劇活動，主要資料來源為實施過程的觀察、錄音、錄影、教學省思及教室日誌的記錄，也藉由對該班老師進行訪談及幼兒家長的回饋問卷，來瞭解生命教育活動對幼兒的影響。	1. 透過說故事和戲劇體驗活動的學習歷程對幼兒在「自我概念的發展」、「社會化的發展」、「與大自然的關係」及「面對死亡」四個面向的影響。 2. 繪本及戲劇在幼兒生命教育教學歷程中所扮演的角色；在教學現場中幼兒家長、該園所人員及研究者三方在生命教育教學活動中的互動關係。
施佳君（2006）	高年級	《戲劇教育策略融入國小高年級英語課程的行動研究——以繪本為媒介》	本研究透過行動研究，運用繪本將戲劇教育策略融入國小高年級英語課程中。	研究結果發現，透過繪本將戲劇教育策略融入國小高年級英語課程是可行的。
雲美蓮（2006）	二年級	《繪本在生命教育應用的行動研究：以國小二年級為例》	本研究採行動研究法進行，接受研究者自行設計為期八週的生命教育課程。	1. 以繪本實施生命教育課程能提高學生的學習興趣、團體討論歷程能促進學生建構知識。 2. 善用教學技巧較容易促進教學目標的達成。 3. 設計生命教育教學方案應重質不重量。 4. 生命教育應從日常生活做起、可提升學生自我肯定、學會主動關心別人、對環境多

				了一份責任感、對生死有初步的認識。
蔡慧君（2007）	三年級	《結合繪本與創造性戲劇教學活動對國小三年級學童多元智慧的影響效果的研究》	本研究採單因子前後測的準實驗設計，一班為實驗組，另一班為控制組。實驗組學童接受「結合繪本與創造性戲劇教學」，控制組則未接受「結合繪本與創造性戲劇教學」，僅以一般語文、藝術與人文課程的方式進行教學。	研究結果發現： 1. 提升了實驗組學童的語文智慧。 2. 提升了實驗組學童的肢體——動覺智慧。 3. 增進了實驗組學童的人際智慧。 4. 增進了實驗組學童的內省智慧。 5. 對實驗組學童的繪本結局改寫能力，具有增進效果，且隨著教學次數的增加而有漸增的現象。
陳嬿如（2007）	低年級	《創造性繪本教學方案對國小低年級學生創造力的影響》	研究方法採不等組前後測準實驗設計，分成三個組別，創造性繪本教學組、一般繪本教學組、控制組，創造性繪本教學組及一般繪本教學組接受二十二節課的實驗方案處理。	1. 一般繪本教學在本研究中僅能提升獨創力的表現。 2. 創造性繪本教學組學生對方案的評價頗高，認為方案內容有趣多元，且能訓練思考並發揮創意，自己的創造力表現也有所增進，尤其偏愛動態活動及繪圖活動。 3. 研究支持創造性繪本教學方案能提升學生創造認知及情意能力。
黃惠英（2008）	三年級	《教育戲劇策略融入國小三年級學生品格	本研究採用行動研究法。研究中透過研究者的觀察省思，專家	研究結果發現，在運用教育戲劇策略設計品格課程方面，由學生身上

		教育的研究——從「尊重」與「關懷」出發》	諍友團的討論、協同觀察者的建言、學生的學習單、活動的回饋、問卷及焦點訪談等方式進行資料蒐集與分析。	明顯看到品格上的轉變。除此以外，也發現學生透過戲劇策略活動自我成長、合作能力增強、同儕排擠效應消失，可見教育戲劇策略對於學生的品格教育有很大的效益。
何靜瑛（2008）	中年級	《無字圖畫書教學對國小學童創造力的影響》	本研究採不等組前後測準實驗設計，分為實驗組和控制組。以「陶倫斯創造思考測驗」為測量工具，依前後測的得分，將所得資料分別以單因子共變數及進行質性分析。	1. 能提升國小中年級學童語文創造力的「語文流暢力」、「語文獨創力」及「語文變通力」。 2. 能提升國小中年級學童圖形創造力的「圖形流暢力」、「圖形獨創力」、「圖形變通力」及「圖形精進力」。 3. 獲得大多數實驗組學童的肯定，對於本課程和無字圖畫書持正面態度，認為有助於增進創造力。
劉朝蓮（2008）	二年級	《教育戲劇融入國小二年級生命教育課程——以生死議題為取向》	本研究採行動研究方法，依「生命的循環」、「寵物的死亡」、「親人的死亡」三主題進行課程設計與實施，並藉由訪談、錄音、錄影、觀察紀錄、文件分析與省思檢視與改進教學歷程。	研究結果發現： 1. 課程設計：尋找戲劇情境的切入點，可同時採用 O'Toole 與 Dunn 及 Needlands 的設計策略；故事線的邏輯性不足時，需注意活動間有意義的串聯；預防議題失焦。 2. 課程教學：配合活動

				採用戲劇策略，教學時重視提問的技巧、秩序的掌控、故事的完整性以及指令的示範，動靜活動安排需得宜且重視學童情緒的聚焦。 3. 師生成長：學生提升生命觀並熟悉戲劇契約；老師積極看待生命且增加議題敏感度，熟悉課程設計架構並以開放心態進行教學。
曾子瑛 （2009）	三年級	《繪本創造思考教學方案對國小資優生創造力的影響》	本研究採不等組前後測準實驗研究法，選取實驗組和控制組各一班。實驗組接受十單元的活動教學，控制組則接受一般課程教學，未接受實驗處理。	1. 實驗組在語文「流暢力」、「變通力」及「獨創力」的得分顯著優於控制組。 2. 實驗組在圖形「流暢力」、「變通力」、「獨創力」及「精進力」的得分顯著優於控制組。因此，本課程對國小資優生創造力成效頗佳。
高瑀羚 （2009）	二年級	《繪本在創意教學上的應用——以「三隻小豬」相關繪本為例》	以行動研究的精神為基礎、相關《三隻小豬》的語文教學為主軸課程。研究宗旨以繪本為教學上的主要素材。	1. 繪本是培養學生創意語文寫作的利器、教師多元教學能增進學生的創意表現、男生在獨創和變通性上，比女生佳。 2. 學生的創意表現和學業成績不成絕對正比關係。

				3.學生的流暢性要進步，建議可多作語文練習，思想會更流暢。
佘宜珊（2009）	學齡兒童	《臺灣兒童故事屋演出效果對學齡兒童戲劇教育的影響》	論文針對臺灣兒童故事屋與臺灣兒童劇場的現況，以田野調查的方法，深入了解內部組織結構。	兒童故事屋的微型劇場，能帶給較少接觸戲劇、走入劇場的家長和孩童，對於戲劇表演有新的觀感、新的刺激，並能利用兒童故事屋和兒童劇場，提供兒童有趣的活動架構，藉以促進兒童德、智、體、群、美等五育均衡的學習效果。
張秀卿（2009）	一年級	《繪本教學應用在國小一年級品德教育的行動研究——以尊重與關懷為核心》	利用繪本教學實施品德教育課程方案，藉由教學實錄、省思札記、觀察記錄、學生學習單與訪談、家長訪談等資料，來進行分析的行動研究。	1.教學活動方案的實施與修正：繪本教學發展品德教育課程方案含課程設計理念與方式、繪本選擇與內容分析，並採取品德典範、討論與對話、情境體驗、統整與實踐四步驟的教學模式進行，是品德教育可行的教學方案。2.教學活動方案的學習成效課程方案進行時，在質性觀察資料中，全體研究對象的「尊重」、「關懷」行為皆有提升，而個案觀察

				對象以建立自尊、關懷自我方面進步較為顯著，但關懷他人方面仍有待繼續鼓勵與加強，仍需要靠日常生活中的機會教育與練習，讓學生養成表現品德的習慣。

　　除了以上表所列出的參考文獻，我還參考以下文獻，作為研究的依據：

　　楊佳惠（2000）《創作性兒童戲劇研究》；

　　吳湘靈（2004）《圖畫故事書在國小一年級國語文領域的應用
　　　　——情緒教育融入故事教學的實踐》；

　　陳自培（2005）《創造思考教學法運用於國小高年級圖畫故事書
　　　　創作教學的研究》；

　　陳怡雯（2005）《表演藝術評分規範的發展與建立——從國小五
　　　　年級戲劇教學出發》；

　　盧建宏（2007）《戲劇運用於視覺藝術教學對學生影響的研究
　　　　——以蘆洲國小六年級某班為例》；

　　陳沛蓉（2008）《創造思考技法融入國小六年級劇本創作教學的
　　　　研究》；

　　詹斯匡（2008）《兒童創造力開發之教學研究——以圖畫書創作
　　　　為例》；

　　林虹眉（2007）《教室即舞臺——讀者劇場融入國小低年級國語
　　　　文教學的行動研究》；

　　林文鵬（2008）《表演藝術在教學上的運用——以國小六年級為
　　　　例》；

　　吳恣蓉（2008）《運用繪本教學實施國小二年級誠實品格教育的
　　　　課程行動研究》；

廖五梅（2010）《唐傳奇戲劇化在閱讀教學上的應用》；

林秀娟（2009）《說演故事在閱讀教學上的應用》；

陳津慧（2009）《國小六年級學生寫作能力的教學研究——以繪本教學為例》；

夏洪憲（2009）《以圖畫故事書為媒介指導兒童編寫劇本的行動研究——以國小六年級學生為例》；

楊雅婷（2009）《運用圖畫書統整藝術與人文學習領域課程的行動研究》；

就臺灣目前研究的文獻來看，我發現大家對創意性圖畫書、戲劇化圖畫書教學的實施方式，有幾個問題：

（一）圖畫書教學不夠有創意。因為創意包括無中生有、製造差異，倘若每次教學只是用一本圖畫書作創造思考教學，而沒有寫成簡易的劇本，將會限制學生的創造、思考力，所以本研究在「無中生有」這部分，將會選取兩本或三本圖畫書用創作性戲劇教學法，讓學生討論將兩本或三本圖畫書的人物、情節、結局，加以結合改編，並發揮創造力，寫成劇本。另外，「製造差異」這部分將會選取一本圖畫書，將故事中需要思考、辯論以及人物對話，都可以寫成劇本，這兩種創意教學和原本的圖畫書教學，相形之下，可以讓圖畫書教學呈現嶄新的面貌。

（二）戲劇化圖畫書教學使用的戲劇類型太少，大部分都是即興表演。我會採用舞臺劇、廣播劇、相聲劇、故事劇場四個劇種，每一種都選取單一圖畫書和非單一圖畫書的創作性戲劇教學，並結合多媒體、聲情美、諧趣化、敘述表演教學，讓創意戲劇化圖畫書教學呈現更多元的面向。

第三章　創意戲劇化圖畫書教學的取向

第一節　創意戲劇化圖畫書教學的理論與現實需求

　　圖畫書過去十餘年來，在本地推廣有成，除創造出一群圖畫書同好與創作者，影響與應用層面更廣及兒童教育、家庭教育、藝術欣賞……等，文教機構並培養很多故事媽媽、長期在讀書會和校園推動圖畫書閱讀、戲劇表演，讓小朋友很喜歡閱讀圖畫書，但面對圖文關係的命題和書中的畫面，常常都是問書中的題目用有獎徵答方式來進行活動，仍不知如何帶領他們思考；很多教學者熟悉圖畫書的應用教學，卻缺乏系統引領學生深度閱讀思考並將書中經驗運用在生活上，以致很多小朋友自幼在父母和老師供給下，始終是新奇於圖畫書的形式，或只知道故事的內容，而忽略圖文結合特質及圖文所蘊含微妙精義。而現在已經有很多研究者在研究討論圖畫書相關的教學及應用，表示創意戲劇化圖畫書教學現實已有很大的需求，坊間出版圖畫書相關書籍，有不同的用途，說明如下：

　　一、認識童書：黃迺毓的《童書非童書》、《童書是童書》這兩本書內容是介紹圖畫書的應用層面，將圖畫書視為親子教養與家庭教育的教材或媒介。林真美等的《在繪本花園裡──和孩子共享繪本的樂趣》既為有心的父母提供一些可依循的方向，又可作為喜愛繪本者的入門指引。

　　二、著重在認識圖畫書圖文的欣賞與教學活動：以林敏宜的《圖畫書的欣賞與應用》為例，書中針對圖畫書的欣賞，將焦點擺在圖畫書的歷史、種類、插畫、文學要素分析，以及圖畫書中的主題導覽，其餘則著重在如何運用圖畫書於教學活動中的設計。王淑芬的《搶救閱讀55招：兒童閱讀用遊戲》也類似前者；吳淑玲主編的《繪本主題教學資源手冊》為例，顧名思義，書中所論述的重點一樣是如何運用圖畫書於教學活動中，是「繪本閱讀」統整與「教學遊戲」運用手冊。

　　三、將圖畫書的閱讀解析得比較透徹：以珍‧杜南的《觀賞圖畫書書中的圖畫》為例，作者將「圖畫的閱讀」定位為閱讀圖畫書的必要步驟，甚至鼓勵讀者在閱讀中加入自己的想法，以激盪、創造出屬於自己的東西，為圖畫書藝術愛好者提供了一個學理與應用兼備的觀賞門徑。

　　四、使用在生命教育：劉清彥的《道在童書》則是期望透過圖畫書與《聖經》教導的連結，將圖畫書的真理與信仰結合。張湘君、葛琦霞合著的《生命教育一起來》在教導兒童如何善度生活、面對挑戰、體悟人生的意義，並追求理想。

　　五、著重在圖畫書圖畫的創意：以郝廣才的《好繪本如何好》為例，書中是在說明一本書，就是一個驚喜，一個新發現，也就是一個創意；讓讀者在欣賞每本圖畫書，不只有圖像或句子，而是有一連串互相有關聯的影像和涵義，讓讀者一次全部感受，並充分發揮閱讀後所產生的不同創造力和想像力，強調了圖像閱讀的重要性，或者圖像具備幫助思考連結的功能性。

　　六、圖畫書的戲劇教學活動示範：以葛琦霞《教室 VS.劇場》為例，以創作性戲劇的方式，讓小朋友親身參與學習的內容，使學習的效果達到理解的程度。因為「兒童戲劇」本來便屬於兒童文學的一環，從兒童文學的故事著手，更容易貼近孩子的生活面與思考面；所以在鼓勵閱讀之際，運用創作性戲劇來協助孩子理解內容，不失為一舉兩得的做法。

　　以上坊間介紹圖畫書的應用書籍，發現這些書籍多偏重在圖或文本的導讀、教學活動，比較適合低、中年級學生，而沒有適合高年級學生進行創意思考、改編故事演出。阿瑞斯特（Arasteh）認為個體從幼兒到青少年時期其創造力的發展有四個關鍵期，分別是第一期 5～6 歲、第二期 8～10 歲、第三期 13～15 歲、第四期 17～19 歲。而六年級學生兒童創造力發展與特質，在創造力發展方面，是屬於第三期。在這時期的兒童，一般來說，對表像的創造性改造日益明顯並增多起來，在寫作方面，五六年級兒童寫人物的時候，表現出具有明顯的創造力。（董奇，1997：94-95）董奇將創造力分為「想像」和「思考」二部分。在想像方面：兒童入學後，在教師的影響下，想像力獲得了進一步的發展：一方面，小

學兒童的有意想像逐步發展到佔有主要地位，使得兒童想像的有意性、目的性迅速地增長起來，同時小學兒童想像逐步地符合客觀現實，其概括性、邏輯性也有了初步的發展；另一方面小學兒童想像力的創造性有了較大的提高，不但再造想像更富有創造性成分，而且以獨特性為特色的創造想像也日益發展起來。而詹斯匡在《兒童創造力開發之教學研究——以圖畫書創作為例》也指出，針對六年級學生探討「創造性思考」應用於圖畫書教學上，在聯想遊戲、強迫思考組合法和逆向思考三大教學主題中，研究蒐集資料都證實，圖畫書創意思考教學策略可以開發學生的想像力並激發其創造力的表現。可以增加其思考的多樣性、可能性，並提升學生創作的興趣。學生可以應用思考的流暢性、獨創性等表現於圖畫故事書創作。夏洪憲在《以圖畫故事書為媒介指導兒童編寫劇本的行動研究——以國小六年級學生為例》透過課程的實施和討論，獲得以下三點的結論：圖畫故事書對指導兒童編寫劇本是良好的媒介，因為圖畫故事書與劇本有共通元素可供轉化，但對於劇本編寫中的對話設計的幫助有限；圖像思維的學習模式適合兒童劇本寫作的學習，因為圖像思維是兒童較易接受的學習模式，並且透過圖像中人物、場景、動作、色彩等的探索有助於劇本編寫內容的構思；課程內容應包括基本概念的理解與實務操作的練習，因為基本概念的認識是劇本編寫的基礎，有了劇本要素的基本概念後，再透過實際操作的劇本寫作練習，才是最完整劇本的學習課程。張玲霞在《國語文別瞎搞》創意文句的活動「我是說（編）故事高手」中談論：「想讓孩子使用的文句新鮮又富創意，可以讓孩子『編故事』，孩子在想像力奔馳的同時，也將國語文能力強化了。小學中、高年級的孩子，父母則可鼓勵孩子發揮創意『編故事』。孩子在編故事時，不但需要了解故事、運用故事，還要更進一步達到創新故事，整個過程正是一個創意無限發揮的訓練，可以培養出想像力、創造力、組織力、與隨機應變能力等均豐富的孩子。」（張玲霞，2006：120-121）可見六年級的學童不僅在創意性、獨創性的能力都已足夠，非常適合創意圖畫書教學；更重要是他們生活經驗比較豐富，在寫作上可以了解故事、運用故事，透過圖畫書圖像中人物、場景、動作、色彩……等的探索有助於劇本編寫內容的構思，更進一步運用無中生有、製造差

異方法達到創新故事。但是詹斯匡是著重在運用創意進行圖畫書創作，夏洪憲是以圖畫故事書為媒介指導兒童編寫劇本，這兩個研究很可惜只有讓學生進行創作，並沒有讓學生演出。而林佳蓉在《創作性戲劇活動應用在國小閱讀教學的行動研究》指出學生因創作性戲劇活動，激發閱讀的動機，獲得展現自我的舞臺，教師往往在語文的課堂上，常常會發現有一群學生沒有機會表現自己，也許是個性害羞膽怯、也許是學習能力不足使然。然而，在創作性戲劇活動的課程裡，看到每一個學生都能因為活動的設計，讓自己有機會在眾人面前展現自我。每次完成一齣短劇，就獲得一次的成就感，學生在課堂中充滿笑容，對學習充滿期待。在創作性戲劇活動的課堂上，沒有一個人會是「客人」或是「旁聽者」，每一個人都有機會成為主角、成為舞臺上目光的焦點，每一個人也都有機會成為襯托主角的最佳配角，甚至是扮演道具的人都可以是整齣戲裡的重要螺絲釘。楊壁菁（1997）的研究指出使用創作性戲劇活動的課程，對學生的自信心、課程參與程度和團體合作關係均有所助益。因此，倘若教師能將創作性戲劇活動的元素融入圖畫書的教學，讓每一位學生都有展現自我的舞臺，相信我們的學生將會更有自信，更能肯定自我的表現。林文鵬在《表演藝術在教學上的運用——以國小六年級為例》指出將表演藝術活動融入六年級課程教學，進行表演藝術教學由淺入深作課程設計分類的進程，最後再輔以表演藝術中的表演性戲劇活動來作整體的呈現，會讓學生學習上更有果效。但此研究因為時間關係只利用到表演元素、角色扮演、即興表演、偶劇等戲劇活動，建議後續研究者可嘗試其他的表演藝術策略來進行教學研究，以及利用資訊教育融合表演藝術的教學策略來進行教學研究。

　　根據他們的研究，六年級的學生倘若只是指導他們進行創意圖畫書教學，改編劇本，並不能滿足他們提升自己的自信心，也不能對課程參與程度和團體合作關係有所助益，唯有將創作性戲劇活動的元素融入圖畫書的教學，學生才會更有創意和更有發揮的舞臺。

　　為了讓創意戲劇化圖畫書教學在理論和現實需求上，能成為其他教學者的幫助，在理論需求上需要綿密完整，並建立新典範模式；現實需求則要清楚說明提升教學成效的可援引性及其創意戲劇化的可能性。

(一) 理論需求在小學場域，可以展現：

　　1. 改編劇本、提供範本。

　　2. 即興創作。

　　3. 再創作能力表演。

　　4. 提高學習興致。

　　但無法做到：

　　1. 不可能變圖畫書創作者。

　　2. 不可能做動畫。

　　3. 不可能和圖畫書過一樣的生活。

(二) 在現實需求上，可以達到：

　　1. 提升圖畫書成效：圖畫書＋戲劇＝再創作、創意戲劇化。

　　2. 讓老師成長：提供很多相關知識，讓老師能吸取經驗，回到教學
　　　 現場改變圖畫書教學環境和教學成效。

　　3. 讓學習者成長：在圖畫書、創意、戲劇三方面都可以學習到很多
　　　 能力，並應用在生活上。

　　我將會根據這雙重的需求，做創意戲劇化圖畫書的教學研究，期待
能對更多教學者在教學上有所助益。

第二節　無中生有式的創意戲劇化圖畫書教學的嘗試

一、「無中生有」的判定與運用

　　在《關於創意的 100 個故事》書中指出，最近幾年提出關於創意概
念的新說法，分為尋找大創意、實現大創意兩個過程，而所謂的「大創
意」就是「好的創意」。尋找大創意是一種心智檢索的過程，是一種藝
術家行為，應該具有首創精神（夏潔，2009：25-27），也就是「無中生
有」。運用「無中生有」這個方法，在創意戲劇化圖畫書教學，將是一
種前所未有的嘗試。即使人人都有創意潛能，人人都可以創造，「無中
生有」的創意俯拾即是，但是要用在兒童戲劇化圖畫書教學，卻很難有

首創精神，因為多數大人習慣於垂直思考，很難離開固定方向的規範，而向別的若干不同的規範去移動探索。（黎波諾，1989：9）為了能看得更透徹，老師需運用水平思考、逆向思考來訓練自己、學生。只要激發學生的潛能，透過各種創造性思維方法刺激他們的想法，找出新的思想；並在舊有的基礎上進行有計畫的改變。而這舊有的基礎，就是指圖畫書原來的文本與插圖，利用創造性思維，讓學生突破思維定勢去思考問題，從新的思路去尋找書中圖或文的各種可能性，並用戲劇的方式表現出來，讓圖畫書不再是平面的呈現，而是有全新的風貌。

　　本研究所指「無中生有」的創意戲劇化圖畫書教學，將是老師指導學生以圖畫書為教材，透過討論思考，讓學生根據故事的架構，重新改編劇本的角色、情節、結局，或跳脫原來的故事框架，用另一個角度看問題，是一種原創性、獨創性也包含靈光一閃、突發奇想的新奇想法或創造力；也可從書中選一張圖或選幾張圖重新組合，讓學生討論並即興表演它可能會發生的前因後果。總括來說，重新編寫的劇本或表演方式，觀點需具有獨創性，要有讓人耳目一新的感覺。

二、就圖畫書「文字」舉例與教學方法

（一）從另一個角度思考

　　在《三隻小豬的真實故事》這本圖畫書呈現出和《三隻小豬》完全不同的是非對錯和因果關係中，讓讀者在似曾相識的情境中，一再有意料之外的驚奇，所以一出版，就受到廣大讀者的討論與迴響，因為大家習慣同情弱者，再加上童話故事總是將大野狼這個角色塑造成陰險、詭詐、喜歡欺負弱者。但一看到這本書是以大野狼的觀點來述說事情發生的緣由，會覺得原來三隻小豬也有錯，他是要為奶奶做生日蛋糕，可是他們不但不借糖給大野狼，還對他很沒禮貌，當他要離開時，因為重感冒，一不小心打了一個大噴嚏，才會吹倒豬大哥、豬二哥的房子，更重要的是他吃小豬是天性使然，是不得已。而且小孩不也吃豬肉漢堡嗎？他可是一位非常孝順奶奶的大野狼，這個理由不但正常，簡直就該表

揚。至於那些豬？第一隻小豬用稻草蓋了間危險易塌的房子，該算自己笨死的。第二隻小豬不但不聰明，還不友善。第三隻小豬更兇惡，竟然開口罵老奶奶，才會為了捍衛奶奶而失控。而且大野狼每次對小豬講話，一直很有禮貌，為什麼最後會抓狂？都是被這些又笨又兇的豬逼的。所以他請讀者接受這個「從未被報導過的真相」。（雍‧薛斯卡，1999）

表 3-2-1　《三隻小豬》和《三隻小豬的真實故事》的文本比較

		三隻小豬	三隻小豬的真實故事
角色個性	大野狼	兇狠、邪惡、愛欺負豬。	有禮貌、溫和、孝順奶奶、鼻子過敏。
	三隻小豬	天真可愛。	說話態度差、沒禮貌。
故事	起因	媽媽為了讓三隻小豬獨立，豬家三兄弟便離開家中展開新的生活。	大野狼做蛋糕慶祝奶奶生日，但是糖沒了，只好去向三隻小豬借糖。
	經過	有一隻飢餓的大野狼看上這三隻小豬，於是便想盡辦法想吃他們，他先把大哥房子吹倒，又追到二哥的木材房子，用力吹倒房子，最後追到豬小弟的房子，但是他的房子太堅固了，沒辦法吹倒房子。 不同點： 1、　大野狼吹倒房子。 2、　豬大哥、二哥還活著。	大野狼去借糖，他的鼻子開始發癢，然後打了一個好大的噴嚏，把稻草和木頭蓋的房子吹倒了！為了怕丟臉，就將那二隻小豬吃掉了。因為還沒要到糖，所以他又向豬小弟借糖，因為他太沒禮貌，於是大野狼就抓狂了。 不同點： 1、　大野狼打噴嚏吹倒房子。 2、　大野狼吃掉他們兩個。
	結果	因此大野狼想辦法從煙囪跳下去，沒想到豬小弟和逃奔過來的大哥及二哥，一起在煙囪下燒了一大鍋滾水，大野狼一跳下去就燙傷逃命，從此以後再也不敢欺負三隻小豬。	最後大野狼被豬警察抓了，也被《小豬日報》冤枉了，大家都認為大野狼是個大壞蛋。

在這個例子中，「無中生有」的「無」就是沒有人提出大野狼吃小豬是合理的行為，而故事中的創意就是「大野狼其實是無辜的」，這樣可以脫離常人「慣性思考」表面，進入「新思考領域」，不再有舊思考的侷限與慣性思考的牽絆，「創意」就因此產生了。

這本書在討論時，老師可以觀察學生有沒有清楚的表達他們對事物的看法以及能不能客觀的接受別人的意見，並專心的思考別人所說的看法。讓學生能明白一件事是沒有絕對的對與錯，「好人」與「壞人」也沒有那麼容易下定論。如果我們用不同的角度來看這個故事，就會有不同的感受與體會。

（二）徹底顛覆傳統

《頑皮公主不出嫁》這本圖畫書也跳脫出傳統愛情童話的觀點，書中的史瑪蒂公主喜歡穿長褲、騎大型越野車，養大型寵物，不過她美麗又有錢，所有的王子都想娶她為妻。可是她只想當單身貴族，和心愛的寵物，一起住在城堡裡，想做什麼就做什麼，便開出種種不可能的任務刁難追求者，沒想到來了個史瓦斯王子居然能完成這些不可能的任務……看到這裡，還以為王子能抱得美人歸，誰知當公主大方的獻上一吻後，王子竟然變成了一隻巨大的癩蝦蟆！凡是聽過史瓦斯遭遇的其它王子，再也沒有人敢打史瑪蒂公主的主意，史瑪蒂公主從此過著快樂的日子。（巴貝柯爾，2004）

在這個例子可以看出公主不一定要穿裙子才美麗，不僅顛覆了傳統童話的公主形象，也顛覆了一般的性別形象。她可以打扮自己喜歡的模樣，也可以做喜歡的休閒活動，例如：騎大型越野車，養大型寵物。畫中的史瑪蒂公主穿著皮衣皮褲皮靴，騎著重型機車，載著她的寵物飆車，跟童話故事裡形象端莊、優雅、嬌貴的公主完全不同，但她的笑容充滿自信和愜意，彷彿可以披荊斬棘，任何人都阻止不了她追求單身自由的決心。她理想的生活就是抱持不婚主義，和心愛的寵物快樂過一生，最令人驚訝的是結局居然不是王子和公主過著幸福快樂的日子，而是王子變癩蝦蟆，也諷刺了著名的童話「青蛙王子」，這個出人意外的結局，

令人忍不住捧腹大笑。這故事不固守傳統，並告訴讀者公主並不是一定要有王子，女人也不一定要結婚，才能過著幸福快樂的日子，這就是「反向思維」，也就是「逆向思考」，是一種將原來思維的方向、邏輯順序完全顛覆向來束縛自己的舊觀念，跳出某種慣性和定勢產生的無中生有的創意。（夏潔，2009：234）難怪這本書會成為性別平等教學最好的範本。

（三）教學方法

　　學生很喜歡一本班書《我和我家附近的野狗們》，內容是描述有一個小男孩，每天上學都看到路上有好多的野狗，牠們又髒又臭，還會到處大、小便。聽說牠們有時候還會咬人呢！每次，他出門的時候，都很害怕。為了避開牠們，他還畫了一張到學校的地圖，就是要找一條沒有狗的路，書中的小男孩非常怕狗，所以才會千方百計想要避開空恐怖的野狗。（賴馬，2006）

　　這本書可以讓學生討論家裡附近有哪些討厭的人、事、物，或是有哪些喜歡的人、事、物，都可以根據文本結構，用水平思考法編一個新的故事。倘若要跳脫故事觀點，也可以用逆向思考法將自己當作野狗，來看住在附近的怪人，編一個《我和我家附近的怪人們》的故事，再結合創造性戲劇教學，將新編的故事用舞臺劇、廣播劇、相聲劇、故事劇場其中一種方式演出，都會讓學生突破思維定勢去思考問題，從新的思路去尋找書中圖或文的各種可能性，並用戲劇的方式表現出來，讓創意達到最大值，每一次的教學都能顛覆學生的邏輯思考。

三、從圖畫書「圖像」舉例和教學方法

（一）單張圖

　　在圖畫書《瘋狂星期二》25～26頁的跨頁圖，圖裡停了好幾臺警車，五位警官和三隻警犬正在追查這件離奇事件，地上留下好多片濕淋淋的

荷葉，一位警官拿起一片荷葉仔細端詳，旁邊的警犬也盡責的用鼻子找尋有關事件的蛛絲馬跡。

　　看到這幅圖，你會想到發生什麼事呢？

　　有一次參加閱讀戲劇研習，講師放了這張投影片，將學員分成四組，根據圖片從左到右的順序分為警員組、記者和目擊者一組、警員和警犬一組、偵探和警犬一組。四組學員必須根據自己的身分討論到底發生什麼事？可以增加角色，十分鐘後，各組上臺必須先定格圖中的畫面，再將圖中當天發生的事情來龍去脈演出來給別組學員觀賞。演出結束後，再請各組學員先用六六討論法分享自己的看法，最後再推選各組代表上臺分享第幾組演的最有創意。

　　記得當時有組別認為這是一個兇殺案，兇手留下荷葉是要故布疑陣，也有組別認為是世界末日，才會天降荷葉，警告世人。更有組別異想天開覺得是外星人到地球來所留下的痕跡。姑且不論最後是哪一組得到最有創意獎，但是每個學員在推理的過程中，不斷拋出想法、激盪彼此的創意，再透過即興演出，讓欣賞的學員也看得讚不絕口，而我心中不禁讚嘆這樣的教學方式真有創意。

　　後來講師公布這幅圖像的答案，才知道這幅圖是出於《瘋狂星期二》這本圖畫書書，內容是在星期二晚上八點，在一個寂靜的池塘邊，突然烏龜和魚兒們驚訝的張大嘴巴。原來是一群青蛙，乘著荷葉，從池塘裡飛了起來，牠們飛向小鎮，平靜的小鎮頓時瘋狂起來。（大衛·威斯納，2003）故事中文字敘述只是用來指明時間。而看似蠢笨的青蛙坐上荷葉後，到人類世界遊玩，更增添了瘋狂夜晚的荒謬性。彷彿一齣精采的默劇，大衛·威斯納巧妙先給讀者一個「問號」，再給一個「驚嘆號」，最後再給一個最大的驚嘆號，給讀者製造更大的疑問與緊張。圖中夜晚的寂靜與青蛙造成的騷動對比，引起人們的不安與害怕，天色一亮，青蛙就像聽到午夜鐘響的灰姑娘，立刻回復原形……這幅圖的答案，其實已經在圖裡，大衛·威斯納巧妙利用雲，藏了兩隻大青蛙（郝廣才，2008：71～77），可是當時我們的焦點都是在那些人到底發生什麼事？而沒有發現插畫家在隱藏的圖中所要傳達的訊息，所以沒有一組答對，但是大

家的即興演出都展現了獨創性，也就符合「無中生有」包含靈光一閃、突發奇想的新奇想法或創造力的創意。

（二）四張圖

在《朱家故事》8～21 頁，有四頁圖，一頁是爸爸吃熱狗、一頁是父子三人懶懶躺在沙發上、另一頁是朱家父子三人都變成豬，全身髒兮兮坐在餐桌上，窗戶外有狼的身影（牆上的壁紙有豬的圖），還有一頁是變成豬的朱家父子三人跪在地上，門口出現一個巨大的身影。

看到這四幅圖，大家會想到什麼？人和豬有什麼關係？那影子又代表什麼含意？為什麼牆上、報紙、電話都是豬的圖案？

我的小女兒看了這四張圖說有一個大巨人，很喜歡吃豬肉香腸，於是他在晚上偷跑到別人家，看到他們聚精會神在看電視，於是就把燈關掉了，父子三人突然看到大巨人的影子嚇得跪地求饒，結果燈一亮，父子三人發現他們的模樣都變成豬了，嚇了一大跳！往窗外一看，大巨人變成一隻大野狼正虎視眈眈的要吃他們，三個人嚇得心臟噴出血！把衣服都染紅了！

其實這是《朱家故事》圖畫書其中的四幅插圖，故事內容是強調朱家人在家庭中分工的不平均，父子三人只會飯來張口，朱媽媽可是忙得昏天暗地。有一天，朱媽媽終於氣走了。全家立即陷入更混亂的地步。話雖如此，媽媽畢竟是媽媽，還是放不下心，又回來探視父子三人。朱家父子這時也覺得對不起媽媽，大家開始樂於分擔家務。對於父子的改變，朱媽媽也深受感動，最後一家人和樂融融。（安東尼布朗，1991）

我將其中四幅圖問小女兒，她的答案居然和原來的故事情節完全不同，本來是描述家人要互相分擔家事的故事，到她的想法裡卻變成有一點恐怖血腥的故事，爸爸和媽媽的影子是會吃豬肉香腸的大巨人。為什麼會和原來的故事有這麼大的差距？原因是我只給她看其中四幅不連貫的圖，所以才會有這麼天馬行空的想法。

這也符合鄭淑芳在研究中指出認為無字圖畫書也提供無止境創造詮釋的可能性，擁有獨特與多樣創意的機會，讓學生每一次閱讀都有不同

的感受和體驗。因此，教師可以配合圖畫書內容設計教學活動，進行故事創作、編寫劇本的活動，引導學生發揮創意和想像。（鄭淑芳，2002：76-77）可見用圖像來教學，每一次學生的表現都會有不同的獨創性，是一種很可取的「無中生有」的教學方法。

（三）教學方法

　　教師從圖畫書中選一張圖或選幾張圖重新組合，讓學生討論並即興表演它可能會發生的前因後果，最後重新編寫簡單的劇本，再結合創造性戲劇教學，將新編的故事用舞臺劇、廣播劇、相聲劇、故事劇場其中一種方式演出，都會培養學生有獨特性思維，才能有全新的視野和成效。

第三節　製造差異式的創意戲劇化圖畫書教學的全面展開

一、「製造差異」的判定與運用

　　「製造差異」指的是並非完全的創新，而是只能顯現「局部差異」的創新。聰明的創意是天生的、獨創的、不需要訓練，但是很少人有這種能力，而不聰明的創意是後天訓練可以獲得的能力。王偉忠在《這些創意不是亂講》中指出創意是老東西新玩法、創意向來不是發明，而是發現、創意是結合原創加發現、把創意當興趣，那處處是機會。（王偉忠‧陳志鴻合述，王蓉採訪整理，2009：3-172）而夏潔認為我們生活中大部分的創意並不是「發明」，而是有效的模仿。還有創意揚名全美的廣告大師詹姆斯，曾經一針見血地指出：創意完全是舊元素的新組合。（夏潔，2009：86-245）三人的看法大同小異。所以本研究指「製造差異」的創意戲劇化圖畫書教學，並非完全的創新，而是只要顯現和原來故事內容「局部差異」的創新。以圖畫書為教材，就圖文二者相互解釋關係來分，有以文為主體的「互釋」，以圖為主體的「互釋」，以及圖文互為主體的「互釋」。以文為主體的「互釋」，就是故事的主導性強過圖畫的敘事性；以圖為主體的「互釋」，就是圖畫的主體性勝過故事

本身的敘述性，也就是閱讀圖畫書時，圖畫必須同時發聲，甚至比文字更具有說明性；圖文互為主體的「互釋」，圖與文需相互搭配以建構完整故事。（陳意爭，2008：95）教師指導學生以文為主體的「互釋」模式的圖畫書為教材，文字敘述可以幫助讀者了解完整的故事內容，劇本內容就不需要更改太多，而是在角色對話上可以多一些創意，適合用在廣播劇、舞臺劇。倘若是教師指導學生以圖為主體的「互釋」模式的圖畫書為教材，可以在某些畫面文字不能將圖的意義表達得很完整，以及故事留白的地方，讓學生仔細觀察圖，並將圖畫中有要傳達的方式——示意，「示意」是當圖像需要抽象表達的意念、狀況、想法等無法說明時，都可以藉著圖畫本身的質地和包含的物件顯示出來，由於示意用的象徵符號具有開放的特性，所以就可以有不同的詮釋。（珍・杜南，2006：22-23）正因為有其他可能性提供學生選擇，學生可以有更多的想像與創意，讓圖畫書除了原本的故事以外，又增添許多趣味。另外，倘若是指導學生以圖文互為主體的「互釋」模式的圖畫書為教材，因為文字和圖像必須緊密連結共同建構出完整的故事，或者彼此看似不相關聯卻能衍生新意義（各說各話），對接受者而言都能刺激他的觀感，使他獲得新的經驗，包括知識、規範及審美的經驗。（陳意爭，2008：100）這時可以將兩本圖畫書組合，激發學生創造性的思維能力，呈現新組合。創意需要方法，從 1937 年 Osborn 宣導腦力激盪法開始，先後湧出很多創意思維方法，我認為腦力激盪法、模仿法和組合法都是很好的方法可以訓練學生的創意教學。因為這樣的教學法，非常容易實行在教學上，所以「製造差異」式的創意戲劇化圖畫書教學可以全面展開。

二、圖畫書以文為主體的「互釋」與教學方法

　　這類型的圖畫書「以文為主體」的互釋模式，也就是需要配合文字故事的提點，才能建構出完整的圖文搭配內容。讀者先從文字故事中尋找線索，是讀出這部分圖文關係的較理想途徑。其次，創作者的轉譯變成圖形畫面，但仍需要配搭上文字才能獲得完整的意義。換句話說，便是以具象的文字解譯抽象的圖畫，沒有文字就失去完整的意義。這也是

穿梭在圖畫與文字之間，依個人觀感詮釋作品有趣的地方。（陳意爭，
2008：107）

　　既然是圖畫書，以文為主體的圖畫書一定很少。我學校的班書有二
十四箱圖畫書，只有《桂花雨》（琦君，2002）是屬於這類以文為主體
的「互釋」模式，這本書一共有七篇故事，平均一篇故事有二、三千字，
教學時只好選一篇，將重要的情節分段，請學生將平鋪直述的文字，將
入創意與想像，分組討論改成對話。例如：《桂花雨》這篇故事是敘述
作者家鄉屋子前後院子中，最多的就是桂花樹，一到桂花盛開的季節，
秋風一吹，樹上的桂花瓣，一片片掉落，一時香氣四溢，桂花瓣除了供
佛，母親的巧手會做桂花滷、桂花茶，過年時還可以做糕餅，全年整個
村莊，都沉浸在桂花香中。琦君直到現在，只要看到桂花或桂花製成的
東西，總是想起母親那雙巧手，藉此排解對母親的思念，畢竟母親的桂
花滷、桂花茶都再也嚐不到了。這篇故事較短，內容只有一千多字，但
為了用戲劇的形式演出，必須改寫人物間的對話。由於琦君的文字優美
動人，所以要提醒學生在改寫時，必須保留這些優雅的文字，這樣的劇
本特別適合用在廣播劇，表現聲情美這部分。

　　以下是我改寫的部分：

　　《桂花雨》第一幕：

　　　　旁白：中秋節前後，就是故鄉的桂花季節。一提到桂花，那股子
　　　　　　　香味就彷彿聞到了。我家沿著圍牆，種的全是金桂。可惜
　　　　　　　小時候，我對什麼花，都不懂得欣賞。父親：寶貝女兒，
　　　　　　　妳長大了，我來帶妳認識一些美麗的花，這是凌霄花，這
　　　　　　　是叮咚花，這是木碧花……是不是很特別啊！

　　　　女兒：這是凌霄花，這是叮咚花，這是木碧花，不過我最喜歡的
　　　　　　　還是香香的桂花。

　　　　父親：為什麼？說給父親聽聽！

　　　　女兒：桂花樹不像梅花那麼有姿態，看起來笨笨拙拙的，不開花
　　　　　　　時，只是滿樹茂密的葉子，開花季節也得仔細地從綠葉叢

　　裡找細花，它不與繁花鬥豔。可是桂花的香氣味，真是迷
　　人。迷人的原因，是它不但可以聞，還可以吃。

父親：原來妳是喜歡吃，才喜歡桂花。

女兒：才不是呢！「吃花」在詩人看來是多麼俗氣，但我寧可俗，
　　　就是愛桂花。

父親：好嘛！乖女兒！別嘟嘴！我這就帶妳去賞桂花、吃桂花。

女兒：好啊！還是父親最了解我！

第二幕：

旁白：故鄉是近海縣分，八月正是颱風季節。母親稱為「風水忌」。
　　　桂花一開放，母親就開始擔心了：「可別做風水啊！」（就
　　　是颱風來的意思）她擔心的第一是將收成的稻穀，第二就
　　　是將收成的桂花。桂花也像桃梅李果，也有收成呢！

女兒：媽妳在前後院子走來走去，嘴裡在唸什麼？

母親：我在祈禱老天不要有颱風。只要不做風水，我可以收幾大
　　　籮。送一斗給胡宅老爺爺，一斗給毛宅二嬸婆，他們兩家
　　　糕餅做得多。

女兒：原來如此，桂花是糕餅的香料。想起去年桂花開得最茂盛
　　　時，不說香聞十里，至少前後左右十幾家鄰居，沒有不浸
　　　在桂花香裡的。

母親：是啊！桂花成熟時，就應當「搖」，搖下來的桂花，朵朵
　　　完整、新鮮，如任它開過謝落在泥土裡，尤其是被風雨吹
　　　落，那就溼漉漉的，香味差太多了。

女兒：「搖桂花」真好玩！媽，今年怎麼還不搖桂花嘛？

母親：還早呢，沒開足，搖不下來的。可是外面天空陰雲密布，
　　　雲腳長毛，要「做風水」了，我得趕緊吩咐長工提前「搖
　　　桂花」。

女兒：這下，我可樂了，我得趕快出去幫忙在桂花樹下鋪篾簍。

母親：別急！可要小心！

女兒：抱著桂花樹的感覺真好！好香！我可要使勁地搖，哇！桂花紛紛落下來，啊！真像下雨，好香的雨啊！（急忙跑進來）媽，這些桂花送給妳！

母親：謝謝！我可要把雙手洗乾淨，撮一撮桂花放在水晶盤中，這些桂花要拿給妳爸爸送到佛堂供佛。

父親：這些桂花真香，我要點上檀香，爐煙裊裊，才能讓兩種香混和在一起，這樣佛堂就像神仙世界。聞了這些香味，我詩興也發了，「細細香風淡淡煙，競收桂子慶豐年。兒童解得搖花樂，花雨繽紛入夢甜。」女兒妳覺得這首詩如何？

女兒：詩雖不見得高明，但在我心目中，父親可是個大詩人，確實是才高八斗，出口成詩呢！

第三幕：

旁白：桂花搖落以後，全家動員，揀去小枝小葉，鋪開在簟子裡，晒上好幾天太陽，晒乾了，收在鐵罐子裡，和在茶葉中泡茶，做桂花滷，過年時做糕餅。全年，整個村莊，都沉浸在桂花香中。

女兒：媽，我們秋季遠足要去杭州滿覺壠，一定要去賞桂花。

母親：「賞花」是藉口，主要的是飽餐「桂花栗子羹」吧！

女兒：是啊！因滿覺壠除桂花以外，還有栗子。花季栗子正成熟，軟軟的新剝栗子，和著西湖白蓮藕粉一起煮，面上撒幾朵桂花，那股子雅淡清香是無論如何沒有字眼形容的。即使不撒桂花也一樣清香，想起來都齒頰留香呢！

母親：杭州的桂花再香，還是比不得家鄉舊宅院子裡的金桂。

女兒：是啊！家裡的金桂當然香多了！等我回家時，再捧一大袋桂花回來送給妳。

母親：謝謝妳！乖女兒！

旁白：我們一到滿覺壠就邊走邊搖，桂花飄落如雨，地上不見泥土，鋪滿桂花，踩在花上軟綿綿的，心中有點不忍。這大概就是母親心中的「金沙鋪地，西方極樂世界」吧！於是

　　我也想起了在故鄉童年時代的「搖花樂」，和那陣陣的桂花雨。

　　經過改寫的劇本，從作者和父母親的對話，不僅可以保留原來故事的架構，也可以看出作者和父母親的感情，在教學時，只要指導學生將自己和父母相處的生活經驗，加入對話中，再透過表情、聲音，就可以將這個故事很生動的表現出來，讓聽眾可以感受到作者透過桂花思念父母親的心情。

三、圖畫書以圖為主體的「互釋」與教學方法

　　這類型以圖為主體的「互釋」圖畫不外乎線條、形狀及色彩，再透過構圖將創作者自己的感受表現出來，而表現的方法則在意個人的美感概念及美術技巧。以圖為主的*互釋*，指的是圖畫的主導性勝過故事本身的敘事性，也就是在閱讀圖

　　畫書時，圖畫必須同時發聲，甚至比文字更具有說明性。文字的解讀所傳遞的訊息比較精簡，就有很大的填補空間，可以靠圖畫來加強說明。圖畫在運用的過程中，意義先是被內藏起來，透過接受者的觀感予以詮釋，整體的圖文搭配才能使文本完整被彰顯出來。（陳意爭，2008：112）

　　既然是圖畫書，以圖為主體的「互釋」模式這類型的圖畫書也不是很多，我學校的班書也只有《不是我的錯》這本書，十六頁的圖畫，只有兩百多個字，正如書的封底寫的「作者從純潔的白到黑色襯底的暗黑世界，從線條的勾勒到鏡頭下真實記錄，圖像的編排發展很具震撼力，震撼則讓人深省。」（雷‧克里斯強森，2000）這本書內容講的是孩子的世界裡常存在強欺弱、大欺小的行為，一名體型弱小的孩子被人欺負了，蒙著臉哭泣，誰欺負了他？讓群體裡的孩子一一站出來表白，各種理由加總起來，就是「這不是我的錯」。

　　去年學校因為要宣導品德教育和小叮噹信箱，請我編一齣劇，讓老師上台演，於是我就運用這本圖畫書，並請老師看圖找一個角色，自己

設計台詞、服裝，只花了二十分鐘，一齣富有教育意義的戲劇就呈現在學生的面前。

《不是我的錯》劇本：

邱平平：（一個人躲在一邊大聲哭泣）

小記者：各位小朋友好！我是新興國小最可愛、最美麗的特派記者郭小小，專門報導學校發生的大小事情，所以我又有一個綽號，叫「包打聽」，只要你想知道新興有什麼新聞，問我就對了！咦！為什麼那邊有一個小朋友在哭？我得趕快過去瞧一瞧。

郭小小：小弟弟，為什麼你要哭得那麼傷心？

邱平平：（比後面那群孩子）

郭小小：好吧！那我去幫你問個清楚。

郭小小：請問那位同學為什麼哭這麼傷心？

味增湯：我很害怕，卻又不幫不上忙，只有眼睜睜在一旁看……（郭：你太膽小了）

江美美：我沒有看到事情發生的經過，所以不知道他為什麼哭。（郭：沒看到，這樣說也對）

高怪怪：難道我有錯嗎？我總覺得他有點古怪。（郭：古怪不行嗎？郭小小摸摸頭）

柯圓圓：那是在下課以後才發生的，不關我的事喲！（郭：什麼！這不關你的事喔）

陳澎澎：我雖然看到了，也知道是怎麼回事，但又不是我的錯誤！（滿奇怪的說法）

謝一美：很多人欺負他，我一個人也沒辦法去阻止，這不能怪我呀！（你可以去告訴老師啊！揮揮手拒絕）

孫二美：他一個人孤伶伶的站著流眼淚。男生愛哭羞羞臉……（你怎麼可以取笑同學）

黃嬌嬌：跟我又沒有關係，我又沒有動手打他，我只有在旁邊看而已啊！（看也算是幫兇吧）瞪郭小小一眼。

李四四：所有人打他，其實，所有的人都打了他，雖然我也打了，可是我只有打一下下而已。（耶！老兄，打一下下也算打人，對吧）別胡說八道！小心你也會被打！

陳大大：不是我先打他的，是別人先打的，所以不是我的錯。（ㄟ！後打也是動手打人，難道你沒有錯嗎）動手要打郭小小。郭小小嚇得趕快訪問下一位同學。

易文文：雖然應該去告訴老師，可是我不敢耶！何況這又不關我的事。（你沒聽過路見不平，拔刀相助這句話嗎）

郭小小：哇！這件事真是不得了，居然有小朋友被欺負！其他同學卻不敢出來幫他，這可怎麼辦？小朋友，你們可以幫我想想看嗎？

郭小小：這些方法都很棒，謝謝你們幫這位小男孩解決困難，我要將你們的方法報導出來，相信一定可以讓更多的小朋友不被欺負。

邱平平：謝謝你！和郭小小握握手。突然大哭起來！

郭小小：你怎麼又哭了？

邱平平（繼續不語，繼續哭）

　　這時，小叮噹出現（放小叮噹音樂）說：小朋友不要哭，我從日本飛來新興國小幫你了，只要你有任何問題，寫在信紙上，並寫上班級、姓名，投在輔導室的信箱裡，我都會回信給你，幫你解決問題喔！

邱平平：真的嗎？開心的笑了！

郭小小：新興國小出現了小叮噹，要幫你們解決煩惱和心事，小朋友，這可是大消息，我可要趕快將這則新聞刊登在新興網站上，你們一定要多多寫信給可愛的小叮噹喔！

　　學生當天看完這齣劇，都對郭小小、小叮噹還有各位老師精采的演出印象深刻，也對這個霸凌故事有了更深一層的體會。這個劇本和原來的故事結構雷同，只是加了郭小小這個記者將書中小朋友似是而非的說法，用碎碎唸的方式來做平衡事情的報導；還有讓學生最喜歡的小叮噹

出現，知道遇到任何問題，小叮噹都會幫助他。本書有十五個主角，可分兩組，讓每個學生看圖選一個角色，名字、外型可以自創，想像他說一個不是我的錯的理由，但是一定要有一個人做平衡報導，這樣敘述性的劇本，非常適合故事劇場或舞臺劇的表演。

四、圖畫書以圖文為主體的「互釋」與教學方法

　　以圖文為主體的「互釋」模式是指圖畫書包含圖畫及文字，因此在閱讀圖畫書時可以仔細觀察線條、形狀、色彩、構圖，以及其象徵符號，並配合圖文間互動的產生的共鳴，進而獲得圖畫書本身內含或再向外擴展的訊息。透過文字文本的說明，接受者可以了解整個故事的始末發展，再加上繪畫中的色彩搭配明暗對比，彼此相互牽引而引發接受者的視覺及心理感受，整個故事更加有生命力。這是單獨從文字故事或單純從圖畫欣賞中無法完全獲得的感受。（陳意爭，2008：118）大部分的圖畫書都是以圖文為主體的「互釋」模式，我學校的圖畫書箱書有二十二箱都是這類型的圖畫書，因為可用的圖畫書很多，可以一本改寫。由於前兩個例子都是以一本圖畫書改寫劇本，所以這裡我就舉例以兩本圖畫書組合成新的劇本，將圖中的訊息加入文字中，讓劇本更有想像力、創意性。例如：《你很特別》（陸可鐸，2000）和《愛你本來的樣子》（陸可鐸，2001）這兩本圖畫書都是在告訴孩子，每一個人都是上帝創造出來獨一無二的寶貝，父母會愛你不是因為你會什麼才能，而是因為他們就是愛你本來的樣子。可以將《你很特別》的人物當作主角，搭配《愛你本來的樣子》這本書國王要收養孩子的情節，讓這兩本書可以結合成為新的劇本，內容如下：

> 大鼻子：嗨！大家好，我們是來自外太空的微美克人，我們最喜歡玩「一二三木頭人」、「一二三木頭人」不准動！誰動誰當鬼！嘻嘻！你猜我們是用什麼作的？

大眼睛：答對了！我們可是小木偶！仔細看！我們每個木偶都是
　　　　木匠伊萊爸爸雕刻的。你看我們都長得不一樣，會的東
　　　　西也不一樣，現在就讓我們來自我介紹吧！

大鼻子：我是大鼻子，會用鼻子吹大喇叭！叭叭叭！好聽吧！

大眼睛：我是大眼睛；會用美麗的大眼睛電人，只要看我一眼，
　　　　保證你會被我電的頭昏昏，迷得東倒西歪。

高個子：我是高個子，會把大木棍舉過頭頂，或是跳過三層樓高
　　　　的箱子。沒有任何小木偶能贏我，你們可以叫我第一名。

圓大頭：我是圓大頭，不僅學問好，還很會唱歌，「啊！啊！啊！」

胖　哥：我是又胖又矮的胖哥，我會……唉！我什麼都不會！（低
　　　　下頭）

大家一起對胖哥說：「遜」！

圓大頭：我們整天只做一件事，就是互相貼貼紙，只要誰有好表
　　　　現，就可以送他一張金星貼紙。

大眼睛：若是表現不好就要送他一張灰點點。

大鼻子：哇！你看！大眼睛的電眼真是迷死人了！我們趕快給她
　　　　一張金星貼紙。

大眼睛：我全身都貼滿了星星！謝謝！謝謝你們的支持！

圓大頭：高個子在表演撐竿跳，好厲害！我趕快給他貼一張貼紙。

高個子：我跳我跳我跳跳跳。

圓大頭：我貼我貼我貼貼。

高個子：謝謝！

胖　哥：高個子真厲害！那我也來跳看看！唉呀！好痛！（摔得
　　　　四腳朝天）

高個子：笨死了！送你一張灰點點！

大鼻子：你都貼滿了！再送你一張！

胖　哥：不要！不要！不要貼！我是因為腿短，才……

大眼睛：又找什麼爛理由，我再給你一張，因為你不是個好木
　　　　頭人。

胖　哥：是啊，我不是個好微美克人了。

高個子：唉！大家快過來看！這裡有貼一個告示，上面說「國王
　　　　要認養四個小木偶當他的寶貝」。

圓大頭：那我們必須給國王留下好印象。

大眼睛：誰能送國王最好的禮物，誰就能住到大城堡裡去喔！

胖　哥：我一無是處，國王一定不喜歡我。怎麼辦？有了！我去
　　　　請村子裡最多金星的小木偶，教我一些才能，國王就會
　　　　喜歡我了！

胖　哥：大鼻子！求求你教我吹喇叭。

大鼻子：對不起，我沒時間教你，我可要認真練習，國王就要
　　　　來了！

胖　哥：大眼睛！求求妳教我畫一雙美麗的大眼睛。

大眼睛：現在不行！你知道的，國王要來了！

胖　哥：高個子！求求你教我大木棍舉過頭頂，或是跳過三層樓
　　　　高的箱子。

高個子：現在沒空！別吵我！走開！

胖　哥：圓大頭從來不會在我身上貼我灰點點，他一定會教我，
　　　　找他準沒錯！

胖　哥：圓大頭！求求你教我唱歌！（很大聲）

圓大頭：喔！你是我的花朵……

胖　哥：他沒聽到！我沒有禮物可以送國王了！

國　王：你能幫我餵餵我的驢子嗎？

胖　哥：可以啊！交給我吧！您大老遠來，一定很累，要不要休
　　　　息一下？

國　王：好啊！（閉上眼睛休息）（張開眼睛）你坐在那裡很久了！

胖　哥：嗯！

國　王：你在看什麼？

胖　哥：沒什麼。因為你看起來就是個大好人。

國　王：你真是個貼心的小木偶，我先去辦事，等我回來後，我
　　　　會再來找你。

　　　　（過了一會兒，國王回來了）

胖　哥：您的事情辦完了嗎？

國　王：有。但是他們都很忙。

胖　哥：怎麼說？

國　王：他們都忙著跳高、唱歌、眨眼睛、吹喇叭，沒時間理我。

胖　哥：（睜大眼睛）但是您一點都不像國王，國王應該是很嚴肅！

國　王：我的小寶貝，我喜歡和小木偶說話，因為我對你們的愛是沒有條件！

胖　哥：那我身上都是灰點點，又沒有才能，你還會喜歡我作您的寶貝？

國　王：當然！你已經把最好的禮物給我了，你給我你的心、你的善良、你的時間，還有你的愛。你當然可以作我的寶貝。我就是愛你本來的樣子。

　　將兩本圖畫書組合，不僅內容有很多的可能性，在戲劇演出時，同一個角色，不同演員也會有不同的表演方法，可激發出學生最大的創意，產生新的效果。在教學時，可以指導學生用《你》的故事結構＋《愛》的人物或《愛》的故事結構＋《你》的人物，當然還有很多結合的方法，這樣的教學雖然沒有新的成分，只有新的組合，都可以啟發新的創意，因為劇本內容很豐富，很適合用在舞臺劇表演。

第四節　戲劇化本身的選擇因緣

　　戲劇教育是一種生命教育，透過戲劇表演，可以覺知、感受、體驗、深化生命，是一種最普化也最深化的生命教育模式，因為孩子能夠移情、扮演，幫助他們生活經驗成長、讓生活更多采多姿，更喜歡接近藝術。而好的圖畫書不僅能反映生活，並且提供閱讀者畫面，讓他們透過文字、圖像，去體會書中人物的情感、衝突、疑惑，了解這世界上存在不同的文化與價值觀，再加上圖畫書內容很少，將圖畫書戲劇化，學生很容易

改編劇本，扮演故事角色，從不同角度體驗各種的人生，高年級學生已
有一定的寫作基礎和表演能力，在課堂中要鼓勵他們能即興創作、將圖
畫書改編劇本以及有再創作能力表演的能力，才能提高學習興致，並將
所學的能力應用在各種學習科目及生活實際情境。

　　為了讓學生能將圖畫書與戲劇表現技巧作更進一步的運用，張曉華
在《創作性戲劇教學原理與實作》一書中指出進階的創作性戲劇活動可
使參與者熟練個人的表演動作、增進創作能力、口語表達、團隊合作，
並能對學習主題產生很大的興趣與了解。進階的創作性戲劇活動約有：
角色扮演、默劇、即興表演、說故事、偶戲與面具等。（張曉華，2007：
199）為了讓學生在戲劇上的表現技巧有很大的進步，在教學內容上會多
設計讓學生有角色扮演、即興表演、說故事的機會，使學生可以循計畫、
演練、討論、評論的過程實作，使表現內容更為完整精煉。

　　要讓學生能將創作成果更完整的有結構性作具體的呈現給同學觀眾
欣賞，必需考量圖畫書是一種閱讀教學。本研究是以閱讀教學中的說話
教學結合圖畫書戲劇化作檢證，為了更有效達成閱讀教學「多方刺激轉
豐的效果」，也不妨更改閱讀教學流程而讓說話教學是以「額外」強化
方式介入，就不外是透過演講、辯論、舞臺劇、廣播劇、相聲、雙簧、
說故事等活動安排來成就。（周慶華，2007b：65）

　　其中演講、辯論因為難度甚高，學生需花很多時間背誦，老師也需
要很多時間去指導語氣、聲調、發音的表達，而且只有少數人有參與的
機會，所以不適合使用在我的研究。

　　另外，舞臺劇大都是由「人」扮演的，這些表演者在舞臺上經由編
劇的設計、導演的指導，扮演著故事中的人物，以內斂的情感表現敘述
故事中發生的一切事情，讓臺下或幕前的觀眾忘情地欣賞，也就是戲劇
四要素：劇本、舞臺、演員和觀眾。它是一種寓教於樂的綜合表演藝術，
其中包含語文、音樂、美術、韻律、設計、建築、燈光、音效……等多
種藝術，能使臺上演出者與臺下觀賞者都能同時感受、體驗的藝術表演。
就教育而言，它更是一種人格教育的訓練，從團隊精神到分工合作，都
提供了兒童學習和觀摩的機會。它的教育方式，是潛移默化的，讓兒童
在欣賞或演出時，能深入體會故事中的詳細情節。這種現場而真實性的

演出，可以使兒童在無傷害的情景中成長，同時對劇中人的一切遭遇感同身受。（徐守濤，2003：390）

　　這樣的舞臺表現方式可以：（一）成人表演給兒童看；（二）成人和兒童同臺演出表演給兒童看；（三）兒童表演給兒童看。以別人的方式思考問題，更藉由表演活動訓練合群、合作和團隊精神。（徐守濤，2003：392-404）這樣的表演方式很適合運用在教學上，只要將教室放置簡單的布景，象徵性的道具，配合燈光、音樂，並將學生的演出過程錄音、錄影，以學生所碰觸到的話題為主，學生在經驗中倘若曾遭遇或看過、聽過此話題，在演出中能夠將存在於個人情感和思想轉移至想像的情境世界中，藉由情境中舒展情感、解決問題、增長智慧，才能達到寓教於樂的教育作用。（林秀娟，2009：174）

　　還有廣播劇在小學是非常罕見，一般學校都以訓練學生當小記者，播報校內新聞，但是邱楠在《廣播週刊》雜誌發表文章，提出對廣播劇的看法，以及他對廣播劇的藝術概念下了一個定義。內容如下：（一）劇場不受時空限制，空中、海上、天南地北，無所不往、無所不在。（二）分幕自由，長短精疏，揮灑自如，並可利用報幕員解說，省卻介紹性的對話。（三）劇情及對話以簡單明朗為主，使人單憑聽覺，可以兼顧。（四）主要角色以五人為限，角色之間彼此說話的聲音必須易於分辨。（五）善用音樂及音響效果，以加強氣氛，引發聽眾的想像。（六）手法及聲音表情可以誇張，並應在一開場時，即設法吸引住聽眾。（七）除長劇外，可發展到十分鐘、五分鐘短劇。（邱楠，2007）崔小萍在《表演藝術方法》一書中，以自己親身經驗，論述廣播劇，是專藉電波傳送的空中戲劇，沒有劇場，更不必有舞臺，「麥克風」是它演出時唯一表現工具。但它具備戲劇構成的各種因素，她認為廣播劇是在戲劇王國中，唯一不藉舞臺條件，而利用聲音表情與音樂，以及音響效果所表達的戲劇。（崔小萍，1994：54-55）但是身在數位時代，任何音效的產生，都可透過機器的輔助及合成，模擬出類似真實的聲音，甚至將男聲變女聲或是女聲變男聲，而不會被發現。一般學生很少有機會用聲音來演戲，他們習慣加上誇張的肢體語言、表情、動作來詮釋角色，而廣播劇有一個很大的優點，可以訓練學生運用聲音效果來揣測劇中人物的心理，表

現一個場面，一種情感，用以輔助戲劇的進行，變化氣氛。這對高年級的學生是很新鮮的一種嘗試，他們會發現廣播劇的演不是在站在舞臺上，也不是在銀幕上，演員無法「造型」。而對於廣播劇的「聽眾」來說，他們是廣播劇的擁護者，只能用耳朵去欣賞；只能聽，不能看，除了「聲音」是聲效（就是聲音效果），「音樂」也是廣播劇中不能或缺的一個重要因素，它能帶給聽眾情感的啟示，導引聽眾情緒的變化。在整個劇中，除了對話之外，「音樂」就是居首要地位的。例如抒情的表現，多用小提琴樂曲；表現力量時則用鋼琴曲；幽靜時則用吉他。常聽音樂能使人紓解壓力，所以廣播劇有了音樂當作背景，更容易使聽眾製造真實幻覺，融入劇情中；尤其廣播劇是「聆聽」的戲劇，表現的形式更必須注重聲音表情。就因為「聲音」是廣播劇的生命，為要使這個生命表現更多采多姿，在本研究教學設計必須讓學生具備敏銳的聽覺、判別聲音的能力、設計臺詞及分析臺詞的能力、以及精準的控制節目時間、並訓練播演員聲音表情，讓學生透過說、演故事中的語言包括臺詞及表示劇情的語言節奏，如哼哼唱唱、喀搭聲、嗡嗡聲、口哨聲等，或是用不同的重音、速度、強弱等來說話，開發聲音的表情，以增進聲音的表現性為主。臺詞的運用可由擔任角色者發揮，再配合語言節奏來表達人物的個性或劇情，增加戲劇的音樂性。並清楚的將一字一句呈現在聽眾耳裡，才能吸引者眾人的聽覺官能，將廣播劇的生命鑲入一個美麗的靈魂，散發出最大的魅力。（張凱杰，2002：24-27）

　　說故事則採劇場性說故事活動，而劇場性說故事活動有讀者劇場、故事劇場、室內劇場三種形式，讀者劇場是由兩個或兩個以上的朗讀者，作戲劇、散文或詩歌的口語表現，它表現的方式是讓演員朗讀者，從頭到尾都在舞臺或固定的區位上，以搭配少許的身體動作、姿勢、臉部表情。室內劇場主要目標是在使學生及觀眾更深入廣泛了解人物及其作品的內容與特殊風格，所採用的素材是直接以小說原本為主，不再新編劇本。故事劇場是由保羅‧席爾斯，參與並研究讀者劇場而發展出來另一種新的表現形式，它較讀者劇場更為口語化，也不像室內劇場只能以小說原本為主，故事劇場可以讓學生改編故事、創作劇本，敘述者的說明由角色分攤。因此，劇中人物有時候會以第三者的身分，用旁白或獨白

來描述一些情況，不像讀者劇場只有一個敘述者，要傳述出各種不同的角色，戲份非常吃重，美國語言藝術教育學家詹姆士・摩菲特以應用教學經驗指出：「由於故事劇場賦予學生自由的選擇，可讓一組或個人敘述臺詞或對話時，其他的人則作啞劇動作，教師可作多種編組，以使學生自然有效，愉快分析文章內容，如此我們常擔心的一些閱讀詞彙，他們反而更能理解詮釋。」（張曉華，2007：260-272）可見故事劇場是一種更為舞臺化的表演形式，所以本研究是採故事劇場，讓學生穿著劇裝，當敘述時其他演員還可表演啞劇動作；同時可將歌舞、音樂作搭配演出，應該是很深受學生喜愛的一種故事敘述戲劇表演。

　　雙簧和相聲在演出上有人數的限制，相聲有分單口、對口相聲，而雙簧是相聲的別支，也是相聲的變體，表演時通常演員是以對口相聲型態出現，然後把「相」和「聲」拆開來，兩名演員其中一位坐在前面，另一人蹲在椅子後面，後面負責出聲音、前面則得配上形、做動作藉此鬧笑話取樂。（葉怡均，2007：11）

　　這兩項活動雖然很有趣，但是受限於時間，所以改用多人可以演出的相聲劇來取代相聲、雙簧。相聲從「表演工作坊」的《那一夜，我們說相聲》，開始突破舊有的一切規範，走入似戲非戲的新境界，這是一齣「戲」，而且是「話劇」。所謂「話劇」，乃是以講話為主要表達型式的戲劇，而這齣戲有很明確及單一的戲劇動作：在華都西餐廳，受邀的大師未到，兩位主持人為了救場，假冒登臺，說了五段相聲，隱約間，時光倒退，離開了西餐廳，離開了我們的時代，這是表演上的「多層次扮演」，也就是「相聲劇」。（馮翊剛，2000：16）馮翊剛更在《相聲世界走透透》書中指出「相聲劇」有幾項特徵：（一）喜劇；（二）相聲形式；（三）演故事；（四）演員扮演角色及保留高度自覺；（五）明確的時空觀；（六）核心議題。學生對用喜劇的方式演出故事非常有興趣，尤其訓練學生以相聲的特質「說」：細膩的說話、討論、說故事；「學」：對人性、人生的模擬；「唱」：表情、聲音、動作、態度的整體音樂性；「逗」：幽默的風格。（馮翊剛，2000：17）這四字訣來表現相聲藝術的特質，不僅可以訓練學生將故事內容說的精妙吸引人，也

能帶給自己和別人很多歡樂，畢竟學生在童年時期對喜劇的表演，是非常喜愛而且樂於嘗試演出。

　　因此，本研究採用舞臺劇、廣播劇、故事劇場、相聲劇等四種既有趣又容易實施的方式來進行教學活動，以多種方式進行編劇本、演故事，並將這四種劇按照教學難易程度分別在四、五、六、七章作實證探討。當中第四章舞臺劇最簡單操作、第七章故事劇場難度最大，但是為了配合學校課程和活動表演，將會依相聲劇、故事劇場、舞臺劇、廣播劇的次序進行，期許能讓學生們的創意發揮到最好的境界。

　　本研究採取理論建構的模式，我將運用質性研究法處理創意戲劇化圖畫書相關教學活動，根據所蒐集到的觀察日誌、訪談錄音、錄影帶、前後測回饋單等資料轉化為文本形式；在研究過程中，要讓龐雜的資料歸類，透過交互對照運用、歸類和比較才能形成理論體系。

　　針對研究對象進行訪談，觀察研究對象的言行舉止，利用視聽器材進行錄影、錄音、照相，對現場進行摘要記錄，蒐集相關文件資料，藉由問卷調查研究對象的意見。因此，研究者將本研究的資料蒐集方法分為：訪談、觀察、相關文件資料等三個方面來進行。

　　凡是質性研究都需要經過信實度檢核、三角檢測；信實度檢核在研究是利用普遍性施測，以心得感想、前後測來比較實施創意相聲劇圖畫書的差異，以個案和隨機的方式進行訪談和觀察來取得可靠信和可信度。本次研究是以研究者任教學校六年級 31 位學生為研究對象；至於訪談對象以該班學業成績低、中、高各取一位進行個案研討，對於觀察、訪問、施測都要錄音，每做一次都要作記錄、編碼和計算。為了保護研究對象的隱私和避免受訪者不必要的困擾，本研究關於研究場域或研究對象都以編號或化名方式呈現。

第四章　創意舞臺劇化的圖畫書教學

第一節　圖畫書教學與舞臺劇結合的創意向度

一、舞臺劇激發兒童的創意

　　一般的舞臺劇有所謂「敘事性結構」和「劇場性結構」的區分。其中敘事性結構，是以各種可能方式來呈現故事。它還可以分為五個次類型：（一）純戲劇式結構；（二）史詩式結構；（三）散文式結構；（四）詩式結構；（五）電影式結構。劇場式結構則可包含近似敘事性結構和純劇場性結構兩個層次。（周慶華，2002：247-248）而兒童舞臺劇則可以看演出的性質，採取不同的結構，達到最高的戲劇效果。

　　一般兒童劇團所演的舞臺劇是屬於成人演給兒童的兒童劇，不僅演員每一個動作除了要對著鏡子練到熟練，臺詞也要背到純熟，還要穿上華麗的戲服，再練習表情、語氣，才能達到最好的效果。而且舞臺妝要誇張顯眼，背景是以壓克力或水彩原料製作，才能增加舞臺的可看性。倘若兒童每一次演出，都需要花這麼多時間練習、排練、作道具，將會讓很多老師不敢從事表演戲劇的教學活動。為了能讓學生很容易演出舞臺劇，除了運用創造性戲劇的方法，透過活動的方式，鼓勵學生自己根據圖畫書的結構發展故事情節，以創意的方式，發展出角色、對白、並能運用舞臺表演的模式，如：燈光、音效、布景、服裝、化妝呈現出來。活動進行中，老師不是導演，而是一個引導者，讓整齣舞臺劇表演，是學生共同思考。共同創作的一個過程，才能讓戲劇的活動得以成長、興盛。

　　教師指導兒童在學校可以運用舞臺劇的元素，有以下幾點：

（一）幕前

　　「演員」就是包含所有在舞臺上、螢光幕前表演者的統稱。其工作是將劇本裡的角色經過模擬、內化之後，活生生的呈現在觀眾面前。

（二）幕後

1.導演

　　訓練學生當導演，讓他不只要指導演員演戲，還要讓舞臺、燈光、音效、服裝、化妝、造型……等不同設計者所設計出來的作品，完整而不突兀融入整齣戲的整體風格之中。

2.舞臺監督

　　為導演的副手，在正式演出時會留在幕後，擔任演員提詞、提醒走位及管控轉場的燈光、音效、上下道具……等幕後工程的工作。

3.燈光

　　劇場中的燈光並不僅止於照明的功能，還有劇情「氛圍」的營造。可增加戲劇的生命力，這也就是「光之藝術」在舞臺上所扮演的偉大角色了。

4.音效

　　在一齣戲劇中，音效扮演著相當重要的角色，在適當的地方加上音效，可以助長氣氛或作劇情上的描述，並能加強戲劇的張力，襯托劇中人物的表情與動作。

5.布景

布景除了可以表現 戲劇環境、場景之外，同時也可以襯托出人物與環境的關係。

6.服裝

服裝能提示某個角色所處的年代、地方與職業。不同顏色的衣物，也可以幫助觀眾區分不同性格的演員。

7.化妝、造型

造型設計得好，演員在出場時會讓觀眾眼睛為之一亮、印象深刻；化妝也是一樣，尤其舞臺劇的觀賞距離很遠，如果臉上的妝沒有凸出的戲劇效果，觀眾在強光下看到的可能會是一張張慘白的臉，同時也無法從角色的臉上得知任何關於角色的線索。（林文鵬，2008：104-107）

為了讓學生能很快知悉與運用舞臺劇所需要舞臺效果，《鞋帶劇團輕輕鬆鬆玩戲劇》一書中認為，一場戲劇演出應該像繫鞋帶一樣輕鬆，用最少的經費、器材，激發出孩子最多的創意和才藝，並展現有效漂亮的成果。演員即使上妝、穿戲服，也著重於表演者豐富的想像力，由於演員沒有很長時間排練背臺詞，所以劇本內容最好是包括他們已經很熟練的技巧，即興演出也會比正式演出效果好。可先讓學生觀看兒童舞臺劇的演出，分析舞臺劇的各種特性，分三部分：舞臺、後臺、前臺（觀眾），舞臺是指演員，在演員訓練上，將先請學生分析角色的外貌、個性、能力、興趣、人際關係，讓他們能很快融入扮演角色的情境。後臺有導演，是演出的負責人，所有工作人員都要向他報告。舞臺總監需負責提詞，和人要相處融洽，音效組則要配合劇情找適合的音樂，道具組則要利用環保材料、現成的東西設計製作劇中需要的布景、場景。造型組則設計劇中角色的服裝、造型。化妝組則要根據造型組設計的角色造型，化出適合的舞臺妝。（奈莉‧麥克瑟琳，2003：20-30）學生為了讓

戲劇呈現最佳的效果，將會絞盡腦汁，發揮創意，讓劇中每個角色、場景在舞臺上，都能強烈吸引觀眾的目光。

二、劇本的來源：圖畫書

胡寶林在《戲劇與行為表現力》中將劇情戲，分為童話劇、寓言故事劇、故事劇、圖書劇、圖片劇。前面三種戲劇，文字內容較多，圖畫較少，學生不易操作舞臺劇。而圖書劇是指圖畫書以圖畫作為敘述故事的重心，文字較少的一種形式，通常圖片畫得極為童稚天真，單純優美，且有豐富的對白和布景；圖片劇是以一幅圖畫作為創作資料，誘導兒童共同創作一個故事來演戲。圖片的選擇應以繪畫細節較多或圖片人物之間表現出與兒童發生某種關係為原則；有些圖片已經很有情節感，可要求就該圖片共同創作一個故事而不用顧慮原來的故事。（胡寶林，1994：224-233）對第一次嘗試舞臺劇的學生，很容易根據圖畫書內容，利用無中生有和製造差異的創意，創造圖畫劇和圖片劇在設計場景、布景、道具、服裝上有很大的想像和創作的空間，

平時應在班上有即興練習演出的機會。讓學生以自己創作的戲劇，寫成的劇本作為基礎來演練，以即興的排練進行無數次溝通，修正後再呈現，因為排練能熟悉動作、技巧與其內容。（張曉華，2007：71）有了暖身後，再讓學生有舞臺劇的概念，才公開演出；否則制式化的學習，一再反覆的練習就是一種包袱、一種負擔。讓學生近距離與觀眾接近，不僅可以訓練他們自信與勇氣；再來舞臺劇因為現場演出，不容有錯，所以需要組員間培養默契再排練；等到時間一到，道具、布景、配樂一應俱全，將會激發學生的潛能，用心扮演著故事中的人物，以活潑的方式演出一齣精采的故事，讓臺下或幕前的觀眾忘情地欣賞。這樣的舞臺表現方式乃兒童表演給兒童看，是一種良好的學習活動；更藉由表演活動，讓學生留下一次美好難忘的回憶。在這種情況下，圖畫書舞臺劇化的教學，它的創意就顯現在舞臺劇本身的多媒體運用。換句話說，利用舞臺劇的多媒體特性，可以豐富圖畫書的教學。

第二節　單一圖畫書改編為舞臺劇的多媒體運用教學

　　凡是「劇」的表演，都是以舞臺條件為基礎，以舞臺表演為根據。而表演藝術的產生，也就是表演技術的高度發揮，是人生體驗的累積，是真、善、美的各項累積。觀眾置身於劇場中，當舞臺上的大幕升起，彩色燈光亮起，演員、觀眾、劇場便開始了密切的關係；這種關係的產生，就是「演員」與觀眾之間「情感的交流」。而透過劇中的故事，觀眾將會感受到演員用心、情感去傳達劇中的深層意義。就像美國導演史丹利庫克曾說的：「戲劇形式的本質，在於使觀眾不知不覺地接受編導的意志，沒有必要事事打開天窗說亮話，強行灌輸的效果還遠不及觀眾自己發現、自己體會來得強而有力。」（崔小萍，2008：36-40）每個孩子都是愛看戲劇，有鑑於戲劇對孩子是如此有魅力與吸引力，民間團體劇團不遺餘力推出各種精采舞臺戲劇，企圖帶給他們不同的視野，擴張他們生命的深度與廣度。

　　我所參與的彩虹生命教育協會每年都會編一齣聖誕舞臺劇，讓全國分布在小學的彩虹媽媽和教會主日學的學童有現成的劇本和教學光碟，可以很快學會劇中角色的語氣、動作、表情、服裝、舞蹈以及燈光、布景，並在聖誕節時，到學校、社區、少年監獄、教會演出，希望能透過這齣戲劇將生命中「最純真」的種子，種在孩子心中的一畝田，影響他們的生命。例如去年那齣聖誕劇《最棒的禮物》是敘述小兔子、小熊、小羊三位好友，由於撿到一本古書，書上說只要跟著最亮的星星走，就能實現願望，為了要像彌賽亞許願，三種動物都各自準備最棒的禮物，要去見和平王子，但是在旅途中為了救小豬、小猴子、大野狼，都失去了這些禮物，不過最後他們也得到「愛」、「分享」、「互相幫助」這些最棒的禮物。這齣戲是根據圖畫書《最好的禮物》的內容來改寫，書中描述小王子帶了三件寶貝給剛出生的和平王子。可是一路上為了幫助小女孩、老人、小男孩失去了三件寶貝，小王子只好雙手空空的去見和平王子，但是這個母親好像什麼都知道，她對著小王子微笑，並且把他

空空的雙手，放在嘴邊慈愛的親一下，小王子也高興的笑了。由於圖畫書角色不多、也沒有另一個衝突的角色，結局也不夠清楚，所以無法直接當成舞臺劇本演出，因為法國文學評論家伯爾提爾說：「沒有衝突，就沒有戲。」美國戲劇批評家馬舵斯說：「衝突是戲劇的基本要素。」可見沒有衝突便不能稱為戲劇；而衝突性越強烈、濃厚，給予觀眾的刺激越強。「衝突」存在於兩個相背的力量，惡人與好人發生道德行為的衝突；唯心與唯物發生思想上的衝突……都可以成為吸引觀眾的戲劇故事。（姜龍昭，1983：36-37）彩虹生命協會將這個故事改編成舞臺劇，加入了大野狼和阿姨這個角色，讓劇中三位動物好友找尋和平王子的過程中，一路遇到危險和需要幫助的動物，讓他們產生言語和思想上的衝突；還好阿姨在緊要關頭，代表劇作家發言，點明「愛」這個主題，讓他們願意改變彼此的想法，學習付出自己所擁有的禮物，最後他們的善良也感動壞心大野狼。我為了執導這齣戲，戲服是用租借的，布景是孩子用紙板製作的樹、花，臺詞字幕則用單槍放映。孩童在演出這齣戲時，需學會演員說話方式、表情與姿態、動作、小道具的應用和其他演員的配合反應。觀眾在觀賞這齣劇時，透過單槍字幕、燈光、音效、服裝、化妝、布景以及道具的聲、光、色的效果，能深深感受到「分享」是一種快樂、令人滿足，卻不求回報的循環，更是一個主動的、充滿愛的付出；然而「分享」也是一種會痛的捨、必須經歷一段拉扯，才能用堅定的意志力做出決定，這就是舞臺劇特殊的藝術價值。

三位動物好友找尋和平王子追求夢想

途中遇到需要幫助的小豬

| 大野狼為了妹妹的病，想盡方法要奪取動物們的禮物，才能見和平王子。 | 阿姨不僅用愛改變三位動物的心，學會分享，也改變大野狼的想法。 |

圖 4-2-1 2010 年 12 月 25 日研究者執導的兒童舞臺劇《最棒的禮物》在重慶教會演出劇照

　　為了能讓學生在課堂上很容易運用多媒體的特色（燈光、音效、服裝、布景、化妝、道具），讓戲劇更有可看性，進而編導演出一齣精采的舞臺劇，將以我服務的學校箱書具有上述條件很適合作舞臺劇改編的圖畫書進行以下教學活動；舞臺設定為伸展式舞臺，因此表演前要把桌椅搬開，成為伸展舞臺的形式。不過為節省教學時間，道具、布景、服裝以簡單、借、隨手可取得的布類為主。音樂與音效則以豆子劇團出的豆豆故事劇場 CD 的音樂為主，再搭配一些流行歌曲，並請電腦老師上課時教學生如何運用電腦程式從一首歌曲擷取部分音效，才能搭配劇情適時播放，讓音效發揮最大效用。化妝則以化妝水、乳液、BB 霜、腮紅、眼影、眉毛筆、口紅進行彩妝教學，讓學生可以自己化出簡易舞臺妝為原則。另外在燈光方面，教室白天開關燈沒有很大的區別，倘若正式演出，學校的舞臺燈光無法一直切換。因為容易損壞，所以僅以音效、服裝、布景、化妝、道具進行教學研究。

表 4-2-1　單一圖畫書改編為舞臺劇的多媒體運用教學

書名	議題	舞臺劇的多媒體運用教學
《你很特別》	認識自己	（一）內容： 　　有一群叫做微美克的小木頭人，每天作同樣的事：為人貼上金星貼紙或是灰點貼紙。漂亮的、漆色好有才能的木頭人會被貼星星貼紙，可是什麼都不會做的或是褪了色的，就會被貼醜醜的灰點貼紙，所以什麼都不會的胖哥全身都被貼灰點點貼紙，最後木匠伊萊幫助胖哥瞭解他有多麼特別，無論別人怎麼評估他，上帝總是珍愛他，視他為至寶。 （二）繪圖特色： 　　繪者將每一個微美克人外型的特色，畫得誇張鮮明，場景以村莊和山上為主，學生很容易創作並表現故事情境。 （三）部分故事改編： 　　微美克人喜歡看別人表現給星星貼紙或灰點點貼紙，可以請學生先設計自己特殊的外型，並討論生活中哪些是好表現可以給星星貼紙、哪些是遜的表現要被貼灰點點貼紙，倘若在故事情節中，能讓幾個主要角色外型美醜、行為好壞表現對比越大，演出效果越好。 （四）多媒體運用教學： 　　1.道具：找紙箱（比跳高）、畫圖紙（比畫圖）、白板（比成績）、繩子（比跑步）、玩具麥克風（比唱歌）。 　　2.音效：找豆子劇團出的故事 CD。 　　3.化妝、服裝：演員先在紙上設計自己的造型，頭上也可黏保麗龍球、最好戴假髮，越怪越有趣，上場時再根據設計圖上妝和穿戲服。 　　4.布景：先在電腦上找好圖片，用教室單槍放故事村莊、山上的場景，或簡單製作幾間房屋、山，可以讓觀眾很清楚知道故事發生的場景。

《愛你本來的 樣子》	親子	（一）內容： 　　當國王知道有一家五兄弟姊妹成為孤兒後，就打算認養他們。五個孩子得知後非常高興，於是開始練習才能當作送給國王的禮物，希望得到他的讚賞。國王卻以商人的裝扮前來，由於 4 位兄姐忙於練習而自顧不暇，當然沒有空跟他說話；只有最小的妹妹招呼他，陪伴他，即使他是從外地來的陌生人，小女孩仍然貼心的問候，最後得到國王的心，國王對她說：「我的小寶貝，你已經把最好的禮物給我了，你當然可以作為我的小孩。我就是愛你本來的樣子。」 （二）繪圖特色： 　　故事以歐洲中世紀為背景，圖中五個孩子和國王的髮型、穿著各具特色，充分表現每個人的興趣和個性，學生可根據自己的興趣，設計角色和穿著。 （三）部分故事改編： 　　五個孩子中，扮演四位兄姐儘量找自己的才能，如：跆拳道、武術、舞蹈、吹笛子、唱歌、扯鈴，不僅可以減少練習時間，上臺演出時，更能增加可看性。 （四）多媒體運用教學： 　　1.道具：樂器、複製名畫、書、掃把當驢子。 　　2.音效：找豆子劇團出的故事 CD。 　　3.化妝、服裝：演員先在紙上設計自己的造型，國王可貼鬍子，皺紋化深一點效果更佳，找一些圍巾或布，可以披掛在身上，頭上也可綁頭巾，才會像中世紀的人，上場時再根據設計圖上妝和穿戲服。 　　4.布景：簡單製作幾間房屋，可以讓觀眾很清楚知道故事發生的場景。

　　這次舞臺劇我會先用《你很特別》圖畫書進行單一圖畫書舞臺劇多媒體運用教學，並作好課程計畫，以所任教學校六年級三十一位學生為施教對象。設定教學目標，設計一系列教學活動並編寫教學流程，利用六節課的時間實施教學活動，以本班教室為演出的場所。在實際教學前

需替學生作前測，明白他們對圖畫書內容和舞臺劇的多媒體了解程度，作為教學參考的依據。

在進行教學時，我會先放《最棒的禮物》DVD 給學生看，並和他們討論舞臺劇多媒體的特色，引起他們的興趣。接著討論圖畫書內容，教師可以藉由師生問答、繪製故事結構圖等多元方式，對文本中較重要、較關鍵、較具爭議性的內容，或是學生有疑問的段落進行深入的討論；同時抒發閱讀的心得感想，藉此促進閱讀理解，並藉由創作性戲劇活動中的「肢體動作、遊戲、想像、角色扮演」等內容，帶領學生進行戲劇遊戲，促進學生對文本情節的了解、對角色的認識。讓學生從所讀過的文本出發，去挖掘更深層的意義，思考解決問題的方式，從而習得「內容理解、情境理解、解決問題」的閱讀能力，同時藉由戲劇遊戲的趣味化，引起學生閱讀動機。

用抽籤方式將學生分成四組，用故事結構圖運用製造差異或無中生有的創意選擇可訓練機智、臨場觀察與想像力的「即興創作」，撰寫對話與動作內容。故事結構圖讓讀者能更快的加以運用學習，更容易理解該文章。我們知道，故事體常繞著某一個特定主題所發生的人、事、物、時、地等背景加以敘述，以主角主要面臨的問題或衝突、解決問題的經過，以及結局和啟示，而藉由結構方式更方便串起讀者對其文章的描述和詮釋的心中構圖。（王瓊珠，2004：17-20）

劇本方面，則根據《戲劇編寫概要》劇本寫作要點來進行劇本教學，將圖畫書內容改編成舞臺劇的形式：

(一) 主題（劇本內容）：分劇幕、角色、場景、時間、對白、道具等。

(二) 故事：開端、經過、高潮、結局。

(三) 情節：對白需清楚交代情節，能反映出人物的性格，旁白減至最少，所有情節都應由人物的對白表現出來。

(四) 舞臺提示：通常放在括號內，用來作為表示演員的動作、情緒、語氣、場景描述、音樂與音效。（姜龍昭，1983：21-99）

對於製作道具，老師儘量提供學生有關舞臺劇演出時所需要的材料和化妝品；也可以鼓勵學生從家裡帶來，讓他們自己動手設計。限定每組演出時間是 5～7 分鐘，音樂與音效則利用電腦課完成。音樂在戲劇的

演出是作為開幕、開場、換場、顯示氣氛、強調或襯托人物環境等所用；音效則是在表現劇中的天候、器物、動作、人物心理反應等所發出的真實或象徵的音響效果，學生應將使用的時機、時間上的掌握與動作配合的精確度，瞬間出現，或漸強、漸弱、適宜的音量、情調、適宜的音量、情調與風格的配合等，要註記在劇本上。（張曉華，2007：413）當學生在舞臺上演出時，其他同學必須在臺下安靜觀看。

在表演時間結束後，教師可以請擔任觀眾的學生進行同儕評量與回饋；也可請演出的學生進行自我評量，互相給予讚美鼓勵，或是提供良好的建議。在師生檢討良窳優劣後，也可進行複演，精益求精。

整個課程結束後，由教師或學生歸納學生今日的表現，以及今天所討論文本的寓意，和相關延伸閱讀的內容。

第三節　非單一圖畫書改編為舞臺劇的多媒體運用教學

「繪本沙拉」是楊茂秀引用義大利童書作家及教育家羅達立的「Fairy tale salad」概念，從而產生的新名詞。如果我們把繪本當作食材，每本都有特別、獨一無二的味道，但你試過把它們組合起來一起品嚐嗎？其實只要加上一點創意特調醬料，你會驚訝的發現，即使是來自不同地方的故事，也能碰撞產生出絕妙且截然不同的新味道！

舞臺劇就是有這種獨一無二的魅力，不僅可以將舞臺分兩半，也可以同時將古今或悲喜兩個故事搬上舞臺一起演出，導演再巧妙的安排這兩齣戲，讓兩齣劇中臺詞和人物能搭話、相遇，一點也不突兀，才能讓觀眾看得直呼過癮。就像經典舞臺劇《暗戀桃花源》，內容是敘述某處空曠的一座劇場內，一組劇團正在排練一舞臺劇《暗戀》，是敘述關於一位老人過往回憶的時裝淒美劇。但是因為劇場管理人員的疏忽，造成另一組劇團也隨即闖入，準備排練舞臺劇《桃花源》，而內容則關於一對夫妻失和的古裝喜鬧劇。由於《暗戀》和《桃花源》演出檔期相近，使得兩組劇團為搶排練場地，雙方爭執不休。為此，兩組劇團決定妥協，各佔舞臺一半的空間，各自排練戲劇。最後，《暗戀》的時裝悲劇

和《桃花源》的時裝喜劇，兩齣戲劇在互相干擾的影響中，摩擦出了莫名微妙的關係……片中兩劇團將舞臺分成兩區各自排演，不但時空嚴重錯亂，某方的臺詞常常有意無意替另一邊答話，把原本悲劇取向的暗戀搞得比喜劇還好笑。平時舞臺劇最顧慮道具的破綻以及真實程度，都成了笑點——包括缺了一塊的桃花樹布景、桃花源中的路燈、醫院病房中的落英繽紛等在嚴肅氣氛中不斷鬧出笑話，而在打鬧中又牽引出許多嚴肅的主題。（維基百科）

　　至於兒童舞臺劇則尚未有這麼實驗性的後現代的表現方式，所以我想嘗試將《你很特別》和《愛你本來的樣子》兩本圖畫書改編的舞臺劇搬到舞臺上同時演出；並運用多媒體的特色，讓學生無論在視覺或聽覺的感官上，都能有很大發揮的想像力和創造力。由於這種表現方式，對學生而言非常新奇有趣，剛開始老師需要花時間講解、示範教學，才能達到最好的效果，但是一旦熟悉這個表現方式，將會帶給學生很大的信心。另外，也可以鼓勵他們將兩本圖畫書組合，不僅內容有很多的可能性，在戲劇演出時，同一個角色、不同演員也會有不同的表演方法，可激發出學生最大的創意，產生新的效果。在教學時，可以指導學生用《你》的故事結構＋《愛》的人物或《愛》的故事結構＋《你》的人物；當然還有很多結合的方法，這樣的教學雖然沒有新的成分，只有新的組合，卻可以啟發新的創意，因為劇本內容很豐富，很適合用在舞臺劇表演。（劇本內容詳見第三章第三節）

　　因為學生已經有單一圖畫書改編為舞臺劇的多媒體運用的概念和方法，在非單一圖畫書改編為舞臺劇的多媒體運用教學，不僅要再加深加廣多媒體的運用，也要著重在劇本創作和舞臺上演員團隊合作和臺上演出的表現方式，才能展現學生無中生有和製造差異的創意。

一、雙舞臺的舞臺劇的多媒體運用教學

(一)先演《你》一段再演《愛》一段,兩個故事主角有交集後,再回到各自的結局。

先演出

《你很特別》

經過:
1. 微美克人會在別人身上貼灰點點或星星貼紙。
2. 胖哥因為什麼都不會,所以身上貼滿了灰點點貼紙。
3. 正當胖哥難過的時候……

後演出

《愛你本來的樣子》

經過:
1. 五個孩子知道國王要收養他們非常開心。
2. 大家開始練習才藝,準備要送給國王的禮物。
3. 妹妹請兄姐教她才藝,都被拒絕。
4. 正當妹妹難過的時候……

胖哥和妹妹在舞臺上相遇,互相訴說自己的煩惱,並彼此鼓勵安慰,雙方都重新燃起了希望與勇氣。

舞臺左邊

結局:
伊萊出現告訴胖哥,我創造你,你是特別,所以不用在乎別人的想法,胖哥身上的灰點點也跟著掉下來。

舞臺右邊

結局:
妹妹好心餵國王的馬,國王很感動!後來去找其他孩子們,他們都沒空。於是國王收養了小女孩,並說了一些溫馨的話。

胖哥和伊萊,妹妹和國王一起在舞臺上謝幕。

圖 4-3-1　非單一圖畫書改編為舞臺劇的雙舞臺教學(一)

　　舞臺上當兩個失意的角色相遇時，那就是劇情的最高潮。這時由於服裝、造型的差異，會讓觀眾有出人意料的視覺效果；再放些悲傷的音樂，讓小木頭人胖哥和妹妹願意敞開心胸，互相分享自己的心事。雖然雙方所處的是充滿比較、競爭的世界，但是只要彼此鼓勵，一定會有美好的未來。最後謝幕，放輕快的音樂，讓圓滿希望的結局，可以深深映在孩子的心裡。

（二）先演《愛》一段再演《你》一段，兩個故事再有交集，結局互換。

後演出	先演出
《你很特別》	《愛你本來的樣子》

經過：
1. 微美克人會在別人身上貼灰點點或星星貼紙。
2. 胖哥因為什麼都不會，所以身上貼滿了灰點點貼紙。
3. 正當胖哥難過的時候……

經過：
1. 五個孩子知道國王要收養他們非常開心。
2. 大家開始練習才藝，準備要送給國王的禮物。
3. 妹妹請兄姐教她才藝，都被拒絕。
4. 正當妹妹難過的時候……

胖哥和妹妹在舞臺上相遇，互相訴說自己的煩惱，並彼此鼓勵安慰，也決定到對方的世界，體驗不同的生活。

舞臺左邊

> 結局：
> 妹妹跑到微美克村，村民第一次看到人類，都覺得妹妹外型好特別，而且她會做很多微美克人不會做的事，於是大家在妹妹身上貼滿了星星貼紙，妹妹開心的不得了！

舞臺右邊

> 結局：
> 國王去找其他孩子們，他們都沒空。但是一回到馬廄邊，看到胖哥在和他的馬玩，發現他雖然是一個小木頭人，卻很貼心，於是國王收養了胖哥，並說了一些溫馨的話。

> 貼滿了星星貼紙的妹妹、小木頭人和國王、胖哥一起在舞臺上謝幕。

圖 4-3-2　非單一圖畫書改編為舞臺劇的雙舞臺教學（二）

　　舞臺上當胖哥和妹妹相遇時，內心都很沮喪痛苦，對自己所處的環境感到無奈。這時妹妹突發奇想，想要到胖哥的世界一探究竟；胖哥也對妹妹的世界好奇不已。當兩人換個環境命運也隨著改變，悲劇變喜劇，時空交換，是學生很喜歡的表演形式；而結局呈現方式也讓學生有很大的想像空間。

二、教學方式

　　由於是雙舞臺的形式，可以將全班分兩大組，各用一種表演方式來呈現兩本圖畫書的組合。在劇本創作方面，提醒學生戲劇的情節發展必須合情合理，情節的安排需依動作中主角的性格與思想來發展，並學習克服困境，才能處理情節的種種問題。對於製作道具、服裝造型，老師可請學生或家長參與，以能夠取得、借用或自行設計製作為主。限定每組演出時間是 7-10 分鐘，音樂與音效則利用電腦課完成。（張曉華，2007：401-413）當學生在舞臺上演出時，其他同學必須在臺下安靜觀看。

　　在表演時間結束後，教師可以請擔任觀眾的學生進行同儕評量與回饋；也可請演出的學生進行自我評量，互相給予讚美鼓勵，或是提供良好的建議。在師生檢討良窳優劣後，也可進行複演，精益求精。

　　整個課程結束後，提供學生後測，評量學生學習和教師教學成效；同時由教師或學生歸納學生今日的表現，以及今天所討論文本的寓意，和相關延伸閱讀的內容。

第四節　相關的教學活動設計及其實務印證

　　以我服務學校箱書運用在單一圖畫書改編為舞臺劇的多媒體運用的教學活動設計，是以《你很特別》這本圖畫書的教學，來作實務印證。

　　邁入青春期的孩子，很沒有自信心，他們總是嫌自己外表、才能不如別人，在班上很自卑，感覺自己好像一無是處。《你很特別》這本圖畫書內容是敘述主角胖哥因為每件事都做不好，全身被其他微美克人貼灰點點而感到灰心、難過，直到遇到木匠伊萊對他說：「記得你很特別，因為我創造了你，我從不失誤的。」透過這本書可以引導學生發現自己特別的地方，其實人的存在與價值在於你如何看待你自己，而非別人如何看你；因為每個人初來到這世界時就是一個全新的個體，身上沒有任何的記號。所以當你真的覺得自己是很特別的時候，你就是特別的，這是別人無法抹殺的；而當你真的這麼想時，身上也就不用再背負任何的星星或灰點，可以做真正的自己。而這本書的圖畫背景、角色都能讓學生在演技、道具、服裝、造型、音效、化妝，發揮最大的想像力和創造力。因此，本研究選擇此本圖畫書當文本與舞臺劇結合。至於將它們結合的理由，詳見第一章第三節的說明。

表 4-4-1　單一和非單一圖畫書改編為舞臺劇多媒體運用的
教學活動設計

教學內容	《你很特別》、《愛你本來的樣子》	教學者、設計者	李玉玫
教學方式	舞臺劇	教學班級	六年丙班
教學時間	一百六十分鐘	教學人數	31 人
設計理念	1. 藉由觀看舞臺劇《最棒的禮物》、《暗戀桃花源》DVD，來引起學生學習的動機，並對舞臺劇的多媒體呈現方式有初步的認識。		

	2.結合創作性戲劇，讓全班邊讀邊演，感受書中角色的心情。
	3.小組集體討論，激發學生創意，並能即興創作寫出劇本。
	4.學生會以簡單、隨手可取製作道具、布景、服裝。
	5.學生會運用電腦程式從一首歌曲擷取部分音效，搭配劇情適時播放。
	6.學生會自己設計造型、化出簡易舞臺妝。
	5.透過各組實際演出舞臺劇，了解舞臺劇的多媒體運用表演方式。
教學目標	1.能找出圖畫書文本和圖畫所要傳達的訊息。
	2.能了解自己的特點，不和別人比較，並學習表現自信與自覺，進而找出別人的特點，給予讚美和鼓勵。
	3.能學習舞臺劇的表達方式。
	4.能將圖畫書改編成舞臺劇的劇本。
	5.能學習與小組同學一起合作演出。
	6.能利用聲音、肢體、表情、道具、音效、服裝、化妝、布景、造型進行演出。
	7.能欣賞同學的表演，並給予鼓勵。
	8.能找出製造差異和無中生有創意的劇本和表演。
準備教材	《你很特別》、《愛你本來的樣子》圖畫書 31 本、電腦、單槍、電子白板、前、後測問卷、各色的紙、紙板、環保材料、化妝品。《最棒的禮物》、《暗戀桃花源》DVD、圖畫書的 ppt、舞臺劇學習單、錄影機。

教學活動內容	時間	教學資源	能力指標	評量方式
一、準備活動 （一）教師 　1、發下《你很特別》、《愛你本來的樣子》圖畫書、前測問卷，請學生填寫。 　2、將全班學生分四組，進行討論和表演。 （二）學生 　1、填寫前測問卷。 　2、預先看圖畫書，找出書中重點。		《你很特別》、《愛你本來的樣子》圖畫書、前測問卷。		

二、發展活動			
（一）活動一：討論 　　1、討論什麼是圖畫書圖文互為主體 　　　　的「互釋」形式？ 　　　　（老師說明圖畫書「互釋」形式、 　　　　《你很特別》、《愛你本來的樣子》 　　　　的表現方式、再請學生討論圖畫 　　　　書這種形式的特性。） 　　S：圖畫書文和圖的份量差不多，就 　　　　是「互釋」形式。 　　S：邊看文字也要邊看圖，才能知道 　　　　完整的故事內容。 　　S：文字沒說的部分，圖中都可以找 　　　　到線索。 　　S：圖和文字都很重要，彼此可以互 　　　　相解釋故事內容。 　　教師總結：大家都很用心發表，表示 　　　　　　　對圖畫書這種形式也有 　　　　　　　一定的了解和認識。圖文 　　　　　　　互為主體的「互釋」，圖 　　　　　　　與文需相互搭配以建構 　　　　　　　完整故事，這兩本書都是 　　　　　　　屬於這種型式的圖畫書。 　　2、為什麼這兩本圖畫書要和舞臺劇 　　　　作結合？ 　　　　（老師要先在晨光時間播放《最 　　　　棒的禮物》兒童版和成人版 　　　　DVD，再說明舞臺劇的特性，現 　　　　在請學生看圖畫書思考這個問 　　　　題） 　　S：這兩本圖畫書的圖給讀者很多想 　　　　像空間，若能化妝、穿劇服演出， 　　　　會很精采。 　　S：臺詞不多、角色個性鮮明，適合	30	介紹圖畫 書的 ppt、 單槍、電 腦。《最棒 的禮物》 兒童版和 成人版 DVD、學 習單	5-3-8 能 共同討論 閱讀的內 容，並分 享心得。	能回答老 師的問 題，並說 出圖畫書 的特性。 能了解故 事內容以 及舞臺劇 的特性。

舞臺劇演出。 S：光看圖，就很希望這兩本書能在舞臺演出，腦海裡彷彿看到小木頭人、國王……的角色已經在舞臺上賣力的表演。 S：情節簡單、文字很容易改成對話，不需要旁白敘述。 教師總結：是啊！因為這兩本圖畫書文字和圖像都很緊密才能建構出完整的故事，對讀者而言都能刺激新的觀感，包括知識、規範及審美的經驗，所以舞臺劇可以幫助你們對圖畫書的理解，獲得新的經驗。				
（二）活動二：改編劇本演出（一） 1、《你很特別》和舞臺劇如何作有創意的結合？ 　（老師說明故事結構圖的意義。並在黑板上帶領學生畫這本書結構圖，再進行內容討論，並說明什麼是創意） S：圖畫書的地點、原因、經過、人物、結局，都可以改編。 S：可以將書面語改成對話，再配合多媒體演出。 S：劇本、表演方式都可以有創意。 教師總結：沒錯！創意除了表現在劇本的改編，也可以在舞臺劇的道具、服裝、化妝、音樂、布景展現，這就是最好的結合。 2、實際改編劇本演出。 　（老師講解舞臺劇要注意的四	30	錄影機	5-4-2-4 能從閱讀過程中發展系統性思考。 6-4-3-1 能配合各項學習活動，撰寫演說稿、辯論稿或劇本。	能了解圖畫書和舞臺劇的創意結合。能改編劇本並揣摩劇中角色。能大方演出舞臺劇，並欣賞同學的演出。

個要點） S：我的劇本是以主角什麼都不會的 　　觀點來寫他後來知道自己是很特 　　別。 第一幕 章魚哥：歡迎來到蟹堡餐廳，在這裡 　　　　表演精采，都可以貼蟹堡貼 　　　　紙，表演不精采，則會貼水 　　　　母貼紙，現在就請看我吹豎 　　　　笛！ 大家：太棒了！貼蟹堡貼紙。 珊迪：我最會空手道了，還很會發明。 大家：真是多才多藝！貼蟹堡貼紙。 史丹利：我……我什麼都不會，只會 　　　　破壞！ 大家：遜爆了，貼水母貼紙。 史丹利：嗚……（背景音樂第十三首） 第二幕 海綿寶寶：史丹利怎麼了？ 史丹利：大家都笑我，表哥你怎麼都 　　　　沒有貼紙啊？ 海綿寶寶：因為我有去找明蒂啊！ 史丹利：去找明蒂嗎？好！（走去海 　　　　底王宮） 第三幕 （背景音樂第八首） 明蒂：你來啦！史丹利！ 史丹利：我什麼才藝也沒有！所以身 　　　　上有水母貼紙。 明蒂：你是最特別的，因為每個人都 　　　　是獨一無二的，沒有人可以取 　　　　代。 史丹利：我懂了。 S：我是以主角認為他很特別的觀點			

來寫對話。 第一幕 （背景音樂第八首） 主持人：現在請歡迎最紅的的歌星 　　　　小傑出場，帶來一首好聽的 　　　　歌曲。 （小傑對嘴唱一首歌）。 觀眾1：你長得好特別！偶像！ 觀眾2：你在我心中是最特別。 觀眾3：你唱歌的聲音好特別！ 小傑：謝謝大家！ 第二幕 小傑：小華幫我倒水、小黑幫我按 　　　摩、小林幫我買飲料！ 三人：憑什麼？你是什麼人？ 小傑：你們剛才沒聽觀眾的尖叫聲？ 　　　我可是臺灣最特別的歌星，你 　　　們上臺掌聲這麼少，怎麼跟我 　　　比，所以你們要聽我的話。 三人：你真不講理！我們去找老闆！ 第三幕： （背景音樂第十二首） 老闆：小傑，你怎麼了？ 小傑：我這麼特別，他們為什麼不聽 　　　我的？ 老闆：你很特別是在你的歌聲上，但 　　　是你做人處事的態度卻特別令 　　　人討厭。 小傑：謝謝老闆！我知道了！				
（三）活動三：檢討成效（一） 　　S：第一組演出很能表現主角難過的 　　　　心情，劇服和化妝都很有特色。 　　S：我喜歡第二組的演出，老闆的臺 　　　　詞說得很流利，整場演出從歡樂	20		5-4-2-4 能從閱讀 過程中發 展系統性 思考。	能針對前 一組同學 演出，提 出回饋與 建議。

的氣氛一直到難過的氣氛，配樂、演員都表現不錯。 教師總結：這兩場演出劇本上能展現製造差異、無中生有的創意，也能表現舞臺劇的多媒體特色，值得鼓勵！			
（四）活動四：改編劇本演出（二） 1、這兩本圖畫書和舞臺劇如何作有創意的結合？ 　（老師播放《暗戀桃花源》DVD片段，說明什麼是創意雙舞臺的演出方式，詳見第四章第三節） S：我很喜歡第一種演法，當兩個傷心的角色碰在一起，彼此安慰，又重新得力，擁有美好的未來。 S：我喜歡第二種演法，當兩個人交換環境，命運也改變，非常有趣。 教師總結：這兩種演法都能透過雙舞臺表現出來，大家可以選擇一種演法將兩本圖畫書結合的特色呈現在舞臺上。 2、實際改編劇本演出。 S：我的劇本是第一種演法。 第一幕 栗子大人：大家安靜！栗子村有新規定！表現好的人有栗子貼紙，表現不好的人，會被貼苦瓜貼紙。 貝妮：栗子大人，嚐嚐我做的菜。 栗子大人：不錯！栗子貼紙一張。 微雪：我最會溜冰啦！你看我溜得多好！ 栗子大人：強喔！栗子貼紙一張。	60	5-4-2-4能從閱讀過程中發展系統性思考。 6-4-3-1能配合各項學習活動，撰寫演說稿、辯論稿或劇本。	能了解圖畫書和舞臺劇的創意結合。 能改編劇本並揣摩劇中角色。能大方演出舞臺劇，並欣賞同學的演出。

巧達：我什麼都不會！ 栗子大人：遜喔！苦瓜貼紙一張。 巧達難過的大哭。 （背景音樂第十二首） （舞臺右邊） 第二幕 小米：學校要選才藝美少女，我既會 　　　畫畫，又會彈琴，一定會是第 　　　一名。 小紫：一定是我！我既會跳舞，又會 　　　讀書。 小白：是我！我既會料理，又會雕刻。 呆呆：ㄟ！他們好厲害喔！我決定 　　　要他們教我。 呆呆：小米你可以教我畫畫嗎？ 小米：不行！我很忙！ 呆呆：小紫你可以教我跳舞嗎？ 小紫：走開！我要練習！. 呆呆：我想學煮飯，請你教我。 小白：快走開！不然你會被燙到！ 呆呆傷心低下頭！ （背景音樂第十二首） （舞臺左邊） 第三幕 呆呆：怎麼啦？ 巧達：我想得栗子貼紙，但我什麼都 　　　不會。 呆呆：我也想選才藝美少女。 巧達：有了！我教你做栗子村的每餐 　　　都吃的巧達土司，超好吃！ 呆呆：我也可以教你用小秘方剝栗 　　　子，一分鐘可以剝 100 個！ 兩人：我們都有才藝！YA！ （背景音樂第八首）			

第四幕 巧達：栗子大人，你看我剝栗子的技術！ 栗子大人：你一下就可以剝這麼多好吃的栗子，餵飽大家，真是太厲害！對不起！我不應該給你苦瓜貼紙，巧達你是一個特別用心學習的好孩子。 （舞臺右邊巧達和栗子大人抱在一起。） 呆呆：大家快來吃我做得巧達土司！ 大家：真是太好吃了！ 校長：恭喜呆呆得到才藝美少女！因為這個土司讓所有沒吃早餐的小朋友都愛上吃早餐！我就是愛妳本來用心的樣子。 （舞臺左邊）校長和呆呆握手。 （背景音樂第七首）				
（五）活動五：檢討成效（二） S：我很喜歡這組演出，兩個人會彼此鼓勵，教對方才藝，是溫馨的一齣劇。 S：最後栗子大人和校長都看到巧達和呆呆願意學習永不放棄的那顆心，真令人感動！ 教師總結：這次演出氣氛營造的很好，在第三幕會讓人覺得鼻酸，雖然人生有時候會遇到困境，但是彼此相愛、互相鼓勵，一定會有美好的人生。	20		5-4-2-4 能從閱讀過程中發展系統性思考。	能針對同組演出，提出回饋與建議。

　　根據前測結果，發現學生很熟悉舞臺劇的呈現方式，因為大開劇團、慈濟大愛媽媽、彩虹媽媽每年固定會到學校演有關飲食健康、生命教育的舞臺劇。他們對演員在舞臺上誇張的演技、道具製作、演員化妝、布景的呈現方式特別有興趣，也很想學習這些多媒體運用方法，希望能演出一齣精采的舞臺劇。

　　首先，我利用兩次晨光時間分別播放《最棒的禮物》成人演的版本和兒童演的版本（自己指導教會戲劇班孩子演出）DVD 給學生看。請他們看完後完成學習單，項目有：根據角色的個性，觀察兩個版本中小白兔、小熊、小羊、小豬、猴子、大野狼、阿姨的服裝、造型，是否適合他們的個性，劇中布景是如何表現森林、河水的效果，音效配樂有沒有讓劇情更生動？演員在劇中的演技如何？並寫下運用多媒體對整齣劇的重要性和感想。

　　看完學生的學習單，發現他們的觀察力很豐富。S16 認為小白兔打扮的很像公主，很適合她嬌縱任性的個性。S25 認為兒童版的小熊穿的服裝比較像劇中要表現乖巧柔順的個性，成人版的熊穿吊帶褲，又戴眼鏡，好像博士，不太適合。S8 覺得兒童版的劇服都是用租的，成人版卻是用現成的衣服改的，真是厲害！S19 發現兒童版的布景比較簡單，只有簡單的兩棵立體樹、藍色的布，成人版非常專業，大的紙板好像真的在森林、河邊。S30 覺得配樂很好聽，每個角色都有一首歌，用唱歌、跳舞表現自己的心情，非常吸引人。S23 認為演員都是對嘴，臺詞需要背很熟，才跟得上節奏。S2 發現舞臺上同時有很多演員，動作也要很誇張，我們才看得懂是誰在說話。S25 看完的心得是以前看舞臺劇，只關心劇情，這次老師要我們注意角色的造型、服裝、我才發現怎麼欣賞一齣舞臺劇。

> 學生看完這齣舞臺劇，下課會學劇中人物的對話，沒事還會模仿他們的動作，笑得很開心。讓我很想指導他們演這齣劇，只是太費時費力，尤其到下學期，他們的課業非常繁重，活動又很多。不過既然他們對舞臺劇已經多了一層認識，也躍躍欲試想以這種方式演出戲劇，這時就是我用圖畫書改編成舞臺劇最好的時間，相信他們可以在舞臺上找到更多的自信。（觀摘 2011.3.15）

　　青春期發展因為從童年期要轉變到成人期，會發展同儕認同，這時他們的心理危機是擔心自己沒有什麼才能而無法和同儕有很好的友誼的關係，於是我選擇《你很特別》這本圖畫書進行教學和討論時，希望他們都能發現自己的長處，看重自己是特別、獨一無二的，進而學會欣賞別人特別的地方，給予鼓勵和讚美。因此，教學重點是要讓學生了解自己的優點是什麼？以及教導他們如何不在意別人的眼光，對自己更有自信心，以及懂得發覺別人的特點，倘若心中有煩惱，可以找誰協助。所以我也將教學目標放在這四點，希望學生能透過圖畫書戲劇的教學，認識自己、欣賞別人，成為自己和別人生命中的天使。

一、分組

　　這次分組，是將四首兒歌小星星、甜蜜的家庭、小蜜蜂、火車快飛分別做 8 張籤，採抽籤方式，抽到哪一首歌，需要用哼音調的方式去找組員。倘若音調相同，則是同組組員，學生表情很不好意思，可是又覺得很有趣，所以全班笑聲連連，是一次印象很深刻的分組方式。

二、圖畫書教學討論

（一）討論題

1. 為什麼伊萊不將每個微美克人都刻的一模一樣，就不會有比較心理？

　　S1 說如果大家都一樣，只會說一樣的話，做一樣的事，那個世界好無趣。S29 說伊萊又不是一臺機器，不可能都刻一樣的木頭人。S16 伊萊在創作每個微美克人應該都有他的創意和想法。S23 說伊萊在雕刻時，一定沒想到微美克人會有比較心理。

2. 從書中內容你可以推測是誰規定木質光滑、才能好、學問高的人可以貼星星貼紙，相反就要貼灰點點貼紙？

S3 說一定剛開始有一個人先貼，並說這樣是好的，那樣是不好的，於是大家就跟著貼星星和灰點點貼紙。S21 說因為大家都是盲目，不太會自己判斷對錯。S9 說也許這個遊戲是一個木頭人發明，大家都遵循他訂的規則。S31 說貼紙的袋子上也許就有附說明，寫符合哪些特色的人可以貼星星貼紙，哪些缺點的人要貼灰點點貼紙。

3. 你從書中內容可以看出胖哥有什麼特別的地方？

S15 說胖哥身材又胖又矮，外型很特別。S27 說他這麼胖，應該是村裡的大胃王。S26 認為他會講一些可笑的理由，也許很會說笑話。S11 指出他很認真學習，也許可以得進步獎。

4. 書中的露西亞，是一位不在乎其他微美克人的看法，只在乎伊萊的看法，所以身上沒有任何貼紙，現實生活中，你有遇過這樣的人嗎？

S5 說沒遇過，因為每個人都會很在意同學、老師、家人的想法。S24 說有遇過，可是他卻很自私，我行我素，想做什麼就做什麼，大家都很不喜歡他。S6 認為有些人對討厭做的事會表現一副不在意、無所謂的態度，但對喜歡的事又很在意。S12 指出應該是很驕傲或很有自信的人，會不太在意別人的想法。

5. 你相信伊萊對胖哥說的不用在意別人對你的感受，只要在意我的感受，身上就沒有貼紙嗎？

S5 說不太相信，因為胖哥還是要在意伊萊的感受，倘若伊萊感受不好，胖哥一定也很傷心。S24 說相信，因為伊萊看起來就可以信賴，他一定會很愛胖哥。S6 認為胖哥也會有朋友，他還是會在意他們的看法，

除非他搬去和伊萊住在一起。S12 指出胖哥也要花時間才能了解伊萊在乎什麼，他才能了解伊萊內心真正的感受。

6. 如果你是伊萊，想跟胖哥說什麼？

S30 說我愛你，你是我最特別的創意。S14 說如果你被貼灰點點貼紙，可以來找我，我會幫助你。S16 認為我可以幫你整型，讓你變得更好。S22 說我可以教你才藝，讓大家喜歡你。

7. 如果遇到和胖哥一樣的情形，你會想找誰？

S23 說我會想找媽媽，因為她會安慰我。S11 說我會找老師，因為想請老師幫我解決問題。S12 說我會找好朋友，因為他會幫我想方法。S25 說我喜歡和妹妹說心裡的煩惱，因為她會逗我笑。

三、分組創作思考劇

請各組即興演出思考劇，討論生活中哪些是好表現可以給星星貼紙、哪些是遜的表現要被貼灰點點貼紙。

第一組演出學生考試考 100 分，父母、老師給星星貼紙，考不及格，要貼灰點點貼紙。

第二組演出小朋友在家很會做家事，父母會給星星貼紙，亂作一通，要貼灰點點貼紙。

第二組演出歌唱選手參加超級星光幫，很會唱歌，裁判給星星貼紙，唱得很難聽要貼灰點點貼紙。

第二組演出選手參加跑步比賽，贏了可以給星星貼紙，輸了要貼灰點點貼紙。

四、根據故事寫心智圖

在黑板帶他們畫心智圖，引導他們思考，討論哪些部分可以用創作性戲劇方式來呈現舞臺劇的劇本。

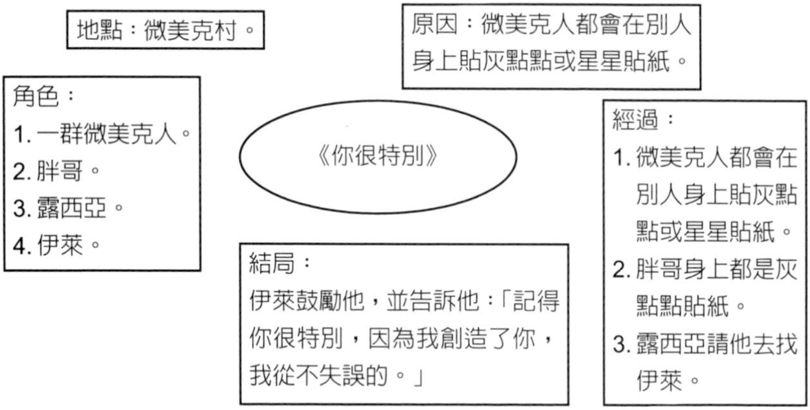

地點：微美克村。

原因：微美克人都會在別人身上貼灰點點或星星貼紙。

角色：
1. 一群微美克人。
2. 胖哥。
3. 露西亞。
4. 伊萊。

《你很特別》

經過：
1. 微美克人都會在別人身上貼灰點點或星星貼紙。
2. 胖哥身上都是灰點點貼紙。
3. 露西亞請他去找伊萊。

結局：
伊萊鼓勵他，並告訴他：「記得你很特別，因為我創造了你，我從不失誤的。」

圖 4-4-1　《你很特別》圖畫書的心智圖

經過討論後，S3 認為主角名字、地點、原因可以各組創作。S15 認為胖哥這個角色一定要和其他角色反差很大，才能凸顯他的特別。S13 哪些是好的行為會被鼓勵，可以各組根據情境討論。S13 要有一位可以欣賞主角的特色的角色，並告訴他，激發他的自信。S13 結局應該大家也學會欣賞他的優點。

五、創作性戲劇心智圖

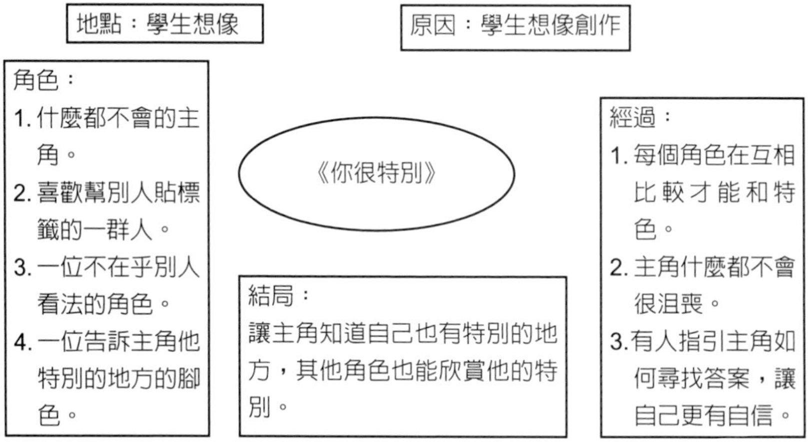

地點：學生想像

原因：學生想像創作

角色：
1. 什麼都不會的主角。
2. 喜歡幫別人貼標籤的一群人。
3. 一位不在乎別人看法的角色。
4. 一位告訴主角他特別的地方的腳色。

《你很特別》

經過：
1. 每個角色在互相比較才能和特色。
2. 主角什麼都不會很沮喪。
3. 有人指引主角如何尋找答案，讓自己更有自信。

結局：
讓主角知道自己也有特別的地方，其他角色也能欣賞他的特別。

圖 4-4-2　《你很特別》舞臺劇劇本創作性戲劇心智圖

六、分組創作排練

接下來，我請各組同學，根據心智圖創作劇本，並分配工作，有導演、音效、演員三組。導演不只要指導演員演戲，還要讓舞臺、音效、服裝、化妝、造型，都能配合戲的風格。音效組則負責整齣劇的配樂。演員組要負責道具、布景、化妝，演戲，讓每個學生都能參與整齣戲的工作。

在排練的時候，各組紛紛使出渾身解數，帶了很多現成的道具、戲服，也利用紙板設計一些簡單的布景，我也向教會戲劇班借了很多戲服、道具，讓他們可以借用，並節省準備時間。因為這次舞臺劇臺詞較多，所以要多花一些時間排練。我發現他們覺得最有趣的部分就是化妝，有的組別是請女生化妝，這時男生就會哇哇大叫，因為他們很不喜歡在臉上作文章，而女生卻越化越誇張，搞得全班哈哈大笑。這時是自己化妝的同學就會非常小心，僅僅以淡妝呈現，深怕一不留心，就會變大花臉。

高年級的學生，已經很有自己的想法，也喜歡挑戰新的事物。這是第一次劇情要配音效和音樂，所以音效組一試再試，有的組找太多配樂，所以很不搭，有的組配樂太單調，同組同學會給很多意見。因此，這次排戲花了很多時間，他們才願意上場演出，還一直叮嚀我一定要錄影，可見他們非常在意自己上場的表現，這就是舞臺劇吸引學生參與最大的魅力。（觀摘 2011.4.7）

七、演出

選出一位主持人，按照組別順序依序演出，並在各組表演完，請臺下觀眾給予熱烈的掌聲。因為這是學生參與第一齣完整的舞臺劇演出，又花比較多時間準備道具、化妝、造型、布景、音效，所以演起來特別興奮，很期待可以看到自己和別組的演出。第一組主要是敘述在五星級米其林大餐廳，有三位表演者分別表演舞蹈、魔術、小提琴，深得觀眾

的喜愛，身上貼滿紙鈔，而 Jack 由於什麼都不會，所以被噓下臺；幸好
他遇到 Julia，告訴他可以去找老闆，老闆對 Jack 說不要在乎別人的眼
光，只要我在乎你，做你自己，只要多練習，我相信你會是臺上最亮的
那顆星，因為你很特別，讓 Jack 決定要作他自己。第二組則以《海綿寶
寶》卡通裡面的角色當劇中的主角，內容是描述在比奇堡，表現好的人
都可以被貼一張笑臉貼紙，壞的人就被貼黑點點，大家都用一些無厘頭
的表現方式，拿到笑臉貼紙；只有史丹利什麼都不會，海綿寶寶請他去
海底王宮找明蒂解除心中的煩惱，明蒂對他說你是特別，你要相信自己，
那些人也都有缺點，只是他們都把它藏起來，相信我，你很特別，你的
專長一定是獨一無二的，讓史丹利懂得相信自己是特別的孩子。第三組
是描述哆啦村的村長覺得這個村子的教育實在太落後了，所以就想到一
個好方法，推廣了「好態度、好習慣、好能力」貼紙，有做到這三項的
孩子可以貼笑臉，做不好的貼生氣的臉，這些工作都是哆啦啦來貼；胖
虎和小夫用心機得到笑臉貼紙，大雄卻被誣陷得到生氣貼紙，還好靜香
告訴他不要在意別人對你的觀感，貼紙就會慢慢掉下來，讓大雄也願意
成為和靜香一樣的人。第四組是描述教官精子請各位精子要加緊練習，
因為只有非常厲害的一位精子，才能通過考驗和卵子結合變成受精卵，
否則就會死亡；前面四個優秀精子一拿到背心，就開始衝，沒想到衝太
快，都無法達成任務，只好讓候補的精子五號上場，結果成功遇到卵子，
精子五號擔心自己不夠優秀，可是卵子卻鼓勵他說在我心中你很特別，
我們可以生出一個最特別的孩子，讓精子五號對自己產生了很大自信心。
　　以下是四組用舞臺劇的方式創作的劇本。
　　第一組：

　　第一幕：
　　道具：桌子、椅子四張、桌巾、紙鈔、複製畫、10 元。
　　場景：餐廳。
　　主持人：嗨！各位客人好，歡迎光臨我們五星級米其林大餐廳，
　　　　　　只要來到這裡，保證吃得開心，看得開心，如果你們覺
　　　　　　得他們表演的很精采，可以用掌聲加小費，代表你對他

們的支持。倘若表演的不夠好，就給他們噓聲，讓他們
改進。現在就來歡迎精采的表演，包准你們有一個愉快
的夜晚。

主持人：首先出場的是 Angela，她要表演的是《天鵝湖》。

（《天鵝湖》的音樂～Angela 出來跳舞）

客人1：哇！好美喔！

客人2：轉圈的姿勢太漂亮！

客人3：我們上臺給她小費吧！

客人4：好啊！我給她五萬！

客人1：我給她十萬！（這時大家都衝上去給小費，Angela 身上
都是紙鈔）

Angela：謝謝！

主持人：歡迎魔術王子艾利克出場變魔術。

客人1：哇！居然可以把 10 元變不見！

客人2：真是太神奇了！

客人3：我們上臺給他小費吧！

客人4：好啊！我給八萬！

客人2：我給她二十萬！（這時大家都衝上去給小費，艾利克身
上都是紙鈔）

Eric：謝謝！

主持人：歡迎小提琴公主 Alice 表演一首優美的樂曲。

（「四季」小提琴協奏曲的音樂～Alice 出來拉琴）

客人1：拉的好好聽哦！

客人2：我聽的好陶醉！難怪大家都稱她是小提琴界的明日之星！

客人3：我們上臺給她紅包吧！

客人4：好啊！我給三十萬！

客人3：我給她五十萬！（這時大家都衝上去給小費，Alice 身上
都是紙鈔）

主持人：謝謝大家的捧場！休息一下，等下還有精采的節目。

第二幕：

道具：玩具小提琴、假花、大便娃娃。

場景：餐廳。

主持人：歡迎傑森表演一段他最拿手的才藝。

（《天鵝湖》的音樂～Jason 出來跳舞）

客人 1：搞什麼東西！跳得真爛！下臺！

主持人：大家不要生氣！Jason 趕快變魔術！

Jason：仔細看！我要把一朵花變一隻鴿子！（用力對花吹一口
　　　　氣，沒想到居然變一坨大便）

客人 2：臭死了！退錢！

主持人：不要生氣！再給他一個機會，Jason 趕快拉小提琴！

（《櫻桃小丸子》的音樂～Jason 出來拉琴）

客人 3：難聽死了！我耳朵好痛！

客人 4：這什麼爛節目！（觀眾一起噓聲）

主持人：Jason 你還會什麼才藝？還不趕快表現出來？

Jason：我……什麼都不會！

客人 3：沒有才藝還敢上臺表演，真丟臉！

客人 4：是啊！走！我們回去，下次不要來了！

主持人：各位觀眾不要走！我們等下會安排更棒的節目……

第三幕：

道具：幾朵小花。

場景：花園。

Jason：唉！我什麼都不會！大家都不喜歡我！（Jason 心情不好，
　　　　所以在餐廳外面的小花園散散心）

Julia：Hi！心情不好嗎？

Jason：嗯，唉！我什麼才能都不會，所以觀眾都給我噓聲，你會
　　　　什麼才藝？

Julia：在臺上我都只表演喜歡的東西，如：畫畫、說笑話。

Jason：觀眾喜歡妳的表演嗎？

Julia：我不在乎他們的眼光。

Jason：妳是如何做到？可以幫我嗎？

Julia：你去找老闆吧！他會告訴你答案的！

Jason：他肯見我嗎？

Julia：他一定會見你的，相信我！

Jason：好！

第四幕：

道具：桌子、椅子一張。

（Jason 偷偷的走到老闆的辦公室）

Jason：老闆我可以進去嗎？

老闆：我就知道你一定會來，我天天盼著你來呢！

Jason：真的嗎？可是我什麼都不會！

老闆：不要在乎別人的眼光，只要我在乎你，做你自己，只要多練習，我相信你會是臺上最亮的那顆星，因為你很特別。

Jason：謝謝你，老闆。找你說話我心情好了些，以後我可以天天來嗎？

老闆：當然可以。（Jason 離開老闆的辦公室）

Jason：（笑了一下）我要做我自己，我就是我。

第二組：

第一幕：

道具：笑臉貼紙、黑點點數張、直笛、鉛筆盒（當電玩）、小白板（寫餐廳）。

場景：蟹堡餐廳。

（《海綿寶寶》主題曲）

蟹老闆：在比奇堡，表現好的人都可以被貼一張笑臉貼紙，壞的人就被貼黑點點，現在請大家拿出看家本領認真表演吧！有誰要先上場？

（大家一起喊選我！選我！）

章魚哥：我先！我要表演我的拿手絕活吹直笛啦！

蟹老闆：表演的太精采！請貼貼紙。

（表演完後大家都送他貼紙）

珊迪：換我這個創意大王來表演，大家看，我又發明一樣東西啦！可以將功課變掌上型電玩，包准學生玩得哈哈笑，老師也改得笑哈哈！

蟹老闆：你太厲害啦，大家來貼貼紙吧！

派大星：發明這種東西有什麼稀奇？我破金氏世界紀錄啦！我發呆五天耶！

蟹老闆：雖然很爛，但是既然破金氏世界紀錄了，貼貼紙。

皮老闆：什麼發呆五天就可以破世界紀錄？我可是想出一個讓比奇堡可以變觀光勝地的好計畫了。

蟹老闆：嘿嘿嘿！一定又是邪惡計畫，但是你太聰明了，大家來貼貼紙。

皮老闆：老蟹，那你的專長又是什麼？

蟹老闆：我？嗯……啊！我超愛錢的，每樣東西的價錢我都記得一清二楚。例如：美味蟹堡是一百五十九元，美味蟹堡加薯條加飲料，只要加八百二十九元，就可以送一個小玩具。（大家聽到小玩具就大聲叫好拍手，並貼貼紙）

蟹老闆：大家全身都是貼紙，表示今天都有很好的表現，我們來乾杯吧！別忘了喝一杯要付九百九十九元！

第二幕：

（第二天大家都聚在蟹堡王）

蟹老闆：嘿！老兄你的專長是什麼？

史丹利：你在說我嗎？

蟹老闆：沒錯，難道你不知道比奇堡表現好可以貼貼紙，表現不好要貼黑點點的規定嗎？

史丹利：（有點心虛）我～我～唉！我什麼都不會。

蟹老闆：什麼？你都不會，太遜了吧！貼黑點點。（大家一起比遜的動作，並貼黑點點）

史丹利：你們太過份了！（說完哭著跑去海綿寶寶家）

蟹老闆：我們一點也不過份，在比奇堡，一定要用貼紙分出哪些
　　　　是優秀的人，這才是比奇堡的精神，你們說對不對？

大家：（一起喊）對！

第三幕：

海綿寶寶：嘿！表弟好久不見，你怎麼了？

史丹利：表哥，我身上都是黑點點，（說完後抬頭），表哥，為
　　　　什麼你身上沒有黑點點，也沒有貼紙？

海綿寶寶：因為我相信自己啊！

史丹利：什麼意思？

海綿寶寶：去找明蒂吧！她會告訴你的。

史丹利：可是我會怕。

海綿寶寶：別怕，去吧！

史丹利：喔！好吧！

第四幕：

場景：海底王宮。

（背景音樂第 15 首）

明蒂：我就知道你會來。

史丹利：為什麼？

明蒂：你表哥告訴我的啊！

史丹利：我身上都是黑點點，怎麼辦？（開始哭）

明蒂：別難過，你是特別的，你要相信自己，那些人也都有缺點，
　　　只是他們都把它藏起來，相信我，你很特別，你的專長一
　　　定是獨一無二的。

史丹利：我想我懂了，謝謝。（說完黑點點逐漸掉下）

第三組：

第一幕：

道具：笑臉、生氣貼紙數張、餅乾、玩具麥克風。

場景：哆啦村。

（《哆啦 A 夢》主題曲）

村長：我是哆啦村的村長哆啦Ｃ夢，有一個小幫手哆啦啦，因為
　　　哆啦村只有四個小孩，我覺得這個村子的教育實在太落後
　　　了，所以就想到一個好方法，推廣了「好態度、好習慣、
　　　好能力」貼紙，有做到這三項的貼笑臉，做不好的貼生氣
　　　的臉，這些工作都是哆啦啦來貼，多啦啦準備好了嗎？預
　　　備出發！

小夫：（彎下腰鞠躬）村長、多啦拉早，哇！村長、多啦啦你們
　　　看起來越來越瘦了，我有團購很多銅鑼燒，儘量吃，吃完
　　　再打這支電話28825252（餓爸爸餓我餓我餓），他們馬上
　　　會送來，想吃多少都可以，相信一星期後，你們一定會白
　　　白又胖胖！

村長：小夫你實在太有禮貌，不僅看到我們會打招呼，也注意到
　　　我們最近的需要，還跟得上時代的潮流，會用團購購買好
　　　吃的點心（流口水），真是哆啦村的驕傲。

哆啦拉：沒錯！你就是符合「好態度、好習慣、好能力」的好孩
　　　　子，我要幫你貼上多啦村的榮譽貼紙。

小夫：（嘿嘿嘿的奸笑，並敬90度禮）！多謝！

胖虎：今天是村長生日，我準備一首非常好聽的歌，要唱給您聽，
　　　相信您聽完這首歌，一定會長命百歲，我要開始唱囉！

村長：（摀住耳朵）好了！好了！不要唱了！再唱我會……多啦
　　　拉快給貼紙。

多啦拉：（摀住耳朵大聲回答）你說什麼！

村長：我說快給貼紙。

（多啦拉趕快給胖虎貼紙，兩人快逃）

胖虎：小夫，我們兩人都有貼紙，哈哈！這個笨大雄連一個才能
　　　都沒有，不知道他會被貼幾個生氣的貼紙？嘻～嘻～走
　　　吧！我們去看熱鬧吧！

第二幕：

道具：漫畫、塑膠瓶。

大雄：今天天氣真好！我來看最新一期的漫畫！

胖虎：（躲在樹後）ㄟ！大雄身上都沒有貼紙，表示多啦拉還沒
　　　來過，這樣的話我們先偷偷整他吧！（兩人在一旁竊竊私
　　　語）

小夫：對啊！對啊！這個方法不錯！多啦啦他們一定覺得他是故
　　　意的。

（小夫故意拿花瓶經過大雄前面摔破）

小夫：厚～你摔破花瓶了！村長、多啦啦快來看！

大雄：這不是我打破的！

村長：明明是你打破花瓶，小夫、胖虎都看到，你還不承認，我
　　　太生氣！多啦啦貼。

多啦拉：是！（在大雄身上貼了一大堆生氣的臉貼紙）

村長：小夫、胖虎你們真是好孩子，多啦拉貼！

多啦拉：是！（在胖虎、小夫身上貼了一大堆笑臉貼紙）

第三幕：

道具：桌子、椅子各兩張。

場景：靜香家。

（背景音樂第 13 首）

大雄：靜香～快開門！

靜香：怎麼了？大雄是發生了什麼事了嗎？

大雄：你看我全身貼滿生氣的貼紙，都是胖虎和小夫害的啦！

靜香：他們怎麼害妳？

大雄：他們誣賴我打破花瓶。

靜香：喔！他們怎麼可以這樣對你？

大雄：ㄟ～你身上怎麼沒有一張貼紙？

靜香：我也不知道為什麼多啦啦怎麼貼都貼不上去，啊！我想到
　　　一定是自從我不在意別人對我的觀感，所以貼紙才會慢慢
　　　掉下來，然後再也貼不上去了！

大雄：那我也要成為這樣的人。（黑點點貼紙也掉下來）

第四組：

第一幕：

道具：接力 1～5 號背心、教官的紅布條。

場景：媽媽的肚子裡。

（背景運動會音樂）

教官精子：各位精子集合，大家要開始加緊練習，因為馬上要去見卵子，只有非常厲害的一位精子，才能通過考驗和卵子結合變成受精卵，否則就會死亡，大家加油！

精子1：我是最健康的精子1，任何困難都不怕，我一定可以和卵子結合，生一個最健康的寶寶！

教官精子：不錯！是個健康精子！給你背心一號！

精子2：我是最高大的精子2，大風大浪我不怕，勇敢向前衝，卵子要等我喔！。

教官精子：有自信！果真長得很高！給你背心二號！

精子3：我是最壯的精子3，沒有其他精子比我強，衝衝衝！我來了！可愛的卵子，大家快閃！。

教官精子：是吃什麼長大？真的很壯！給你背心三號！

精子4：我是最會游泳的精子4，游啊游！游到卵子小姐身邊，你一定會喜歡我的。

教官精子：你是游泳比賽冠軍，到達終點一定沒問題，給你背心四號。

精子5：我……我什麼都不會。

精子1、2、3、4：（一起說）哈哈哈！

精子5：雖然我什麼都不會，但我會盡力的。

教官精子：既然你什麼都不會，就只好當候補選手，先幫大家加油！

第二幕：

道具：游泳圈。

（背景音樂第六首）

教官精子：今天就是要去見卵子的日子，精子選手們準備！3、2、
　　　　　1，衝啊！

精子1：啊！前面是什麼東西？我不能呼吸了！救命啊！

精子2：哇！我撞到什麼東西？頭好痛！啊！

精子3：擠啊擠！砰！我完了！

精子4：換我出場！衝！砰！砰！砰！這裡是哪裡？啊！

教官精子：由於精子1、2、3、4衝太快受傷所以死亡，精子5
　　　　　你一定要找到卵子。

精子5：（掛上游泳圈）沒問題！我會努力！

第三幕：

道具：第一名紙條。

（背景音樂第13首）

卵子：哇！你好啊！精子5。（掛上第一名紙條）

精子5：我總算找到你，可是我什麼都不會，不能當你的男朋友。

卵子：沒關係！在我心中你很特別，我們可以生出一個最特別的
　　　孩子。

精子5：既然你認定我很特別，我會好好努力！

八、分享與回饋

(一) 請各組討論前一組表演的內容。這次重點是放在學生的演出，是否
　　能以舞臺劇的形式將「自信」這個主題清楚的呈現出來，讓觀眾很
　　容易明白當自己有自信，不在意別人的眼光，就可以作真正的自己，
　　並學習欣賞別人的特點。所以我先示範上臺分享的重點，請他們根
　　據黑板上參考的題目進行討論。十分鐘後，每組派五位同學上臺分
　　享討論的內容。

(二) 參考的題目內容如下：

　　1. 請幫劇中那位什麼都不會的主角找出特別的地方？

　　2. 主角去找詢問的對象，他對主角說的話，真的能讓主角明白自己
　　　很特別嗎？

3. 看完這齣戲，是否能更了解自信這個議題？

4. 這齣舞臺劇在服裝、造型、布景、化妝、音效有哪些優點，值得鼓勵？

5. 請提出建議劇中有哪些需要改進的地方？

(三) 各組分享與回饋

第一組：

> S18：精子 5 號雖然什麼都不會，只能當候補選手，不過歸他上場，卻能突破困難，順利和卵子結合，這就是他特別的地方。

> S22：精子 5 號聽到卵子小姐說在我心中你很特別，我們可以生出一個最特別的孩子，一定對自己超有信心。

> S18：看完這齣戲，會學到即使是候補的選手，只要預備好，都有可能成功，絕對要對自己有信心。

> S14：5 個男生穿接力賽跑的號碼衣，演出精子的角色，真好玩，第一次，看到精子真人版，很新奇；不過精子 1 號真忙，演完還要穿女裝反串卵子小姐，滿有笑點，音效放運動會那首歌，很有臨場感。

> S9 ：演員除了化妝和在號碼衣上面寫精子幾號，其他布景、道具都很少。如果能作頭套，會更有舞臺劇的效果。

第二組：

> S1 ：Jack 在劇中勇於嘗試各種表演，這就是他特別的地方，因為我很膽小，如果叫我上臺表演不會的才藝，我一定會覺得很丟臉。

> S7 ：老闆告訴 Jack 做你自己，只要多練習，我相信你會是臺上最亮的那顆星，因為你很特別。聽了這些話，會讓 Jack 增加自信心，有動力想成為餐廳的大明星。

> S10：看完整齣劇，會學到自信不是靠別人的肯定，應該自己要找出自己的長處，多努力練習，才能成為一顆最亮的星。

> S23：S9 準備很多假紙鈔，所以當三位表演者身上貼紙鈔的效果滿有趣，演員裝扮、造型、表演都很好，尤其是 S4 將 10 元

變不見，還挺神奇，拉小提琴時放的音樂居然是卡通歌，笑點十足，餐廳是用畫框當背景，餐桌上有鋪桌巾和花，感覺還滿像餐廳。

S15：表演的節奏太快，觀眾還沒看清楚，就跳完或拉完樂器，可以音樂放一段，讓才藝部分表演久一點，才不會看不過癮。

第三組：

S11：史丹利不像其他比奇堡的動物，只會一些亂七八糟的本領，他很誠實，覺得自己真的不會就說不會，不會隱藏自己的缺點，是他特別的地方。

S16：明蒂對史丹利說你是特別的，那些人也都有缺點，只是他們都把它藏起來，相信我，你很特別，你的專長一定是獨一無二的。史丹利聽了這些話，會很想找到自己的專長，讓那些動物能看見他的表現。

S20：看完這齣戲，學到要多認識一些會堅持自己想法、鼓勵別人的好朋友，才會對自己有信心。

S24：演員有的拿海綿寶寶、派大星娃娃或戴頭套，表示自己在劇中的角色，滿有創意，很無厘頭的臺詞，演員演的非常好笑，音效是配海綿寶寶的歌，很像是卡通的舞臺劇。

S28：蟹堡王餐廳和海底王宮的布景不一定要用寫在紙上，可以用一些現成的桌椅或布、圖畫，也會有舞臺劇的效果。

第四組：

S2 ：大雄個性善良，不會欺負人，是他特別的地方。

S13：因為大雄很喜歡靜香，所以他聽到靜香說我不在意別人對我的觀感這一句話，貼紙就會貼不上去，對他一定影響很大。

S17：看完這齣戲，會學到不要隨便欺負同學，也不要在別人身上亂貼貼紙，自己也要更有自信，別人才不會欺負你。

S21：多啦 C 夢和多啦拉的造型很酷，居然是戴安全帽，上面加
　　一個假的竹蜻蜓，真是好玩，演員的服裝、臉上的妝也化
　　的很像卡通造型，歌曲也用《多啦 A 夢》主題曲，很有
　　創意。

S25：這一組各方面表現很好，我們覺得不需要任何建議。

九、選出製造差異創意的劇本和無中生有創意的劇本和表演

(一) 各組分享完，請大家根據「製造差異」和「無中生有」的創意戲劇
　　化圖畫書教學的定義（詳見第三章第二節和第三節），投票決定同
　　學劇本和表演屬於哪一種創意。

(二) 結果：

製造差異的創意劇本：第一組、第二組、第三組。
無中生有的創意劇本：第四組。
製造差異的創意表演：第一組。
無中生有的創意表演：第二組、第三組、第四組。

　　演完舞臺劇後，發現學生還是會以熟悉的卡通人物，進行劇本改
編，也許這就是他們想要保有純真童稚的證明。也觀察到女生在
下學期身、心都長大許多，所以有一些角色不太敢演，如：卵子、
靜香，怕說那些臺詞會不好意思，只好請男生反串。但是有些女
生反而喜歡演陽剛性的角色，如：精子、蟹老闆……等，顯示她
們不是很柔弱。還好舞臺劇人人都有工作，如果幕前角色不適合，
可以作幕後工作，還是可以參與整齣劇，再加上女生很細心，所
以各組這次在造型、服裝、化妝、音效部分都很有創意，唯獨布
景部分，因為彩排時間很短，只好以最簡單的電子白板或紙板方
式呈現；不過，學生仍然對這次表演非常滿意，演完後眼神多了
自信。正如 S25 說演一齣舞臺劇要背臺詞，還要準備一些道具，
覺得很麻煩，不過演出時卻很快樂，演完後發現自己比較適合寫
劇本、作道具。可見透過舞臺劇演出，每個人也會找到自己適合

　　的角色和工作，發現自己的特色，很符合這本圖畫書所要傳達的
　　精神。（觀摘 2011.4.21）

　　接著進行非單一圖畫書改編為舞臺劇的多媒體運用的教學活動設
計，則是以《你很特別》、《愛妳本來的樣子》兩本圖畫書運用在教學
上，進行實務印證。

一、引起動機

　　為了讓學生更清楚雙舞臺演出的方式，所以我利用晨光時間、午餐
時間放一段《暗戀桃花源》給他們欣賞，並請學生分享，S15 說《暗戀》
是現代劇很悲傷，《桃花源》是古代的小三搞笑劇，居然可以出現在同
一齣劇，感覺時空有點錯亂，很有趣的表演方法。S26 說這好像劇中劇，
一下在排演，一下又進入劇情，有點看不懂。S28 說這是一種很奇特的
表演方式，從來沒看過，滿新奇的。不過討論完後他們已經有一些概念
如何在舞臺上呈現兩本圖畫書。

二、創意雙舞臺的舞臺劇的多媒體運用教學

（一）分組

　　將 1、2 組合併為第一大組，3、4 組合併為第二大組。

（二）編劇

　　指導學生以製造差異或無中生有的創意改編兩本圖畫書部分的劇
情，將重點放在兩個故事主角交集時的對話。

圖 4-4-3　學生以《你很特別》創意改編的結構圖

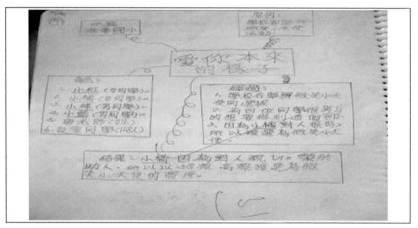

圖 4-4-4　學生以《愛你本來的樣子》創意改編的結構圖

（三）演出方式

1. 先演《你》一段再演《愛》一段，兩個故事主角有交集後，再回到各自的結局。（結構圖詳見第四章第三節）
2. 先演《愛》一段再演《你》一段，兩個故事再有交集，結局互換。

（四）分組創作排練

　　各組同學根據心智圖創作的劇本，並分配工作，有導演、音效、演員三組，導演不只要指導演員演戲，還要讓舞臺、音效、服裝、化妝、

造型，都能配合戲的風格，演員組要負責道具、布景、化妝，演戲，讓每個學生都能參與整齣戲的工作，因為這是學生參與第一齣雙舞臺的舞臺劇演出，一大組人數約 15、16 人，在排練和準備道具、布景、音效時，意見很多非常熱鬧，我請他們一定要聽導演的話，才不會爭吵不休。

三、正式演出

選出一位主持人，按照組別順序依序演出，並在各組表演完，請臺下觀眾給予熱烈的掌聲。

以下是二組用舞臺劇的方式創作的劇本。

第一組：

> 劇名：我愛你特別的樣子
> 第一幕
> 道具：桌子、椅子、桌巾、紙板做的冰箱、電視。
> 場景：Tony 家。
> （背景音樂第 8 首）
> Tony：下個禮拜六就是摩摩公主的生日了，聽說有獎品會獎勵表演精采的節目，你們決定好要表演什麼節目給她看？
> 摩摩樂：我要表演街舞給她看！
> 丫麗：我要表演最擅長的武術給她看！
> 多少少和少多多：我們兩個要一起表演魔術給她看！
> Tony：那你？Joe？
> Joe 說：怎麼辦？我什麼都不會。
> 大家：沒關係！相信你一定想得出來的！
> 第二幕
> 道具：桌子、椅子、桌巾、紙板做的冰箱、電視。
> 場景：客廳。
> 強強：大家好，我是大哥，我最會拉小提琴。
> 美美：我是二姐，我最會唱歌。

洋洋：我是三弟，我最會打拳。

圓圓：我是四妹，我什麼都不會。

強強：過幾天，就是母親節了！我們還討論該送媽媽什麼禮物。

美美：好啊！媽媽平常都照顧我們，不如，我們來為媽媽舉辦 PARTY 好了！

洋洋：這個主意不錯哦！我們來表演才藝！

圓圓：可是我……我……我什麼都不會啊！我能為媽媽做什麼？

（強強、美美和洋洋因為很高興，所以沒聽到圓圓講什麼。每個都在練習他們的才藝，只有圓圓坐在客廳發呆）

第三幕

道具：獎品數份、魔術道具、扇子。

場景：摩爾城堡。

行政官：謝謝大家今天來參加摩摩公主的生日，讓我們一起歡迎美麗可愛、大方又漂亮的摩摩公主進場吧！

摩摩公主：既然大家那麼歡迎我！那就先讓我在這裡獻唱一首歌吧！大家也一起來唱吧！噹噹！噹噹可愛美麗童話工廠！嘿！ＹＡ！溫暖陽光灑在身上！bi！bo！只要一點想像，我與你知道……

行政官：哇！摩摩公主實在是唱的太好了！那讓我們一起欣賞別的小摩爾的精彩表演吧！

摩摩樂：我先表演街舞！（放《羅志祥》獨一無二的音樂）

摩摩公主：好帥喔！送獎品！

丫麗：我要表演武術！（放《黃飛鴻》的音樂）

摩摩公主：太酷了！送獎品！

多少少和少多多：我們兩個要表演魔術！

摩摩公主：好特別！送獎品！

摩摩公主：Joe！快點上來吧！大家等著看你的表演呢！

Joe：很抱歉摩摩公主！我沒有任何的才能，所以無法表演！

摩爾人：（一群專門嘲笑的小摩爾）哈！哈！哈哈哈哈哈！你什麼都不會！好爛喔！哈！哈！哈！

摩摩公主：（生氣）那你們？你們有上臺表演嗎？你們什麼都會
　　　　　嗎？說啊！說啊！

摩爾人：我……我……我們還是趕快溜吧！（說完就跑走了！）

（Joe 難過的低下頭）

第四幕：

道具：玩具小提琴。

場景：客廳。

強強：歡迎大家來到母親節 Party 現場，現在我們歡迎美美要為
　　　我們帶來一首歌──《愛的真諦》。

（美美開始唱～大家陶醉在美美的歌聲中）

強強：我們謝謝美美～現在就讓打拳天王──洋洋，為我們打
　　　幾拳。

（洋洋開始打，觀眾開始叫好～）

強強：現在就輪到我來獻醜啦！我要表演的是小提琴協奏曲。

（一陣悠揚的音樂，讓大家陶醉在強強的琴聲中）

強強：圓圓你要表演什麼？

圓圓：我……（傷心的低下頭）

第五幕：

（背景音樂第 7 首）

（其他演員靜止不動）

圓圓：好煩喔！上網玩一下摩爾莊園，（電腦螢幕跳出一個煩惱
　　　的 Joe）咦！Joe 你怎麼了？

Joe：因為我什麼才藝都不會，摩摩公主生日時，不能表演給她看。

圓圓：我也是！母親節我也不知道要表演什麼？

Joe：圓圓你不是很會做蛋糕，可以做一個愛心蛋糕送媽媽。

圓圓：這個方法不錯！對了！Joe 不要難過！摩摩公主不會在意
　　　你有沒有表演，她看到你來參加生日 party，一定很開心。

Joe：謝謝你安慰我，我要回去摩爾莊園，祝你好運！

圓圓：我們一起加油！（關上電腦）

（舞臺左邊）

摩摩公主：Joe！沒關係的！你別把他們的話放在心上！因為你
　　　　　在我們心裡非常特別的，所以你要記住一點，就是你
　　　　　很特別。
（Joe 和他的朋友們在摩爾城堡裡度過一個快樂的派對）
（舞臺右邊）
（這時圓圓端上一個草莓蛋糕和一杯熱呼呼的茶）
媽媽：謝謝妳，圓圓。
強強：現在請我們 Party 的主角媽媽為我們講幾句話！
媽媽：孩子們，謝謝你們精心為我準備那麼多節目，我很感動，
　　　尤其是圓圓。
圓圓：啊！我？可是我沒有表演才藝啊！
媽媽：可是妳是最細心和貼心的孩子，總是知道媽媽需要什麼！
　　　妳不用去做任何改變喔！我就是愛現在的妳喔！
（圓圓快樂和家人度過一個難忘的母親節）

第二組：

第一幕：
道具：桌子、椅子數張、餅乾、紙鈔。
場景：公司。
（背景音樂第 12 首）
Ivy：不得了囉！不得了囉！老闆要選人當經理啦！
Andy：真的嗎？YA！我鹹魚終於有翻身的一天了！
Liz：（呆呆的）那我們是不是要更努力工作啊？
Zera：（不屑）拜託～笨蛋，誰想像妳那樣！（語氣加重）默默
　　　工作一輩子，最後過勞死！
Jack：讚！有押韻耶！
Ivy、Andy、Zera、Jack：哈哈哈！（大笑）
Liz：什麼嘛……幹嘛一直嘲笑我……（默默哭泣）
Andy：哇！Zera 煮的飯好好吃喔！
Zera：謝啦！不過你剛好提醒我，我可以做一些點心，拿給老闆，
　　　這樣我就可以……

Jack：那我就拿錢去買通主考官，反正當上經理後，錢多的是！

Ivy：那我就用我的秘密武器——美色！（眨眨眼）

全：拜託～妳行嗎？（笑）

Liz：（小小聲）可是……這樣不是算賄賂嗎？

全：妳閉嘴！以為會變個小魔術就可以升經理嗎？（大聲）

（Liz難過的閉上嘴巴）

第二幕：

道具：畫筆、杯子、盒子。

場景：學校。

老師：學校要舉行個人才藝比賽，每一個人都要演出，你們都加緊練習。

小賈斯汀：好煩喔！幹嘛辦才藝比賽啊！都沒時間玩電動了啦！

席琳娜：不要這樣子嘛！不然我唱歌，你跳舞嘛！我們一起表演同一首歌啊！

泰勒絲：對嘛！我幫你們配樂吧！

凱蒂佩芮：那我畫你們在唱歌、跳舞、彈琴的樣子！

艾薇兒：那我要表演什麼？

泰勒絲：你這麼會泡咖啡，可以表演泡咖啡！

艾薇兒：這算哪門子才藝？

（艾薇兒煩惱的摸著頭）

第三幕：

（Liz、艾薇兒分別從左、右舞臺走向舞臺中間。）

Liz：小妹妹，你在煩惱什麼？

艾薇兒：學校要表演才藝，可是我什麼都不會！姊姊妳？

Liz：公司要選經理，可是我想努力工作，卻被同事……

艾薇兒：既然我們都有煩惱，不然，我們交換身份，試看看不一樣的生活。

Liz：好啊！去體驗不同的生活，一定很有趣！

（這時閃電聲大作兩人交換身份）

第四幕：

道具：撲克牌

主持人：現在輪到小賈斯汀、席琳娜、泰勒絲，還有凱蒂佩芮帶
　　　　來的歌「shake it up」我們為他們掌聲鼓勵鼓勵！

評審、觀眾：安可！安可！

主持人：他們得下了 98 分的高分呢！真棒！現在輪到艾薇兒的
　　　　魔術表演！

（Liz 表演撲克牌魔術）

評審、觀眾：（目瞪口呆的看著表演並舉起大拇指）讚！

主持人：哇！得到了 100 分！

大家：艾薇兒什麼時候學會變魔術？她真是一位特別的女生。

（Liz 留下，站在左舞臺）

第五幕：

道具：餅乾、紙鈔、杯子

Ivy：總經理來了！大家快準備！

Zera：總經理請吃我特別做的點心。只要我當經理，天天做好吃
　　　的點心給你吃。

Jack：總經理這裡是五十萬，只要讓我當經理，這些通通是你的！

Ivy：（眨眨眼）總經理，只要讓我當經理，一定當你的女朋友。

（艾薇兒默默端咖啡給總經理喝）

總經理：真好喝！Liz 你最貼心，最適合當經理，我就是愛你細
　　　　心認真的樣子。

大家：Liz 只會變魔術和默默做事，什麼時候會泡好喝的咖啡？

（艾薇兒留下，站在右舞臺）

Liz、艾薇兒：（一起走到舞臺中間）多謝你的幫忙！

四、分享與回饋

(一) 請各組討論表演的內容。這次重點是放在學生的演出，是否能以舞
　　臺劇的形式，表達「自信」以及學習付出一顆真誠的心。所以我先

示範上臺分享的重點，請他們根據黑板上參考的題目進行討論。十分鐘後，每組派四位同學上臺分享討論的內容。

(二) 參考的題目內容如下：

1. 如何依據這兩本圖畫書編出一齣舞臺劇？
2. 演這齣戲時有遇到什麼困難或難忘的事？
3. 覺得本組的劇本和表演屬於哪一種創意？
4. 演完這齣戲後，學到什麼？

(三) 各組分享與回饋：

第一組：

S2 ：因為我們很喜歡玩摩爾莊園，才想到以網路世界的遊戲摩爾莊園的人物當角色，大家請我和 S18 分別寫劇本，寫完後，再討論如何合在一起，還好老師有修改臺詞並教我們一些寫對話的技巧，演員的臺詞才會說的比較順。

S5 ：大家很快都找到劇服，穿在身上，很有演戲的感覺，S9 男扮女裝，穿老師的洋裝演媽媽，很有笑點。因為是雙舞臺的表演方式，這邊在演，那邊會一直說話，導演一下要管秩序，一下要叫演員出場，很忙碌，要多排演幾次，大家才會比較熟悉這種演法。

S30：和圖畫書內容相差很多，應該屬無中生有的創意和演出。

S4 ：學到不要小看自己，每個人都是特別。

第二組：

S24：我超喜歡美國這些年輕歌手，才會以他們當主角，不過，S27 的劇本卻是以上班族當背景，我們討論好久，都不知道怎麼到對方世界，幫助對方，只好亂湊一通，還好最後有老師的幫忙，劇情才會比較連貫。

S28：女生這次把那群男生妝化的很濃，又戴各種顏色爆炸頭，尤其 S8 演小賈斯汀戴假髮，拿掃把當吉他唱歌，一直搖頭，好像吃搖頭丸，演的很傳神。

S13：本來以為雙舞臺的舞臺劇很難演，還好大家演的很 High，
　　　完全和圖畫書內容不一樣，應該屬無中生有的創意和演出。

S29：只要付出真心對待人，總有一天別人會發現你的優點。

五、老師講評

　　我說這兩齣戲，將大家平時學習的十八般武藝都發揮的淋漓盡致。如唱歌、熱舞、變魔術、武術、樂器彈奏、畫畫，整個氣氛像開同樂會一樣熱鬧。雖然有些表演是音效配樂，不過動作模仿的維妙維肖，真的很有表演天份。這次雙舞臺演出劇本不太好寫，不過大家還是絞盡腦汁完成，也很用心嘗試新的表演方式，雖然演出過程有些狀況，大家還是努力克服，值得讚許！透過這兩次演出，會發現大家能根據彼此的特點與個性，分配角色和舞臺工作，希望你們將這種精神運用在生活上，彼此鼓勵、互相幫助，成為最好的朋友。

　　討論完，請學生作後測，並從這次熱心參與舞臺劇的四位同學，當作訪談對象，進行半結構式訪談，深入了解學生想法。有愛導戲的 S18、喜愛演戲的 S19、熱愛編劇的 S2、對幕後工作很有興趣的 S17。由於 S18 平時很害羞，說話很小聲，可是這次舞臺劇，她卻擔任導演的角色，指揮大家演戲，還有模有樣，讓我見識到她另一種才華。而 S19 是個喜歡教室布置、愛畫畫的孩子，自從演了這兩齣戲，就一直嚷嚷要演給低年級的學弟妹看，她還在日記表示讀六年級最有趣就是演戲，不僅不挑角色，還會幫大家設計造型、化妝、道具，真是全能的好演員。S2 是個活在網路世界的孩子，人際關係很差，很沒有自信心，可是他卻被同學發現很有編劇的天分，第一組的編劇以《摩爾莊園》為劇中背景就是他的傑作。S17 長得又高又美麗，是舞蹈高手，本是臺前的一顆閃亮的星，可是她卻對音控、道具、化妝特別有興趣。透過訪問，他們的回答可以滿足本研究條件來支持理論建構。

　　研究者：這次在舞臺劇教導的多媒體課程，你學到什麼？

　　S18　：我學到如何設計造型、簡單的東西可以變成創意道具。

S19 ：我學到音效的製作、如何化妝、設計布景、道具。

S17 ：我學到如何運用一些道具，就可以有雙舞臺的表演方式，很新奇。

S2 ：我學到編劇時，老師說腦中要浮現道具、場景、演員造型的樣子，才能將劇情編好。

研究者：這次舞臺劇你比較喜歡哪種演出形式？

S18 ：我比較喜歡雙舞臺第二種演法，跑到別人的世界，體驗不同的人生，很好玩。

S19 ：我都喜歡，因為演法不一樣。

S17 ：雙舞臺要練習很多次，別人才看得懂，但比較有挑戰性。

S2 ：我覺得雙舞臺的劇本很長，應該劇情較豐富。

研究者：在這次舞臺劇，你如何揣摩胖哥和妹妹什麼都不會的心情？

S18 ：媽媽很喜歡拿我跟別的孩子比較，讓我很不舒服，會覺得自己一無是處，所以我很能體會他們的心情。

S19 ：想到低年級，大家都只喜歡考試很棒的同學，都不理我。

S17 ：當自己做事被批評時，心裡很不舒服，就很難過。

S2 ：我常常什麼事也不會作，應該不會怎麼樣。

研究者：在參與這次舞臺劇，你覺得自己特別的地方在哪裡？是誰告訴你？

S18 ：我很喜歡當導演，是老師告訴我的。

S19 ：我超愛演戲，是自己發現。

S17 ：我很喜歡幫同學化妝，是自己發現。

S2 ：我喜歡編劇，同學有告訴我，我也有發現。

研究者：演完《你很特別》，你學到什麼？

S18 ：不要理會別人看你的眼光，只要肯定自己，就沒人可以改變你的心。

S19 ：在這世上，每個人都是獨一無二，所以不管長怎樣，都是自己最特別的地方，不用去在意別人的想法。

S17 ：永遠不用管別人說什麼，只要作自己就好。

S2　　　：我應該要學習露西亞，不在乎別人，可是我卻不知道該怎麼做？

研究者：演完《愛你本來的樣子》，你學到什麼？

S18　　：我學到有沒有才藝不重要，只要有善良的心就好了。

S19　　：只要願意付出時間陪伴一個人，就能讓你在別人心中產生好感。

S17　　：人不能只看表面，要看內心，還要多關心陪伴家人。

S2　　　：每個人都有優點，不用改變，因為本來的樣子就是最棒的。

　　下課時跟學生聊天，他們很希望將這次舞臺劇學到的演出的方式，跟低年級的學弟妹分享。所以我邀請一、二年級各一班，讓班上 8 位想要表演的學生利用晨光時間在圓形廣場演出《愛你本來的樣子》創意改編的故事。他們事先準備糖果和問題，所以當天小觀眾非常捧場，笑聲不斷。主持人先請一位自願演戲的小朋友，帶到後面穿馬的劇服。劇情一開始大哥說的冷笑話，實在不好笑，可是他們卻笑得很誇張；二姐用扇子表演武術，他們也驚訝連連；三姐拿出蒙娜麗沙複製畫，說是她畫的，居然有一位小朋友大叫好漂亮，老師都快笑翻了；四姐唱《喜羊羊》卡通歌時，全體小朋友跟著一起唱，好像開演唱會，場面真熱鬧！等到演到國王要牽一匹馬出場，全場轟動，因為那位小朋友演馬，大家笑得樂不可支！演到國王告訴妹妹我就是愛妳本來的樣子那一幕時，放溫馨的音樂，有的小朋友都快哭了！演完後，主持人進行問題搶答，並安排他和演員握手、照相，結束這令人難忘的舞臺劇表演。回到教室，S19覺得和他們握手，感覺自己好像大明星。S7說他們笑點好低，所以就表演的更有勁。S15說我很緊張，所以有講錯臺詞。S13說我的妝化好濃，真不習慣！S22說好想再演一次給她們看，好有趣！S26說穿劇服演戲，可以融入劇情，感覺他們好像很崇拜我們，一直牽我的手。S18 希望他們看得懂我們要演的戲，可以發揮自己的長處。

　　以下就是他們花兩個午休時間練習舞臺劇的劇本：

第一幕：

（背景音樂第七首）

大哥：大家好！我是大哥，我最會說笑話，從前有兩個人，一個叫嘻嘻，一個叫哈哈，有一天哈哈死了，嘻嘻就對他說，哈哈你死了！

二姐：大家好！我是二姐，你猜這扇子是拿來做什麼用的？搧風？No！No！No！把妹？No！No！No！其實是……（打武術拳）

三姐：大家好！我是三姐，你猜猜看這世界上最有名的蒙娜麗莎，是誰畫的？沒錯就是我！我可是鼎鼎有名的大畫家，你們想要我的畫，可要排隊五小時才買得到。

四姐：大家好！我是四姐，我最會唱歌，（開始唱《喜羊羊》的歌）

妹妹：大家好！我是妹妹，我什麼都不會！

（大家在他背後比遜的動作，只有四姐阻止他們）

第二幕：

（兄弟姊妹分別在左右舞臺玩剪刀石頭布）

（背景音樂第六首）

士兵：聖旨到！（大家趕快圍過來看）國王有令！他要收養小孩，請大家明天到廣場集合。

大哥：國王一定會選我，因為我會說笑話給他聽，逗他開心。

二姐：國王一定選我，因為我可以幫他打敗壞人！

三姐：國王一定會選我，我可以幫他畫美美的自畫像。

四姐：我希望國王一定選我，因為我可以唱歌給他聽。

妹妹：國王一定不會選我，因為我什麼都不會！

大哥：我要趕快練習才藝，國王快來了！

二姐：是啊！沒時間不跟你們說話了！

三姐：我可要趕快去畫一張天堂的畫，送給國王。

四姐：妹妹，不要難過！你趕快去學一樣才藝吧！

第三幕：

（大家都在練習才藝）

（背景音樂第七首）

妹妹：有了！我知道了！我去請大家教我！說不定就可以作國王
　　　的小孩。

大哥，教我說笑話。

大哥：走開！你沒看到我在忙嗎？

妹妹：二姐！教我打拳！

二姐：快閃一邊！免得被我打到。

妹妹：三姐！教我畫畫！

三姐：沒空！快走！你擋到我的風景了！

妹妹：四姐對我最好！她一定會教我唱歌！

（可惜四姐唱得太投入了！所以沒聽到！）

第四幕：

國王：走了這麼累！好渴！

妹妹：這位先生，你一定很累！要不要喝水？我幫你餵馬。

國王：謝謝妳！我先休息一下！

（妹妹一直看著國王）

國王：（醒來嚇一跳）妳怎麼一直看著我？

妹妹：因為我覺得你是好人。

國王：謝謝！我先去城裡找人，等下再來找妳喔！

（不一會兒國王回來了！）

國王：我找的人都很忙。沒空理我。

妹妹：難道你是國王？我可以當你的小孩嗎？可是我什麼都不會。

國王：當然可以，妳給我妳的心，妳的時間，我就是愛妳本來的
　　　樣子。

（背景音樂第十首）

演出前先彩排，我們是最棒的演員。

國王告訴妹妹，我就是愛妳本來的樣子。

謝幕時，大家掌聲非常熱烈！

我們是主持人，負責問問題給獎品。

和二年級粉絲合照。

和一年級粉絲合照。

圖 4-4-5　班上學生在晨光時間表演《愛你本來的樣子》
給一、二年級學弟妹欣賞

　　創意圖畫書結合舞臺劇的教學結束後，我的整體觀察是：看到大家
的後測問卷，都填喜歡舞臺劇，表示這種戲劇的表現方式，很吸引學生；
尤其化上舞臺妝，穿上劇服，在臺上演戲，扮演另外一個角色，對他們
是很新奇的表演方式。透過這種分工合作的方式，學生也會發現自己的

興趣，不一定每個人都適合當演員，有的學生很喜歡幕後工作，如編劇、化妝、道具製作或導戲，大家不僅學會彼此尊重，也更了解自己的專長，這很符合這兩本圖畫書所要傳達的精神。舞臺劇教學老師不需要費很多力，因為在高年級的表演藝術課，書商有提供一系列的教學光碟，內容有教導學生認識舞臺劇、表演技巧，以及一些兒童劇團演的精采好戲。只要激發學生的興趣，讓學生運用在圖畫書學的閱讀理解概念，再加以改編為劇本，上臺粉墨登場，相信學生的回饋會讓我們這些身為第一線教學者有很大的成就感，是一種可以值得推廣的閱讀表演藝術教學模式。

第五章　創意廣播劇化的圖畫書教學

第一節　圖畫書教學與廣播劇結合的創意向度

一、廣播劇啟發兒童的創意

（一）廣播劇的特性

　　所謂廣播劇，是指創作意識清楚以廣播為媒材、經由播演員透過聲音所演出的劇作；排除戲曲與舞臺劇的轉播節目，與以戲劇對話方式進行的廣告或宣導性的節目。（陳韻文，1995：12）廣播劇因為沒有舞臺，也沒有螢幕，所以任何有關「形象表現」、「畫面表現」的，如服裝、布景、動作、色彩、光線、位置的演出，都無法利用。唯一的工具和特性就是「聲音」。如果說廣播劇是一座房屋，那麼人物就是房屋的樑柱，故事便是構架，主題則是這座房屋的用途。而廣播劇這座房屋的地基，就是「聲音表現」了。於是你刻畫劇中人物的性格，靠他們的言語和對話；你描繪一種氣氛，靠音樂的襯托；你介紹劇中人的動作，靠效果的運用，言語、對話、音樂、效果，都是聲音。從開始到劇終，除了聲音表現之外，就別無其他任何憑藉了。廣播劇演員的想像力要特別豐富，人的七情六欲、喜怒哀樂……都要在他的一條聲帶振動出來，對著麥克風，拿著廣播劇本演播，是廣播劇演員特殊演出法，比較影、劇、電視演員表現更困難，因為他們沒有任何形象去幫助他。（姜龍昭，1183：253）因此，學生為了要演出一齣精采的廣播劇，將會在言語、對話、音樂、效果聲音上表現更多情感和美感。

1.言語和對話

　　劇中人物的言語和對話，需要聲音用技巧來表達，並且以戲劇聲音訓練中的「聲音表情」做的基礎練習，培養情緒、精神集中、想像豐富、生活體驗、人物心理、性格、關係……都是一個廣播劇演員應該習慣的。崔小萍在《表演藝術與方法》特別寫了十八個例句，題示演員如何把握聲的急、緩、快、慢、強、弱，以何種語調表現何種劇詞。初學者先練習如何說出來，等有了基礎，再揣摩每一段劇詞的原因；等有了心理過程，就會說得像真有其事了。（崔小萍，2008：59-133）為了能讓學生很快抓住要領，可以印其中十個適合學生練習的例句，並指導他們用聲音來表達內心的感情，才能達到審美要求。由於每個學生聲音的美是不同的，又受到天賦優劣條件的限制，所以只要鼓勵學生能勇敢的鍛鍊多種聲音，有時化身媽媽、老師、老闆……等長輩的角色，有時可忽男忽女，同一人分飾同學、兄弟姊妹多種角色；運用創意將自己不同角色的臺詞，配合劇情，想像場景，發音清楚，讓聲音多變化，可以很適切的表達劇中人物的個性與心情，使一齣廣播劇會因為不同人參與演出，而讓聽眾可以聽到不同的表演效果。這就是廣播劇能啟發學生的原因；並運用創意將自己的聲音表情表達出來，才能呈現最好的演出效果。

2.音樂

　　音樂在廣播劇稱為橋樂，是場與場的間隔與連接，也是戲劇動作的前奏，或氣氛的烘托。一個廣播劇的導演，音樂知識不一定要非常豐富，但需要明白每一段音樂所表示的情感，以便在劇本內容中分別運用。由於上一章舞臺劇已經談過指導學生在戲劇的演出時如何運用配樂和音樂，所以他們對用電腦如何製作配樂與音樂已有一定的程度，但是要將音樂使用在場與場的連接，就需要多加練習，才不會讓聽眾覺得像是在聽一個多幕的舞臺劇。（姜龍昭，1983：265-266）因此，可以請他們練習在學校晨光、午餐、放學時間，或在家、別的場所所聽到的歌曲，都可以聯想這些音樂適合在那個場景出現。由於每一個學生聽到音樂，有

不同的感受力，也會聯想到不同的場景，當然會帶給聽眾有不一樣的聽覺饗宴。

3.聲效

　　聲音效果可以單獨表現一個場面，一種情感，或是人物的特殊心理。當我們收聽廣播劇，時常聽到劇中人們緩急的腳步聲，關開的門窗聲，以及汽車發動、狂風暴雨、雷電交加……等種種生活化的聲音，在日常生活中，我們已經習以為常，但在廣播劇，都要把這些聲音「意識的運用」「意識的再創造」使劇情與人物相互配合協調到恰到好處，所以負責製作效果的人員，一定得有豐富的想像力和創造力。請學生平時研究「何種」聲音像「什麼」聲音，手、腳、口、鼻都可作效果的工具，無論是敲打、摩擦、走、摔、跑……經他選「做」出來的聲音，必須「聽」起來「像真」，才能達到任務。否則聲音只是聲音，沒有情感，那就會與劇情脫節，而破壞聽眾的想像，變成了「雜音」。在廣播劇中，不能發生某一種作用的聲音，便是雜音。相信學生為了讓各種效果聲配在一起「像真」，將會大大的激發他們的藝術創造動力。（崔小萍，2008：62-63）

（二）廣播劇的導演

　　廣播劇的「導演」與舞臺劇的導演一樣，照字面上解釋都是「指導創作」。舉凡選劇本、設計角色（聲音）、設計音效、設計背景配樂、聲音排演、麥克風彩排、正式錄音及對各種聲音的要求等工作，都包括在內。簡單的說，「導演」就是專指訓練播演員的聲音、聲調、彩排，製作一齣完整的廣播劇，將廣播劇呈現「藝術化」的工作。但是課堂上無法花這麼多時間訓練學生，只得將重點放在學生劇本創作、聲音排演、設計音樂、聲效。可以請導演排演時向學校借錄音筆錄音或用錄音機錄音，發現缺點，再予以改進。正式演出時，則由學生協助錄影，因為錄影就有錄音的效果，將可呈現廣播劇的精神。

二、劇本的來源：圖畫書

　　廣播劇屬於聽覺藝術。劇情人物的外形、動作都要靠聽視轉移、表象聯想引發的想像在腦中浮現。和其他戲劇相同的地方，就是必須要有一個主題，有一個故事，還得有許多人物；有人物的性格、有人物與人物間的關係、衝突、高潮……因此，綜合以上兩點，季高德主張，廣播劇的劇本劇情越簡單越好；簡單的故事，聽眾聽起來易懂。因為聽眾在收聽廣播劇時，免不了會被一些瑣事所打擾，要是劇情過於複雜，只要忽略其中一個小細節或重要對話，有時劇情就會接不上。（姜龍昭，1983：252）而圖畫書正好符合簡單的故事，它可以讓學生根據累積的生活素材和所要表達的思想進行戲劇構思；也就是設計人物關係、組織戲劇情節和安排場景都有開端、發展、高潮、結局。有的圖畫書還可以呈現序幕和尾聲。在這種情況下，圖畫書廣播劇化的教學，它的創意就顯現在廣播劇本身的聲情美的特性，只要利用這項特性，就可以豐富圖畫書的教學。

　　總括來說，選擇適合的圖畫書，編織創意的故事，提取感人的細節，精配音樂音響，認真錄製，這就是廣播劇藝術的優勢和它獨特的聲音的審美特徵所在。

第二節　單一圖畫書改編為廣播劇的聲情美教學

一、聲音表情的練習

　　表演藝術是造型藝術，如何使所造的型，與聲音的型合而為一，是學表演的人必須研習的重要課程。廣播劇它除了一切聲響的播，所附帶的條件比舞臺劇少，但困難的是只能單憑唯一聲響條件，去表現人生百態和人生舞臺，除了聲音和擴音設備，沒有其他「形象」能使聽眾看到。所以老師必須教導學生如何在一齣劇中，設計演員說話的「聲調」，

使聽眾「聞其聲如見其人」。說話有特徵的角色比較容易表現，例如沙啞的、低沈的、氣喘的、尖銳的衰弱的、口吃的。沒有其他特徵聲音正常的人，很難演播且不易討好。這就像舞臺特殊人物，非正派人物較容易表演一樣。因此，在排戲前，老師需先指導學生常用的生活聲音表情的例句，讓學生能很快掌握聲音的各種特色，以何種語調表現何種劇詞。

　　以下是崔小萍所提及訓練演員聲音表情時需要注意的技巧，可供為參考：

　　（一）凡是報告對屋外人或與隔離稍遠的人說話、打電話、廣播、解釋、報告，老師向學生們授課……等聲音都要慢、高、清楚。

　　（二）凡表示秘密、緊急、危險，聲音要低而急促，但發音要清楚。

　　（三）凡是斥責、爭吵，聲音提高加重，用實發音。

　　（四）凡是懇切的勸導和囑咐，多加語助詞「啊」、「呢」。

　　（五）凡表示厭惡、輕蔑、不耐煩，字音拉長、變慢。

　　（六）凡重述人家的話，或是在說話中，要唸什麼文章片段，字、句都要慢，且要特別清楚。

　　（七）凡是哭或笑著說話，要運用呼吸，在含混不清中，臺詞字句要清楚。

　　（八）凡是口吃、恭維、低聲，或是對比自己位高的人講話，都須用氣音。

　　（九）凡是諷刺，說反面的話，語調慢，聲音高。

　　（十）凡是表示狂喜、歡呼，要氣足，運用呼吸。

　　經過這些聲音表情的技巧練習，學生要從劇詞中了解故事、人物心理、情感及當時狀況，經過研究設計後把它們說出來，使這些話充滿生命的力量。做一個演員，任何類型人物的話都應該用方法，把它們自然的、口語化的說出來該注意的是說，而不是唸、背誦，聽眾才能很快融入劇中人物的生活情境。（崔小萍，2008：60-137）

二、場與場的連接

（一）運用效果來接場

現在網路很方便，有很多網站可供網友提供下載各式音效，內容包括動物、自然、家庭、人、槍砲、警報、碎玻璃、神奇、懸疑、樂器、機器、交通……等特殊音效，可請電腦老師指導學生上網下載適合劇情的音效。

（二）運用對話來接場

第一場結束後，再用兩句相連的話，就可以將場次連接，這是廣播劇很常用的方法。

（三）運用音樂來接場

音樂是連接場次的一項重要工具，無論你怎麼將前後場連接起來，音樂總是在廣播劇不可或缺的工具。

為了能讓學生在課堂上很容易運用以上三項原則，將廣播劇的聲情美的特色（聲音、音樂、音效）表現出來，讓戲劇更有可聽性，進而編導演出一齣精采的廣播劇。這將以我服務的學校箱書具有上述條件很適合作廣播劇改編的圖畫書進行以下教學活動，表演時只要準備幾張桌椅，錄音機或錄音筆，並請學生錄影，防止因為機器的關係，而發生沒有錄到聲音的情形。音樂與音效仍然是以豆子劇團出的豆豆故事劇場 CD 的音樂為主，再搭配一些流行歌曲；並請電腦老師上課時教學生上網找適合的音效，和製作配樂，才能搭配劇情適時播放，讓音樂和音效發揮最大效用。

表 5-2-1　單一圖畫書改編為廣播劇的聲情美教學

書名	議題	廣播劇的聲情美教學
《桂花雨》的《母親》	親子	（一）內容 　　作者長大後每次把家事搞得一團糟，就會想起母親說的話，於是開始回憶母親的智慧、勤勞、手藝、教導、對父親的愛、宗教信仰……的美德以及她曾經唱過的歌、唸過的詞，讓作者對母親的愛深深懷念不已。 （二）創意故事改編 　　請學生回憶做什麼事，會想起影響他很深的一個人所說的話，並回想那個人的智慧、勤勞、手藝、教導、對他付出的愛……的美德，讓學生可以更深感受別人對他的愛。 （三）聲音表情的教學 　　先將故事中作者和母親對話，或母親說過的話，讓學生根據角色的個性、年紀、說話的語調，再運用聲音表情的十個原則，將書中所要傳遞的美感表現出來。 （四）音樂 　　將會以電影周杰倫演的《不可能的秘密》，主題曲《蒲公英的約定》當串場音樂，這首歌很能帶出主角回憶過去的心情；至於其他背景音樂配樂，可由學生自己找適合劇情的音樂或從豆豆故事劇場出版專用背景音樂來擷取，都可以豐富廣播劇的劇情，並提供聽眾更多的想像空間。 （五）音效 　　學生可從音效網站找適合的音效或自己運用材料、身體部位創意發聲。
《最炫的巨人》	分享	一、內容 　　喬治是一個邋遢的大巨人。有一天城裡開了一家專賣大尺碼的服飾店，他買了最炫的一套新的行頭。於是他開心的走在路上邊走邊唱：「快來看，我是城

<table>
<tr>
<td></td>
<td></td>
<td>裡最炫的巨人。」但是在他回家的路上卻遇到許多急需幫助的小動物，喬治將身上的行頭一樣一樣的脫下來，幫助這些小動物，最後這些動物送了一張大卡片，感謝他的善行。

（二）創意故事改編

　　請學生可以找身邊有哪些人願意將擁有的東西，如：知識、錢財、衣服、美食……等，不需要任何回報和他們分享，將分享的過程，以及最後該送什麼禮物回報恩情，都可以讓學生學習用無形和有形的禮物表達他們深深的謝意。

二、聲音表情的教學

　　先將故事中喬治和小動物的對話，以及唱的歌，讓學生根據角色的個性、年紀、說話的語調，再運用聲音表情的十個原則，將書中所要傳遞的美感表現出來。

三、音樂

　　可由學生自己找適合劇情的音樂或從豆豆故事劇場出版專用背景音樂來擷取，都可以豐富廣播劇的劇情，並提供聽眾更多的想像空間。

四、音效

　　學生可從音效網站找適合的音效或自己運用材料、身體部位創意發聲。</td>
</tr>
</table>

　　像這類廣播劇，我會先用《桂花雨》圖畫書進行單一圖畫書廣播劇聲情美教學，並作好課程計畫，以所任教學校六年級三十一位學生為施教對象。設定教學目標，設計一系列教學活動並編寫教學流程，利用四節課的時間實施教學活動，以本班教室為演出的場所。在實際教學前需替學生做前測，明白他們對圖畫書內容和廣播劇的特色聲情美的了解程度，作為教學參考的依據。

　　在進行教學時，我會先放豆豆故事劇場《彩色巫婆》CD 給學生聽，和他們討論廣播劇的特色，引起他們的興趣，並告訴他們廣播劇倘若在舞臺上正式演出，就是故事劇場的形式。接著發下崔小萍訓練演員聲音

表情時需要注意的十個技巧，並應用在《桂花雨》的〈母親〉一文中，讓每位學生能透過練習，在表現劇中角色有關喜怒哀樂情感時，都必須呈現聲音的美感。

接著討論圖畫書內容，教師可以藉由師生問答、繪製故事結構圖等多元方式，對文本中需要學生更深入理解的內容進行思考辯論，讓他們在彼此互動的關係中充分的發揮想像、表達思想；在實作中學習，以期使學習者獲得美感經驗，增進智能與生活技能，對母親、家人的愛有更深一層的認識與體認，進而願意付出更多時間和愛的言語、行為去關心身邊的人。

用抽籤方式將學生分成四組，根據故事結構圖用製造差異或無中生有的創意選擇可訓練機智、臨場觀察與想像力的「即興創作」；撰寫和母親或主要照顧者的對話，配合母親節時，可以放給他們的母親聽，會讓這次圖畫書戲劇教學更有意義。要將圖畫書內容改編成廣播劇的形式，在對話寫作部分，得請學生特別注意以下五點：

（一）口語化

劇中人物的臺詞要合於日常生活的對話，並能夠充分表現他們的性格和身分，學生要知道自己的作品是否口語化，要將自己的作品大聲唸出來，或請同學唸，人人都滿意，自然聽眾也會滿意。

（二）對話的解釋性

第一種是「稱呼」，尤其是同一場有三個人物同時說話，不停的互相稱呼可能更有必要，否則聽眾有時就不知道劇中人是在對誰說話了。

第二種儘量不用代名詞，不然聽眾會分不清楚「他」和「她」。

第三種是說明劇中人物和狀態的。如「你怎麼一早起來，頭沒梳、臉沒洗、牙沒刷，就穿個皺巴巴的衣服到學校！」讓聽眾能想像劇中人物出場的模樣。

（三）對話的交替原則

　　廣播劇基於「聽音表現」、「易於分辨」的要求，如果兩位男學生聲音極為相似，最好在他們中間穿插一個女生，使對話次序，成為「男聲─女聲─男聲」，聽眾就比較容易分辨了。

（四）自白

　　廣播劇自白的範圍很廣，例如描寫劇中人的日記、回憶、思想和唸讀書信時，都可以採用。

（五）報幕

　　可以銜接和說明劇情，也可以減少人物。（姜龍昭，1983：267-273）

　　正式演出時，限定每組演出時間是 5～7 分鐘，音樂與音效則利用電腦課完成；部分音效也可以現場由學生用手、腳、口、鼻以及一些材料，發揮想像力和創意製造出來。如腳步聲、用篩子搖綠豆會有下雨的聲音、輕輕搓捏一小塊玻璃紙，聽起來就像火中的比比剝剝爆裂聲……等。當學生在舞臺上盡情用各種聲音詮釋演出時，其他同學在臺下也會看到臺上演員手忙腳亂的情形，進而感受廣播劇各種聲音的魅力和特色。

　　在表演時間結束後，教師可以請擔任觀眾的學生進行同儕評量與回饋，也可請演出的學生進行自我評量，互相給予讚美鼓勵，或是提供良好的建議；老師要給學生一些口頭建議和鼓勵，期勉學生能多用聲音這個上天賜給他們最好的禮物，能隨時對所愛的家人說一些好話和愛的語言，讓這個世界變得更美好。

　　整個課程結束後，教師需請學生回家閱讀圖畫書《最炫的巨人》，並在閱讀筆記上畫出結構圖，以及針對書中的內容出十個問題。不僅學生可事先思考，在上課時也很容易找到書中的重點來討論；再透過戲劇的媒介，參與者和領導者才能很快以「劇中人物」或「一般討論者」的身分在戲劇的情境內外出現，讓學生很快能融入這次圖畫書戲劇教學。

第三節　非單一圖畫書改編為廣播劇的聲情美教學

一、多重聲音表情的變化

　　六年級學生青春期的心理變化有：獨立意向及求知慾強、心理會出現反叛情緒，想擺脫父母、老師的監管；在學校喜歡結交夥伴成為小群體，情緒多變不穩定但思想單純；社會經驗不足，易受周圍環境的影響，特別需要正確的指導和教育。在這時候，他們很在意朋友的眼光，較不易感受老師所付出的辛勞和愛的叮嚀。另外，在公眾場合的肢體表演，有些同學開始變得害羞，會扭扭捏捏，整體表現會大打折扣。因此，可以先放映電影《春風化雨》。這部片是描述美國的一所保守封閉的寄宿高中，1959 年基廷老師回到母校任教，告訴學生要「把握每一天，享受人生」，他勇於突破的教學方式，使學生能突破窠臼走出傳統；除了啟發學生的思想與創意，更積極擴展學生對於生活的體驗與熱愛。《春風化雨》裡的師生情誼，搭配悠揚的音樂，更能凸顯片中所強調的積極生活態度。讓學生看完影片後，透過一些對電影劇情的討論，引起他們想要去探究老師的一些特別的習性、教法。再藉由《桂花雨》、《最炫的巨人》這兩本圖畫書的引導教學，請他們利用上課時間觀察導師、科任老師說話的語調、常說哪些口頭禪、發人深省的話、或曾經上過哪些難忘的課程，才有題材編出一齣有歡笑、淚水交織的廣播劇。這時透過廣播劇的教學，不用誇張的肢體表演，單純學會用聲音表情表達情緒，以及能聽懂別人說話時所要傳達真正的意思，才不會表錯情、會錯意，和老師、同學也會有更和諧的溝通和關係。在畢業前倘若能舉行一次感恩親師的活動，演出廣播劇，相信會讓彼此留下一次美好的師生回憶。

　　因為學生已經有單一圖畫書改編為廣播劇用聲音表情表現戲劇的美感的經驗，在非單一圖畫書改編為廣播劇的聲情美教學，不僅要讓學生挑戰更多種聲音表情的變化，也要在劇本創作的角色對話、音效、音樂能多一些聲音的呈現，才能展現學生無中生有和製造差異的創意。

　　非單一圖畫書為了能改編成廣播劇的劇本，可將兩本圖畫書組合。以我為例，將選學校班書《桂花雨》、《最炫的巨人》的組合當例子，因為廣播劇和故事劇場的劇本，都是屬於敘述性表演方式。在教學時，先示範用《桂》的故事當主要劇情，並以《最》的故事當結局。兩本書結合的劇本，可以引導學生可以成他們長大後，因為遇到一些事或看到一些東西，開始回憶起小學的一位老師，在上課時對他們的付出與教導；最後想要再去探望老師並送他禮物，表達謝意。或以《最》的故事當前言介紹，而將《桂》的故事結構當主要故事寫成的劇本，再請學生可以根據結構描述一位老師由於無私的奉獻，在學校深受學生的喜愛，常常收到他們送的禮物；其中一份最難忘的禮物，就是……這時可以透過老師的觀點，來敘述和學生相處的點點滴滴，有教導、挫折、衝突、鼓勵，就是一齣很精采的廣播劇。並請學生根據劇情，讓每一個演員出場時，都能用音色、音調、語氣、情緒，將角色的個性表現出來，學生為了能讓聽眾有很高的聽覺享受，一定會激發出最大的創意，產生新的效果。因為劇本內容很豐富，表演也會非常精采。

　　以下是《桂花雨》和《最炫的巨人》兩本圖畫書改編為廣播劇的聲情美教學示範：

（一）老師示範用《桂》的故事當主要劇情，並以《最》的故事當結局：

旁白：小春在廚房煮菜，沒想到一不小心，菜打翻了，（碗盤掉地的聲音）她在廚房看著打翻的菜懊惱不已，這時耳邊突然想起母親說的話。

母親：小春，別懊惱，誰都會有這種可笑的情形。別盡著埋怨自己，試試看，不要緊，再來過。

小春：（對著天大喊）媽媽如果你現在還在世的話，我們將是最最知心的朋友啊！

旁白：小春看著外面天氣，想起以前和母親相處的快樂歲月，記得三十年前，她還是綁著麻花辮，很喜歡往外跑的小女孩。

母親：小春，別往外跑！天氣要變天了！你瞧瞧外面要下大雨了！（背景音樂15首）

小春：我不相信！我要去玩！

母親：小孩子不懂事！聽老祖宗說的話，準沒錯！天上雲黃，大水滿池塘，靠晚雲黃，沒水煎糖。

小春：真的耶！老天爺要哭泣了！老祖宗好聰明！

母親：好了！小春別顧著玩！趕快吃早餐！

小春：我只要吃一口就飽了！

母親：胡說！要飽早上飽，要好祖上好！趕快吃！

（門鈴聲）

母親：阿雯，什麼風把妳吹來？

阿雯：阿姐，妳知道巷口那位大嬸以前做過什麼壞事嗎？

母親：我記性最壞了！阿雯聽阿姐一句話，別管有沒有，一個人如不說好話，不做正當事，心裡自會不平安，臨終之時，就到不了西方極樂世界。

阿雯：阿姐，我以後會聽妳的話，不再嚼舌根了！那我就先回去了！（關門聲）

小春：（邊吃飯邊說）媽媽，妳們在說什麼？阿雯姐姐好聽妳的話，一直點頭。

母親：小春長大要記得不可以說人家的壞話。

小春：我知道！我會聽妳的話！咦！媽媽妳從前的手是不是好細好白，是一雙有福氣的玉手。

母親：（嘆氣的）什麼叫有福氣？莊稼人就靠勤儉，靠一雙玉手又有什麼用？

小春：媽媽，嬸嬸說妳的手沒有從前細了，裂口會把繡花絲線勾得毛毛的，繡出來的梅花喜鵲、麒麟送子，都沒有從前漂亮了。

母親：（不服氣）哪裡？上回給妳爸爸寄到北平去的那雙繡龍鳳的拖鞋面，不是一樣又光亮又新鮮？妳爸爸來信不是說很喜歡嗎？

小春：媽！那我要妳用那粗粗的手抱我唱歌。

母親：（抱住小春）妳真撒嬌！（媽媽唱）孩兒孩兒經，親生孩兒有套經，抱在懷中親又親。（親吻聲）輕輕手兒放上床，輕輕腳兒下踏凳，輕輕手兒關房門。門外何人高聲喊，搖搖手請莫高聲。只怕孩兒受驚哭，只愁孩兒睡不沉。

旁白：小春回想起媽媽溫暖的懷抱，和清柔的歌聲，眼睛充滿了淚水，她決定要將這份媽媽的愛當作禮物，送給自己兩個寶貝，讓他們也能感受阿媽留下來最真誠的愛。（放阿媽的話臺語歌）

（二）老師示範用《最》的故事當前言介紹，而將《桂》的故事結構當主要故事：

旁白：喬治是一個邋遢的大巨人。有一天城裡開了一家專賣大尺碼的服飾店，他買了最炫的一套新的行頭。於是他開心的走在路上邊走邊唱：「快來看，我是城裡最炫的巨人。」但是在他回家的路上卻遇到許多急需幫助的小動物，喬治將身上的行頭一樣一樣的脫下來，幫助這些小動物，最後這些動物合送了一張大卡片，感謝他的善行，今天他拿出了這張大卡片，開始回想起……

（背景音樂第十四首）

長頸鹿：我的脖子好冷！（大聲哭泣）真希望我有一條又長又溫暖的圍巾。

巨人：別哭！反正這條領帶和我的襪子也不搭，送給你！

長頸鹿：謝謝！你人真好，我可以叫你爸爸嗎？

巨人：沒問題！多一個孩子，我也不會孤單！

巨、鹿：（一起唱）我的領帶是長頸鹿的圍巾，我們可是鎮上最好的父子。

（背景音樂第八首）

長頸鹿：爸爸，前面有一大片草原，我想去那裡玩？

巨人：可是那裡有很多老虎、獅子，還是小心一點吧！

長頸鹿：我不管！你不是我的爸爸嗎？陪我去！

巨人：好吧！

（快樂的跑步聲）

長頸鹿：啊！（大聲尖叫）爸爸你看！草地上都是死掉的兔子，
　　　　　我們快走吧！

（帶著喘氣害怕的跑步聲）

長頸鹿：爸爸！我以後都會聽你的話，不會到處亂跑了！

巨人：（抱著長頸鹿）乖孩子，你真聽話。

長頸鹿：爸爸，我累了！我好想睡覺！你唱歌給我聽，好嗎？

巨人：好啊！（唱搖籃曲）乖乖睡！

（背景音樂第十四首）

旁白：巨人看完卡片，眼眶充滿著淚水，這隻小長頸鹿因為長得
　　　　又高又壯，所以回到森林裡去，和家人、同伴一起生活，
　　　　但是巨人卻永遠會記住他抱著這個可愛的兒子，開心的唱
　　　　搖籃曲的畫面。

二、教學方式

　　全班分四大組，在劇本創作方面，提醒學生可以用以上兩種創意，讓劇情更豐富；排練時，要多注意演員在聲音表情的表現，不用刻意製造太多音效，以免整齣廣播劇變得太吵雜，會失去聽覺的美感。限定每組演出時間是 5 分鐘，音樂與部分音效則利用電腦課完成。當學生在舞臺上演出時，其他同學必須在臺下安靜聆聽。

　　在表演時間結束後，教師可以請演出的學生進行自我評量，互相給予讚美鼓勵，或是提供良好的建議；並選出各組的表演和劇本屬於哪一種創意；同時由教師歸納學生今日的表現，以及進行學生後測，評量學生學習和教師教學成效，以作為下次教學的改進和參考。

第四節　相關的教學活動設計及其實務印證

　　以我服務學校箱書運用在單一圖畫書改編為廣播劇的聲情美的教學活動設計為例，是以《桂花雨》這本圖畫書為教材，然後教學來作實務印證。

　　六年級學生正值叛逆期，對母親的苦心和期待總是覺得不耐煩，常常嫌母親很煩、愛嘮叨，總是一副愛理不理的態度，讓親子關係容易處於緊張的狀況。因此，母親非常憂心、煩惱，不曉得孩子到底在想什麼？小時候那個愛黏人、乖巧的孩子，不知道跑去哪兒？當我聽到一些家長對孩子的抱怨，或孩子對母親的埋怨，都會很希望能搭起一座親子橋樑，讓他們能一起站在這座橋上，手牽手回憶過去，述說對彼此的愛；最後他們能緊緊擁抱對方，一生一世珍惜母子的緣分。《桂花雨》這本圖畫書內容是敘述琦君在母親過世後，常常會因為身邊的一些小事，想起母親的話語、身影和那份濃濃的愛。這本書可以引導學生藉由日常生活的小事，觀察母親是怎樣的一個人，在他生命中造成多大的影響。也可以用媽媽的觀點，來看待自己與孩子相處的點點滴滴。琦君寫的文字優美動人，當文字只是靜靜躺在書本上，學生無法感受書中文字的生命力與感染力，體會到母親付出的愛很有限；但是透過廣播劇的戲劇教學，學生會在劇本創作、聲音表情、音效、音樂發揮最大的想像力和創造力。因此，本研究選擇此本圖畫書當文本與廣播劇結合。至於將它們結合的理由，詳見第一章第三節的說明。非單一圖畫書改編為廣播劇的聲情美教學，則是以《桂花雨》、《最炫的巨人》兩本圖畫書運用在教學上，進行實務印證。

表 5-4-1 單一和非單一圖畫書改編為廣播劇聲情美的教學活動設計

教學內容	《桂花雨》、《最炫的巨人》	教學者、設計者	李玉玫
教學方式	廣播劇	教學班級	六年丙班
教學時間	一百六十分鐘	教學人數	31 人
設計理念			

設計理念
1. 藉由聽豆豆故事劇場《彩色巫婆》故事 CD，來引起學生學習的動機，並對廣播劇的聲情美的呈現方式有初步的認識。
2. 運用聲音表情十大技巧，讓全班邊讀邊感受書中角色的心情。
3. 小組集體討論，激發學生創意，並能即興創作寫出劇本。
4. 學生會上網找音效或以身邊可取得的材料或運用身體的手、腳、口、鼻運用創意製造音效。
5. 學生會運用電腦程式從一首歌曲擷取部分音樂，搭配劇情適時播放。
6. 透過各組實際演出廣播劇，了解廣播劇的聲情美表現方式。

教學目標
1. 能找出圖畫書文本和圖畫所要傳達的訊息。
2. 能觀察自己和母親的互動模式，進而了解母親的愛，體會母親的辛勞，並會主動體貼母親的心意。
3. 能觀察老師上課方式，體會老師對學生無私的付出與愛。
4. 能學習廣播劇的表達方式。
5. 能將圖畫書改編成廣播劇的劇本。
6. 能學習與小組同學一起合作演出。
7. 能利用聲音表情、音效、音樂進行演出。
8. 能欣賞同學的表演，並給予鼓勵。
9. 能找出製造差異和無中生有創意的劇本和表演。

準備教材
《桂花雨》、《最炫的巨人》圖畫書 31 本、豆豆故事劇場《彩色巫婆》、《春風化雨》DVD、圖畫書的 ppt、電腦、單槍、電子白板、前、後測問卷、聲音表情技巧學習單、錄影機、錄音筆。

教學活動內容	時間	教學資源	能力指標	評量方式
一、準備活動 （一）教師 1、發下《桂花雨》、《最炫的巨人》圖畫書、前測問卷，請學生填寫。 2、將全班學生分四組，進行討論和		《桂花雨》、《最炫的巨人》圖畫書、前測		

表演。 （二）學生 　1、填寫前測問卷。 　2、預先看圖畫書，並畫結構圖，找 　　出書中重點。		問卷。	
二、發展活動 （一）活動一：討論 　1、討論什麼是以文為主體的互釋模 　　式的圖畫書？ 　　（老師說明這種模式的圖畫書、 　　《桂花雨》、《最炫的巨人》的表 　　現方式、再請學生討論圖畫書特 　　性） 　　S：《桂》的文字優美動人，將母親 　　　對作者的愛表達很深刻。 　　S：《桂》的圖只有故事中的幾個畫 　　　面，無法包括全部母親的愛。 　　S：《最》光看文字就可以知道劇情。 　　S：《最》的文字敘述很多，情節很 　　　清楚。 　　教師總結：大家都很用心觀察與閱 　　　　　　　讀，才能發現這些訊息， 　　　　　　　這種形式的特點，需要文 　　　　　　　字故事的提點，才能建構 　　　　　　　完整的圖文內容。 　2、為什麼這兩本圖畫書要和廣播劇 　　作結合？ 　　（老師播放豆豆故事劇場《彩色 　　巫婆》CD 的故事，並說明廣播劇 　　的特性，再請學生討論問題） 　　S：這兩本圖畫書有很多句子用說的 　　　會比較有感情。 　　S：《桂》一些母親說的句子，會用 　　　到一些俚語，用說的會比較生動。	30	介紹圖畫 書的 ppt、 單槍、電 腦。豆豆 故事劇場 CD。	5-3-8 能 共同討論 閱讀的內 容，並分 享心得。 能回答老 師 的 問 題，並說 出圖畫書 的特性。 能了解故 事內容以 及廣播劇 的特性。

S：《桂》母女兩人的對話，可以用聲音來表達她們的情緒。 S：《最》中小動物對巨人的求助，用撒嬌的方式唸出來，可以聽出巨人的愛心。 教師總結：是啊！這兩本圖畫書的文字優美動人，當我們用聲音表情、音效、音樂來詮釋這些對話和劇情，母親對孩子和巨人對小動物的愛又活生生出現在讀者的眼前，所以廣播劇可以豐富你們對這本圖畫書的理解，衍生對圖畫書理解的經驗。				
（二）活動二：改編劇本演出（一） 1、這本圖畫書和廣播劇如何作有創意的結合？ 　（老師發下聲音表情的10個技巧，請學生找出書中母親和女兒的對話，將對話中需要用到的技巧在書上用鉛筆輕輕標明在上面，如：聲音提高加重。並根據結構圖進行討論） S：可以將書面語改為對話，並加上音樂、音效。 S：將書中女兒想念媽媽的情節改為媽媽思念女兒，也會很感人。 S：書中情節改為自己和媽媽的對話，會更有說服力。 教師總結：這些想法有包括無中生有和製造差異的創意，所以你們只要用這些創意，改編故事書的劇情；並用廣	30	聲音表情的10個技巧學習單	5-4-2-4 能從閱讀過程中發展系統性思考。 6-4-3-1 能配合各項學習活動，撰寫演說稿、辯論稿或劇本。	能了解圖畫書和廣播劇的創意結合。 能改編劇本並揣摩劇中角色。能大方演出廣播劇，並欣賞同學的演出。

播劇的三大要素聲音、音效、音樂表現，就是最好的結合。 2、實際改編劇本演出。 　（老師講解廣播劇本要注意的三個要點） S：我的劇本是以孩子的觀點，來描寫和媽媽的對話。 旁白：小花看電視時，看到廣告介紹好吃的零食，忍不住跑去房間拿出零用錢，要去超商買一包零食一解嘴饞，這時腦海中突然跑出一個畫面，那就是⋯⋯ 　（背景音樂第八首） 媽媽：（插著腰）小花不可以買，吃零食不但不營養，而且馬上就要吃飯。 小花：（大叫）我不管！我要買！ 媽媽：給妳兩個選擇，到房間罰站，還是要把菜吃光光？ 小花：（不甘願的回答）好吧！我把菜吃光光吧！ 　（生氣扒飯的聲音） 　（回到現實，放背景音樂第八首） 小花：我在幹什麼？等下媽媽回來，看到我吃零食，肯定會罰我面壁思過，還要吃完那一大盤青菜，那豈不是虧大了！ 旁白：小花還好很快想到媽媽的教導，趕緊乖乖的將零用錢放進皮包裡。 S：我以父母的觀點，來描寫和孩子的對話。 旁白：今天晚餐擺滿了一桌豐盛的			

菜，氣氛卻很安靜，爸爸和媽媽兩人面對面吃得食不知味，這時兩人一起看著那個空位……			

（背景音樂第十四首）

小明：（滿嘴都是菜）爸爸，明天帶我去遊樂園玩！

爸爸：吃慢一點！沒問題！爸爸明天帶你去玩個過癮！

小明：那我要玩雲霄飛車、碰碰車、大怒神、還有……

媽媽：噓！小聲一點，吃飯要有氣質，飯廳都是你的聲音。

（背景音樂第十二首）

媽媽：好想念小明在家的日子，家裡多熱鬧！

爸爸：是啊！不過他去參加夏令營還有兩天就可以回來了。

媽媽：等小明回來，我一定讓他說個夠，再也不要叫他安靜。

爸爸：沒錯！有小明一起說話配飯，飯菜也特別香呢！

	20	錄影機。	5-4-2-4能從閱讀過程中發展系統性思考。	能針對前一組同學演出，提出回饋與建議。

（三）活動三：檢討成效（一）

S：我很喜歡第一組的演出，將小花擔心被媽媽罵的心情，說得很生動，不過媽媽說話語氣可以再兇一點，小花才不敢亂買零食。

S：我喜歡第二組的演出，聽完劇中人物的對話，會想到爸爸媽媽對我的愛和想念，

教師總結：這兩場演出都能表現廣播劇的聲情美，值得鼓勵！表示大家都很用心在劇本創作和演出，將這本圖畫

書所要傳達的愛,用聲音表情揣摩的很傳神,不過,你們錄音時,倘若能說慢一點、清楚一點,相信效果會更好,希望你們能將這次的聲音表情的學習運用在生活中,讓自己成為家裡的愛的天使。			
(四)活動四:改編劇本演出(二)	60	5-4-2-4 能從閱讀過程中發展系統性思考。 6-4-3-1 能配合各項學習活動,撰寫演說稿、辯論稿或劇本。	能了解圖畫書和廣播劇的創意結合。能改編劇本並揣摩劇中角色。能大
1、這兩本圖畫書和廣播劇如何作有創意的結合? (老師播放《春風化雨》DVD片段,引導學生思考對老師的想法,並發下示範的兩種劇本寫法,詳見第五章第三節) S:我很喜歡第一種寫法,先透過一些事,想到媽媽的愛,最後將愛當作禮物延續下去,我會寫長大後,透過一些東西回想老師的愛,最後帶著禮物去看老師。 S:我喜歡第二種寫法,在改編劇本時,會將自己當作老師,透過學生送的禮物去回想和學生相處的歡樂時光。 教師總結:這兩種寫法都能將師生的感情,透過廣播劇表現出來,大家可以選擇一種寫法來描述老師。 2、實際改編劇本演出。 S:我的劇本是以學生的觀點,來敘述老師的偉大與付出。 旁白:當我們離開歡樂的小學生活十五年後,有一天相約到國小找尋小時候美好的回憶。			

小虹：哇！學校變了好多喔！ 小夢：對啊！我們去逛逛！ 小虹：好！ （兩人走路聲） 小夢：看著新興國小，就想起六年級 　　　的老師。 小虹：對啊！老師在我們灰心時，總 　　　不忘安慰大家，在我們開心 　　　時，也跟大家一起笑。 小夢：老師時常為大家著想，應該要 　　　送一份禮物給老師表達我們 　　　的謝意！ 小虹：那我們去找老師吧！ （叮咚聲） 老師：看到妳們真好！ 兩人：我們來送禮物給老師，是想謝 　　　謝老師的教導及照顧！ 老師：（流淚）謝謝你們！ S：我的劇本是以老師的觀點，來敘 　　述和學生相處的點點滴滴。 旁白：老師看電視時，看到記者正在 　　　訪問到這次世界發明大展得獎 　　　人小花，她說是因為國小的自 　　　然老師激勵她，才燃起鬥志， 　　　想要成為一位發明家，仔細一 　　　看，才發現是以前教過的學 　　　生，不禁回想起…… 老師：今天大家要在課堂上畫畫，會 　　　發現這是一張神奇畫，要仔細 　　　觀察！ 小花：我發現了！晴天時就會變藍 　　　色，雨天就會變紅色，真神奇！ 老師：妳好聰明！下次作棒棒糖和 　　　冰淇淋，也會很好玩！				

小花：太棒了！老師對我們很好，我 　　　一定會努力發明，成為發明家。 老師：老師祝福妳的夢想能實現。 （五）活動五：檢討成效（二） 　　S：我很喜歡第一組演出，可以看出 　　　這個老師非常愛學生，有用聲音 　　　表現師生的感情。 　　S：我很喜歡第二組演出，這個老師 　　　一定很開心學生的夢想實現，所 　　　以說話語氣非常喜悅。 　　教師總結：這次演出都能表現老師對 　　　學生那份無私的愛，相信 　　　會是留給自己對老師最美 　　　好的回憶。	20	5-4-2-4 能從閱讀 過程中發 展系統性 思考。	能針對同 組同學演 出，提出 回饋與建 議。

　　根據前測結果，發現學生很熟悉廣播劇的呈現方式，大部分的學生是因為小時候家人常常放故事 CD 給他們聽，在耳濡目染的訓練下，他們對聽故事的接受度很高。不過他們很少嘗試用自己的聲音變換演出不同的角色，一方面男生正值變聲期，會覺得自己聲音很粗啞；一方面也不知道如何運用自己聲音的特色，表達不同角色的心情。因此他們很想學習這些聲音表情練習方法，以及配合劇情製造的音效、過場音樂，希望能演出一齣精采的廣播劇。

　　首先我先和他們討論什麼是圖畫書？S11：圖畫書就是字很少、圖很多的書。S15：圖畫書應該看圖就知道作者想要說的故事。S26：圖畫書是一種花很少時間，就能知道一些人生大道理的書。對學生而言，他們從小接觸的圖畫書都淺顯易懂，但是這本《桂花雨》是蒐集琦君散文裡面有關小時候的故事改寫成的圖畫書，所以字數很多、圖很少、文意也較難，與學生熟知的圖畫書內容有很大的不同。

　　接著播放豆豆故事劇場《彩色巫婆》CD 的故事，並說明廣播劇三大特性（聲音、音效、音樂），並和學生討論這本圖畫書為什麼要和廣播劇作結合？S31：故事內容多，很多學生抓不到重點，如果用聽故事的方式，會很容易理解故事內容。S25：小學生演媽媽的角色，聲音要裝很成

熟，可以訓練我們的聲音模仿能力。S6：這本書很感人，用聲音表現會
更吸引聽眾。

　　發下聲音表情的十個技巧學習單（詳見第五章第一節），請學生找
出母親和女兒的對話，將對話中需要用到的技巧在書上用鉛筆輕輕標明
在上面。由老師先示範唸書中的對話，請學生跟著唸，讓學生對聲音表
情有更進一步的認識。再請學生拿出事先畫好的結構圖，討論這本圖畫
書和廣播劇如何做有創意的結合？

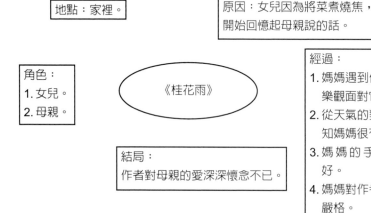

地點：家裡。

原因：女兒因為將菜煮燒焦，
開始回憶起母親說的話。

角色：
1. 女兒。
2. 母親。

《桂花雨》

結局：
作者對母親的愛深深懷念不已。

經過：
1. 媽媽遇到任何事都
　樂觀面對它。
2. 從天氣的對話，得
　知媽媽很有智慧。
3. 媽媽的手藝非常
　好。
4. 媽媽對作者教導很
　嚴格。
5. 媽媽在睡前會唱歌
　給作者聽。

圖 5-4-1　《桂花雨》圖畫書的心智圖

　　S23：可以將書中的原因、經過，以自己和媽媽的對話，編成一齣創
意的廣播劇，會比較貼近現在的小學生活。S12：我們只要不在家，媽媽
都很緊張，可以採用媽媽的觀點來編一齣親子對話廣播劇，也會很有趣。
這兩位學生的想法有包括無中生有和製造差異的創意，所以編劇時可以
將自己和母親互動情形，或試著以母親的角度來看生活中常發生的一些
小事，將自身經驗加入故事書的劇情；並用廣播劇的三大要素聲音、音
效、音樂表現，就是最好的結合。

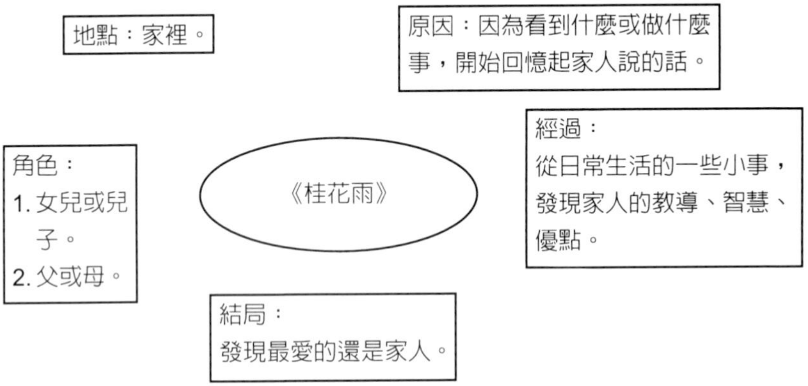

地點：家裡。

原因：因為看到什麼或做什麼
事，開始回憶起家人說的話。

經過：
從日常生活的一些小事，
發現家人的教導、智慧、
優點。

角色：
1. 女兒或兒
子。
2. 父或母。

《桂花雨》

結局：
發現最愛的還是家人。

圖 5-4-2　《桂花雨》圖畫書創意戲劇的心智圖

　　接下來，我請各組學生，根據心智圖即興創作劇本，並分配工作，有導演、音效、演員、錄音四組。導演不只要指導演員用聲音演戲，還要讓音樂、音效，都能配合戲的風格；音效組則負責整齣劇的配樂、音效；演員組則負責用聲音表情揣摩角色的心情；錄音組則負責錄音。讓每個學生都能參與整齣戲的工作。

　　　　在排練的時候，各組演員會因為有男生故意怪聲怪調的表演方式，全組笑個不停，也有的女生會生氣，因為不斷笑場。因此，他們要花比較多時間排練或培養情緒。這時，我都採不介入的態度，請導演處理演員發生的問題。

　　　　男生特別喜歡用現場的東西或身體製造音效，覺得很好玩，看到他們為了試各種聲音，出盡各種怪招，真是有趣。這也讓他們更有想像力和創意，是一次很令人印象深刻的排練經驗。（觀摘 2011.5.3）

　　選出一位主持人，按照組別順序依序演出，並在各組表演完，請臺下觀眾給予熱烈的掌聲。因為這是學生參與第一齣完整的廣播劇演出，而且演員可以坐著演戲，單純只用聲音演出，所以他們的臺風很自然。音效組要站在演員後面，適時製造效果；音樂組則在旁邊播放音樂。有

的組別演出時動作都特別輕，深怕一不小心，發出一些怪聲，就破壞了整場演出；有的演員動作大刺刺，不時發出怪聲，觀眾也看得很開心。對學生來說，這是一次很難得完全只以聲音演出的經驗。第一組主要是敘述姐弟兩人在喝雞湯時，腦海裡回想起愛煮補品的母親，雖然當時無法體會母親為什麼要花這麼多時間燉難吃的補品，但是等他們長大後才發現這些補品，其實都是她表達對子女愛的方式，也讓他們對媽媽的愛思念不已。第二組則是敘述父女三人，坐在客廳看電視時，聽到廣告歌曲，一起想起喜歡團購、蒐集各種點數、愛買新奇東西的媽媽，雖然他們剛開始都不能體會母親的好意，一直到後來慢慢認同這些東西的優點，才能體會媽媽做這些事都是為了家人，更能了解她對家人的愛。第三組則是以卡通我們這一家當背景，內容是敘述花媽回家看到三個孩子亂丟東西，將家裡弄得亂七八糟，非常生氣。這時看到牆上一張照片，想起孩子小時候幫忙做家事可愛模樣，於是想了一個妙計，讓他們主動將家裡收乾淨，又恢復花媽心中最愛的寶貝。第四組是描述對孩子分數要求很嚴格的媽媽，正坐在客廳，等著孩子回家，要和他算賬，倘若考不好，將要接受嚴厲的處罰。這時耳邊卻傳來母親溫柔的言語，讓她回想起童年時，當她考不好，父母如何安慰她、鼓勵她，所以她也決定要用這份寬容的愛面對兒子，陪伴他一起度過挫折、困難。

　　以下是四組用廣播劇的方式創作的劇本。

　　第一組：

　　　第一幕：

　　　旁白：在一家高級餐廳，已經滿頭白髮的姐弟兩人，正坐在餐廳裡享用一碗熱騰騰的十全大補雞湯，他們一邊喝著香濃可口的雞湯，一邊回想起那慈祥的母親。

　　（背景音樂第十四首）

　　　媽媽：寶寶，你回來了！趕快來喝我花了一天才燉好的轉骨方烏骨雞湯，這可是我從鄰居張媽媽家聽來的秘方，包准妳喝完會長得又高又美，身材一級棒！

寶寶：我才不要喝這看起來黑黑又噁心的怪東西，長得矮又不犯
　　　法，而且大家都說我長得迷你又可愛，才會有小不點的稱
　　　號啊！

媽媽：小不點！小不點！多難聽的綽號！小心！多叫幾次，妳就
　　　真的變哈比人，長大被人笑矮冬瓜，不要囉唆！快喝！

寶寶：不要！

媽媽：（捏寶寶的鼻子）乖乖！先不要呼吸！一下就喝完了！嘴
　　　張大一點。

寶寶：（用鼻音說話）噁！（嘔吐聲）

（開門聲）

貝貝：媽！我回來了！肚子好餓！

媽媽：貝貝，我的乖兒子，電鍋裡有剛燉好的豬腦和雞湯，趕快
　　　趁熱吃吧！

貝貝：為什麼要吃豬腦？

媽媽：你沒聽說吃腦補腦，明天要月考了！寶寶快來和貝貝一起
　　　吃豬腦，好好補你們的小腦袋瓜，明天才會有好成績。

寶寶：媽！不要再餵我們吃這些怪東西，我們又不是試驗品，長
　　　矮頭腦笨，又不是我們願意的。

貝貝：是啊！媽媽，不要聽別人胡說八道，我們會認真讀書。

媽媽：乖孩子！媽媽都是為你們好！趕快把這些補品吃完，才知
　　　道有沒有效啊！

寶、貝：（一起捏鼻子說）只此一次，下不為例！（咕嚕咕嚕喝
　　　　湯聲）

（背景音樂第六首）

姐：弟弟，不知道是不是以前我們常喝媽媽煮的什麼轉骨方超難
　　喝雞湯真的有效，所以現在才會長這麼高，我是林志玲，你
　　是一八零。

弟：姐姐，你說的沒錯！以前媽媽逼我們吃那麼臭的豬腦，害我
　　以為自己的腦袋快變豬腦袋，（發出豬叫聲）一樣不靈光，
　　還好！我們後來都大學畢業，而且有很好的工作。

姐：真的很謝謝媽媽的補品，換我下次燉給你喝。

弟：好啊！那我們一起捏鼻子把湯和豬腦喝光光。

（背景音樂第七首）

旁白：兩人繼續喝著雞湯，繼續想念那位常常煮怪怪補湯的可愛媽媽。

第二組：

第一幕：

旁白：炎熱的夏天晚上，父女三人坐在沙發上看電視，爸爸穿著汗衫，喝著冰涼的啤酒、姐姐拿著哆啦A夢的小電風扇，對著全身上下吹呀吹！而坐在一旁的妹妹正開心的一口接一口，吃著哇沙米海苔，臉上冒出一滴一滴的汗珠。這時聽到廣告歌時（唱7-11的廣告歌），三人開始不約而同看著啤酒、電風扇、海苔，也想起那出國旅遊一星期的媽媽。

（背景音樂第十四首）

媽媽：姐姐，去7-11買醬油、沙拉……記得點數要拿回來。

姐姐：為什麼要去7-11？樓下阿伯的店不就有賣這些東西。

媽媽：妳懂什麼？最近7-11不是有集30點送哆啦A夢小電風扇的活動，妳不是常喊熱？媽媽是要集點數換一個電風扇送給妳啦！

姐姐：我看是妳的集點癮的老毛病又犯了吧！

媽媽：別胡說！還不快去！

（門鈴聲）

郵差：有包裹。

妹妹：（撕包裹的聲音）媽，妳幹嘛買這麼多海苔？

媽媽：海苔不是妳的最愛？我昨天早上六點在半價好康網搶到的，趕快打開吃看看，口味很特別！

妹妹：拜託！媽！我是喜歡吃元本山海苔，是廣告原本就是山的小海苔，可不是這麼大片的海苔，而且這還是哇沙米、泡菜口味，吃一口，可會辣死我了！

媽媽：妹妹，偶而換個口味吃，也不錯啊！

妹妹：還不是媽媽自己愛吃辣，才會買這麼多超辣海苔！

媽媽：說這種話真沒良心，我可是為了妳才買的。

妹妹：好嘛！

旁白：這時廚房傳來打開罐頭的聲音和大口喝啤酒咕嚕咕嚕的聲音。

爸爸：（大聲叫）老婆！

媽媽：發生什麼事，幹嘛叫這麼大聲？

爸爸：這什麼啤酒？味道怪怪！

媽媽：這可是新出的零熱量、零酒精的啤酒。

爸爸：不過有點難喝。

媽媽：身體健康才重要吧！

爸爸：好吧！

（背景音樂第七首）

姐姐：媽媽換的這個小電風扇，吹起來還蠻舒服的。

妹妹：這個大片辣海苔，夏天吃流流汗真過癮。

爸爸：最近改喝這種啤酒，我的啤酒肚都消掉了。

姐姐：我還真想媽媽，雖然她是集點狂。

妹妹：我也是！雖然她很愛網購。

爸爸：既然我們都很想媽媽，趕快打電話給她，表達我們的思念吧！

旁白：由於媽媽出國旅行，父女三人才體會媽媽對他們的愛，是如此特別。（背景音樂第六首）

第三組：

第一幕：

旁白：花媽買完菜一進到家門口，就被橘子亂擺的鞋子絆倒，走進去客廳，又踢到柚子隨意亂丟的袋子，心裡已燃起一把怒火，一到廚房，看到梨子喝完的飲料罐丟在地上，真是氣得火冒三丈，只好坐下來喝一杯又濃又香的咖啡消消

氣，這時看到牆上掛著這三個孩子小時候，在公園玩耍全身髒兮兮相片，不禁回想起十年前的某一天早上。

（背景音樂第十三首）

橘子：媽媽帶我們去公園玩。

柚子：我要玩溜滑梯。

梨子：媽媽抱我盪鞦韆。

媽媽：乖！媽媽還要做很多家事，你們去客廳看巧連智卡通。

橘子：媽媽，我幫妳洗碗。

媽媽：妳的身材太矮，沒辦法幫我洗碗。

（搬椅子的聲音）

橘子：妳看我站在椅子上，就可以洗碗了！

媽媽：小心！不要打破碗！媽媽洗給你看，要像這樣慢慢洗。

橘子：洗碗好好玩！（碗盤碰撞的聲音）

柚子：媽媽！好無聊！我幫妳擦地板。

媽媽：好啊！來！將抹布擰乾（水聲），腳踩在抹布上擦地板，一塊一塊擦，才會乾淨。

柚子：好好玩！好像在騎滑板車，咻！咻！大家讓開！柚子超人要來了！叭！叭！叭！梨子閃開！

梨子：媽媽，我也要拖地，和哥哥一樣。

媽媽：好好好！媽媽給妳一塊和哥哥一樣的抹布，要擦乾淨喔！

梨子：梨子女超人來了！柚子超人我們一起打擊壞人！衝衝衝！

媽媽：小心！不要衝太快，會滑倒。

（砰！砰！砰！兩人相撞跌倒的聲音。）

梨、柚：好痛！（哭聲）

媽媽：乖！不哭！媽媽抱抱！

梨、柚：不痛！我們再去擦地。

媽媽：不用了！你們真的很棒！地都擦乾淨，碗也洗乾淨，媽媽帶你們去公園玩。

三人：（一起大喊）好棒！媽媽親親！媽媽愛妳喔！（唱《我們這一家》的主題曲）

（背景音樂第十三首）

媽媽：他們小時候真可愛！還會幫我做家事！怎麼長大後，這麼
　　　會亂丟東西？今天他們三個回來，我一定要叫他們把家裡
　　　收乾淨。有了！我想到一個好辦法！

旁白：媽媽把橘子的鞋子、柚子的袋子、梨子的飲料罐，放在非
　　　常明顯的地方，然後出去找朋友喝下午茶。

（背景音樂第六首）

（門鈴叮咚聲）

橘子：媽！我們回來了！啊！是誰這麼沒公德心？鞋子亂丟在地
　　　上，啊！不好意思！那個人就是我！

柚子：還不趕快擺好，不然，下次就換我跌倒了！咦！客廳怎麼
　　　那麼亂？

梨子：還不是你的袋子亂丟！

柚子：妳還說我！梨子！妳的飲料罐子喝完還不是亂丟在廚房。

梨子：我要丟垃圾桶，只是投籃不太準嘛！

橘子：好了！不要吵！我們趕快把家裡收乾淨！等下媽媽就回
　　　來了！

（門鈴叮咚聲）

媽媽：孩子們！我回來了！哇！家裡怎麼那麼乾淨！（唱《我們
　　　這一家》的主題曲）

橘子：我們很棒吧！把家裡收得這麼整齊！

媽媽：是啊！這才是我的乖孩子！來跟我一起跳！（邊唱邊跳《我
　　　們這一家》的主題曲）

第四組：

第一幕：

旁白：今天是發成績單的日子，媽媽在家坐立難安，不知道小元
　　　考得如何？如果他回來，成績單沒有全部 95 分以上，一定
　　　要大罵一頓，罰他禁足一星期，不能看電視一個月，看他
　　　下次還敢不敢考這種爛成績？我小時候的成績可是一級

棒，只有一次考試時出點小狀況，這時耳邊突然出現一個
熟悉的聲音……

（背景音樂第十五首）

媽媽：蓉蓉，來喝杯熱牛奶，已經十二點了！要趕快睡覺，明天
才會有精神。

蓉蓉：不要啦！快要考試，我要更認真讀書，才會有好成績。

媽媽：成績好不好不重要，重要的是身體要健康。

蓉蓉：好啦！我知道啦！媽！快去睡覺！明天記得叫我起床喔！

（背景音樂第十四首）

媽媽：蓉蓉回來了！趕快洗手吃飯！

蓉蓉：（大聲哭）氣死了！今天考試時，有人一直傳紙條，害我
不能專心考試，才會考這麼差！

爸爸：我的小公主，別難過！難過又不能當飯吃，去浴室洗把臉，
等下我們一起幫妳想辦法！

蓉蓉：不要吃了！氣都氣飽了！

媽媽：只要有認真讀書，媽媽和爸爸都不會怪妳，來吃飯吧！

蓉蓉：我考這種成績，你們怎麼不罵我？

爸爸：成績好又不代表什麼，反正妳就是我可愛的小公主，爸爸
愛妳都來不及了，幹嘛還罵妳呢！

蓉蓉：謝謝你們！我下次會更努力！

（背景音樂第十四首）

媽媽：回想起以前，當我考不好時，他們不但沒罵我、處罰我，
還安慰我，為什麼現在我要對小元要求這麼嚴格，他會不
會壓力太大了！等下他回來，不管考得如何，我都要好好
鼓勵他，給他信心。

（開門聲）

小元：媽媽我回來了！妳昨天很晚下班，今天一定很累吧！我等
下吃完飯幫妳洗碗、泡茶、按摩！

媽媽：小元你真貼心！是我的乖孩子！

　　小元：今天老師有發成績單，我都有達到妳的標準，等下拿給妳
　　　　　簽名。

　　媽媽：小元，不管你考幾分，媽媽都覺得你是最棒的孩子。

　　小元：媽媽妳也是全天下最棒的媽媽。

（背景音樂第八首）

　　請各組討論前一組表演的內容。這次重點是放在學生的演出，是否能以廣播劇的形式將「母愛」這個主題清楚的呈現出來，讓聽眾很容易明白每一位母親都深愛自己的孩子，只是表達的方式不同，進而更珍惜和母親相處的親子時光。十分鐘後，每組派四位同學上臺分享討論的內容。

　　參考的題目內容如下：

1. 這齣戲的內容，是否更豐富圖畫書的內容？
2. 看完這齣戲，是否能更了解親子這個議題，屬於何種創意？
3. 這齣廣播劇在聲音、音樂、音效有哪些優點，值得鼓勵？
4. 請提出建議劇中有哪些需要改進的地方？

各組分享與回饋

第一組：

　　S13：有更豐富圖畫書的內容，因為作者在書中沒有描述母親是
　　　　　否很要求她的成績，只有對她的行為管教特別嚴格。但是
　　　　　現代的媽媽其實都非常在意孩子的成績，考不好就會罵我
　　　　　們，其實她們小時候成績不見得很好，劇中的媽媽還好有
　　　　　想起小時候考不好時，父母特別的關愛，後來對孩子才不
　　　　　會要求這麼嚴格。

　　S4 ：看完這齣戲，讓我們更了解父母溫柔的對待孩子，會讓孩
　　　　　子記憶很深刻，這齣戲因為是以媽媽的觀點來看孩子和自
　　　　　己的父母，所以是無中生有的創意。

　　S29：這齣廣播劇是走溫馨感人路線，所以音樂特別會讓聽眾感
　　　　　動，剛開始旁白說話用很兇的語氣，後來回憶小時候，飾

演父母的 S18 S18 說話好老氣、語氣超溫柔，聽起來很好笑，不過我們能感受父母的愛。

S21：覺得小元和媽媽對話時，兩個聲音很相像，因為都是女聲，若是小元用男聲，聽眾比較容易分辨誰是母子。

第二組：

S6　：有更豐富圖畫書的內容，因為書中沒有描述媽媽特別做什麼補品給作者吃，但是這齣劇的媽媽卻費盡心思燉了很多補品，希望孩子長高變聰明，讓聽眾更能了解媽媽的愛和苦心。

S11：看完這齣戲，讓我們覺得媽媽做什麼事都是為我們好，不應該對媽媽嫌東嫌西，傷她的心。這齣戲因為是以孩子的觀點來看媽媽的愛，所以是製造差異的創意。

S19：這組對話很吸引聽眾，如：多叫幾次，妳就真的變哈比人，長大被人笑矮冬瓜和我是林志玲，你是一八零，還有……等，讓聽眾對這些對話印象深刻。演員現場製造的豬叫、喝湯、嘔吐聲非常誇張，非常好笑。

S30：姐弟一開始說話應該是以老人的語氣出現，才不會和後來回憶小時候的聲音一樣，聽眾才會很快融入劇情。

第三組：

S10：有更豐富圖畫書的內容，因為這齣劇的媽媽非常跟得上流行，會集點數、網購、買新產品，讓家人可以感受媽媽很特別表達愛的方式，和書中那位勤儉樸實的媽媽個性非常不同。

S15：看完這齣戲，覺得媽媽很勇於嘗試各種新東西，讓親子之間有話題可以聊，會增加生活很多樂趣。這齣戲是以孩子、父親的觀點來看媽媽的愛，所以是製造差異的創意。

S23：這齣廣播劇說得非常生動，尤其是演媽媽的 S8，雖然是男生，但是在劇中和先生說話時，故意聲音裝的很撒嬌，和

女兒說話則很威嚴，很有趣。大家一起唱 7-11 最流行的電
風扇廣告歌，感覺媽媽的個性很像小孩子。

S2 ：這組表演的很很精采，不需要任何建議。

第四組：

S8 ：花媽在卡通裡就是一位節儉、搞笑、做事天馬行空、很有
創意的媽媽，所以在劇中教導小孩的方法就和故事中的那
位媽媽不一樣，但是孩子卻很聽話，是一個很會營造快樂
家庭的媽媽，所以有更豐富圖畫書的內容。

S9 ：看完這齣戲，覺得教養小孩要有智慧，親子關係才會更和
諧，有快樂的媽媽，就會有快樂的孩子。這齣戲因為是以
媽媽的觀點來看孩子的生活習慣，所以是無中生有的創意。

S24：這齣戲花媽講話的語調和卡通一樣，有點臺灣國語，很好
笑，三個小孩吵架，有符合廣播劇的原則，女生——男生
——女生，所以聽眾很清楚誰在說話。最後唱卡通主題曲，
雖然不需要跳舞，可是演員忍不住邊唱邊跳，也許肢體動
作會讓聲音更活潑，讓聽眾也會感染歡樂的氣氛。

S16：我們很喜歡這組的劇本和表演，聽完後會覺得很開心，所
以不需要建議。

　　聽完這四組的表演，老師覺得你們長大了，比較能體會母親對你們
的愛，雖然一、二、三組表演的氣氛很歡樂，但是老師卻有點想哭，感
動的是你們都能了解母親的一些行為背後所代表的意義，值得稱許。這
次雖然只用聲音表演，但是一些演員仍然習慣手舞足蹈的說話，表示單
純用聲音演戲的方式，是比較困難；不過，在錄音室，只要你用各種方
式能將劇中的角色心情、說話語氣表達出來，就是最棒的廣播劇演員。
回家記得將這堂課學到對母親該說的愛的語言，用最感性的說話語氣對
她說，讓親子關係更親密。

　　接著進行非單一圖畫書改編為廣播劇的聲情美教學，則是以《你很
特別》、《愛妳本來的樣子》兩本圖畫書運用在教學上，進行實務印證。

　　先放電影《春風化雨》的一段，請學生討論電影中的老師有哪些特色，令他們印象深刻。S18 認為這位老師很有創意，教學有自己一套方法，所以才會叫學生撕掉課本。S28 覺得老師很懂學生的心，並帶領他們發現自己的興趣。S23 認為這個老師太酷了，敢向傳統教法挑戰，而且學生都很喜歡他。S4 很喜歡基廷老師說得那句話「把握今天、及時行樂、認識自我，才能走出不一樣的路」。當學生透過電影對老師的角色有比較多的想法時，再藉由《桂花雨》、《最炫的巨人》這兩本圖畫書的引導教學，思考各科老師和《桂花雨》所描述的母親特質以及和《最炫的巨人》會無條件分享的巨人，個性上有何相似或相異處，但是都會讓學生印象深刻。為了讓學生更清楚這兩本圖畫書結合的敘事寫法，我先發下示範的兩種劇本寫法（詳見第五章第三節），給學生參考，並請各組依據分配的老師進行即興劇本創作。

　　各組同學根據即興創作的劇本，分配工作，有導演、演員、音效、音樂、錄影四項工作，排練時，導演要提醒演員咬字要清楚、每一句臺詞聲音語氣都要能表現角色的個性。演出時間，每組五分鐘。

　　選出一位主持人，按照組別順序依序演出，並在各組表演完，請臺下觀眾給予熱烈的掌聲。

　　以下是四組用廣播劇的方式創作的劇本：

　　第一組：

　　　旁白：在快樂國小，有一群感情非常好的蝴蝶結姊妹花：小蕎、
　　　　　　小玲、小柔、小欣，她們相約畢業十年後，要開心的綁馬
　　　　　　尾，並繫上蝴蝶結，一起去逛街，在半路上聽到商店傳來
　　　　　　音域高亢《我相信》這首歌。

　　（播放《我相信》的副歌部分）

　　　小柔：哇！這首歌好熟悉喔！

　　　小玲：對呀！好像在哪裡聽過！

　　　小欣：難道妳們忘記了嗎？這就是我們六年級參加臺語歌謠比賽
　　　　　　唱的歌啊！你們還記得草莓老師嗎？

小蕎：當然記得！老師人很親切，喜歡說笑話、故事，還有上課時「男生」都說成「藍生」，很「涼」都說很「娘」，大家都笑死了！

小玲：是啊！老師不僅很風趣，也很會幫我們解決問題，還記得當時沒有多少時間可以排練，大家都很緊張，但在老師的細心指導下，在表演時，我們居然得到滿分，是當天比賽最高分，也是第一名！印象超深刻的！

小柔：還有每次遇到困難和挫折，老師總是鼓勵我們，要我們面帶微笑勇敢的接受挑戰！

小蕎：如果沒有老師的教導，可能就沒有今天的我們了。

小欣：那我們去找老師好嗎？

大家：好哇！好哇！

小蕎：不能兩手空空去看老師吧！

小玲：我知道！我們順路去買草莓蛋糕、草莓派、草莓冰淇淋……送老師，因為老師最喜歡吃草莓了！

小欣：小玲，你記性真好，不愧妳以前是老師的小秘書，老師看到草莓，一定會記得我們這群可愛草莓天使。

到了老師家（門鈴聲）

老師：你們不是小欣、小蕎、小玲、小柔嗎？長大了！都變得更漂亮！老師差點認不出來！

大家：對呀！不過老師仍然那麼年輕美麗，一點都沒變！

小蕎：老師，剛剛我們在路上聽到《我相信》就想到您，所以我們就來看看您！

小欣：感謝老師以前認真努力的教導我們，讓我們在跌倒中，知道如何站起來，老師謝謝您！

小玲：這是我們要送您的草莓點心，祝您吃了這些美味點心，會天天開心！

大家：我們永遠都會記住老師的！

老師：我好感動！能教到妳們，真是老師一生中最大的幸福！

（放老師謝謝您這首歌）

第二組：

旁白：四個姐妹淘相約早上 9：00 在席琳娜開的餐廳聚會聊天，
　　　這時席琳娜端出一大盤她自己做的鮮奶口味 ice cream，因
　　　為鮮奶的味道太香濃可口，於是大家忍不住一口接一口，
　　　一下就將一大盤冰淇淋一掃而空。

艾薇兒：真是太好吃了！好吃到想要唱 Summer's not hot！

泰勒絲：I love ice cream。

席琳娜：妳們知道我為什麼會做冰淇淋嗎？

凱蒂佩芮：妳一定偷偷去學，對吧！

席琳娜：才不是！這麼好吃的冰淇淋，是小學那位純真、可愛的
　　　自然老師上課教的實驗，難道妳們都忘了？

艾薇兒：我想起來了！就是……

（背景音樂第十五首）

席琳娜：今天自然老師說要我們帶材料到學校自己製作冰淇淋呢！

泰勒絲：真是超興奮的！我最愛吃冰淇淋了！

凱蒂佩芮：自己做的冰淇淋好吃的話，那一定很有成就感！

艾薇兒：對啊！吃起來應該還不賴！

席琳娜：那我們要吃什麼口味的呢？草莓、巧克力、鮮奶、仙草、
　　　花生、薄荷還是芒果口味呢！

泰勒絲：那我要草莓和巧克力口味的！

凱蒂佩芮：再加鮮奶和香草口味！

艾薇兒：不要忘了我最愛的芒果口味！

大家：好！沒問題！

席琳娜：那你們要記得準備喔！不然你們最愛的冰淇淋就吃不
　　　到囉！

泰勒絲：我們知道！

（背景音樂第八首）

（噹噹噹）

老師：大家有沒有記得帶材料啊！

大家：帶了！

老師：那我們就開始做囉！首先把這個和這個混合成稠狀，再加
　　　入你們想吃的口味的粉或果醬，再這樣那樣，就好了喔！

席琳娜：哇！好簡單！

泰勒絲：這個做好的冰淇淋不知道好不好吃？

席琳娜：當然好吃！好吃到要飛上天，我要永遠記得這個好吃的
　　　　味道。

（背景音樂第十四首）

艾薇兒：我覺得老師對我們很好，而且還讓我們做很多好玩的實
　　　　驗，我好想老師哦！

凱蒂佩芮：對啊！不如現在大家一起去探望老師吧！走吧！

席琳娜：那我趕快準備一桶各種口味好吃冰淇淋送給老師，代表
　　　　我的謝意。

（背景音樂第八首）

老師：教完課好累哦！

大家：老師好！

老師：哇！你們怎麼在這裡？

大家：老師，我們是來探望妳的。

老師：沒想到你們還記得我啊！真感動！

席琳娜：老師，因為妳我才有今天的成就，這桶冰淇淋送給您。

老師：謝謝你們，老師很開心！真的！我們一起吃冰淇淋慶祝這
　　　個快樂的日子！

（背景音樂第六首）

第三組：

旁白：在一個無聊的週末，小淳打電話給國小最要好的同學小
　　　岑，想約她出來逛街，結果小岑一聽到小淳的聲音，高興
　　　的跳起來歡呼，並約好到一中街逛街。

（背景音樂第十四首）

小淳：小岑，我們畢業後就很少一起出來了！

小岑：是啊！真懷念以前的快樂時光。

小淳：逛了好久，我們去麥當勞休息一下，順便吃點東西吧！

小岑：嗯，好啊！

店員：請問要點什麼？

小淳、小岑：ㄟ！你不是……小慈嗎？

店員：那妳是小淳，妳是……小岑！好久不見！我們坐下來好好
　　　的聊一聊！

（一陣笛聲）

大家：哇！好熟的笛子聲呀！

小岑：聽到這首歌，讓我想起教我們吹笛子的音樂老師！

小淳：沒錯！老師既溫柔又有愛心，在小學四年中，教我們吹好
　　　多好聽的曲子，到現在空閒時我都還會吹幾首解解悶呢！

店員：不如我們回去找老師！我先去準備四個三號餐，和老師一
　　　起吃午餐吧！

小岑：好主意！走吧！

（背景音樂第七首）

（敲門聲）

小慈：老師好久不見！妳還記得我們嗎？

老師：當然記得，妳們是非常認真學習的好孩子。

小淳：我們這次回來是想感謝您的教導，讓我們都愛上音樂課。

小慈：老師我們一起吃午餐，邊吃邊聊吧！

老師：好啊！吃完我們再一起吹笛子吧！

（一陣笛聲）

第四組：

旁白：在一個風光明媚的牧場裡，有一群中年人相約在這裡舉辦
　　　二十年的同學會。

（牛叫聲、羊叫聲、豬叫聲、雞叫聲）

小賢：小暐，我們好不容易才又見面，一定要好好的聊天啊！

小暐：是呀！好久不見了。

小筠：咦！前面那個不是小翔嗎？

小齊：好像是ㄟ！去打聲招呼吧！

小賢：嗨！好久不見。

小翔：哇！你們也來了呀！

小暐：是呀！我們一起去參觀吧！

（走到乳牛區哞哞聲）

小翔：看到這群可愛的乳牛，讓我想起社會老師，你們還記得嗎？

小筠：當然記得，老師家裡有養牛，個性很幼稚，上課還會用超好笑的自編故事來講解課文內容。

小齊：對啊！老師有時候發本子都用丟的，大家還會一起教訓老師。

小賢：老師的口頭禪是奇怪了！我還記得喔！

小暐：那我來模仿老師，奇怪了！奇怪了！

小翔：好好笑！真的好像喔！不知道老師現在過得如何？

小暐：我好想念他常唱的《無尾熊進行曲》！超親切的！

小筠：你們還記得怎麼唱嗎？那我們一起唱這首歌，一、二、三開始唱。

（大家一起唱《無尾熊進行曲》）

小齊：好好聽！說不定老師現在已經是白髮蒼蒼的老爺爺了！

小賢：怎麼可能那麼老？

小翔：不然我們下星期一起去找老師。

小筠：就這麼決定了！

小暐：那下次見了！

小翔：那我們要帶什麼伴手禮去看老師。

小齊：我們就買下這頭牛送老師。

小筠：這個點子很不錯！相信老師一定會很感動！

（背景音樂第七首）

（電鈴聲加牛叫聲）

老師：歡迎！歡迎！好久不見，怎麼有牛聲？

小暐：因為我們想要謝謝老師的教導，讓我們度過這麼愉快的上課時光。

小翔：是啊！希望老師看到牛，就能想到我們。

老師：大聲哭！老師好感動！第一次有人送牛給我，我會好好照顧牠，你們有空也可以來看牠！

（大家一起唱《無尾牛進行曲》）

演完後請各組討論下列三個問題，上臺分享討論的內容。

1. 看完這兩本圖畫書，你如何將書中的母親、巨人和老師聯想在一起？
2. 這齣廣播劇在聲音、音樂、音效有哪些優點，值得鼓勵？
3. 請提出建議劇中有哪些需要改進的地方？

第一組：

S21：草莓老師已經教我們四年，她很像我們的媽媽，什麼問題、煩惱，都可以問她，老師總是像太陽一樣，給我們希望和鼓勵，而且她也像巨人一樣有好吃的東西或好看的書，都會和我們分享，所以我們很愛老師。

S12：我們這組是走溫馨路線，所以音樂都是選一些能夠會回想起老師教我們的甜蜜時光，演起來特別有感覺。

S20：老師的聲音很甜美，但是國語發音有點不標準，我們的聲音都不太像，所以很難表現老師愛的話語。

第二組：

S27：自然老師很有智慧，又有創意和故事中的媽媽一樣，很會設計實驗，讓我們學會觀察，也學習到很多生活、科學知識。老師也很像巨人總是分享她剛學到的新知識，讓我們很佩服她。

S6 ：S22 很喜歡席琳娜，所以編了很多英語臺詞，但是都是臺灣英文，文法都不對，後來我們還是乖乖的用怪怪的外國腔調唸臺詞，覺得演出的感覺還滿好玩。

S1 ：我們的劇情有點複雜，所以每講完幾句，就要放接場音樂，感覺很像歌舞劇，下次在劇本方面可以改進。

第三組：

S7 ：音樂老師很像故事中的媽媽，對孩子很有愛心和耐心，教
　　　會我們吹很多歌曲，她也像巨人總是不斷和我們分享好聽
　　　的音樂家故事和好聽的音樂，我們超喜歡上老師的課。

S15：S13 演音樂老師，將老師的鼻音和說話腔調模仿的維妙維
　　　肖，讓我們邊演邊笑場，大家演得很開心。

S26：大家說話可以再慢一點，因為說太快，另一個演員會接不
　　　上臺詞。

第四組：

S3 ：社會老師個性很幼稚，但是和我們很像朋友，他和故事中
　　　媽媽唯一相像的一點，就是他很有教導的創意，讓我們很
　　　佩服。他也很像書中的巨人，很憨厚，我們只要求他什麼，
　　　他都會答應，上他的課，非常有趣。

S16：我們對牛叫聲非常有興趣，所以用這個牛叫聲當接場特別
　　　有趣，還有模仿老師的口頭禪，也是大家的笑點，這次用
　　　聲音表演還滿有趣。

S25：這次大家都很認真練習，所以不需要什麼建議。

　　聽完四組表演，很感謝第一組，將老師說得這麼好，內心感動得不
得了。所以希望學期末能辦感恩餐會，邀請劇中的老師來到班上看你們
的表演，相信他們一定會很開心和感動你們的演出。倘若時間不允許，
我會將錄影的演出，燒成光碟送給這些愛你們的老師，相信這是送給他
們最好的禮物。

　　討論完，請學生做後測，並從這次熱心參與廣播劇的四位同學，當
作訪談對象，進行半結構式訪談，深入了解學生想法。有愛演戲的 S8、
喜愛製造音效的 S11、熱愛編劇的 S22、喜歡錄影的 S9。S8 是運動好手，
打躲避球時，那份狠勁和力道總是嚇死許多女生，可是這次演戲，他卻
願意模仿女生和媽媽的聲音，來表現劇中人物的心情和個性，讓同學對
他優異的演出大吃一驚。S11 是一位學習動機很弱的學生，上課喜歡咬

指甲，很少專心上課，但是這次為了製造音效，非常投入這項工作，值得鼓勵。S22 很不喜歡寫作業，喜歡和同學聽美國流行歌曲，這次編劇以喜歡的歌手當主角編進劇本裡，一下就寫完劇本，令我非常驚訝。S9平常是負責演戲，因為他超有喜感，可是這次他願意錄影，欣賞別人的表演，也是另一種學習和嘗試。透過訪問，他們的回答可以滿足本研究條件來支持理論建構。

研究者：這次在廣播劇教導的聲情美課程，你學到什麼？
S8　　：我學到如何運用聲音表情來演戲。
S11　：我學到運用創意製造各種音效，讓劇情更豐富。
S22　：我學到廣播劇的編劇方法，在編劇時，腦海中要多注意哪些聲音可以出現在劇本中，讓聲音呈現美感。
S9　　：我喜歡錄影，倘若演員聲音太小，就無法收音，所以在錄影時，要特別注意提醒演員音量要大聲，觀眾絕不可以有任何聲音。。
研究者：這次廣播劇你比較喜歡單一或非單一圖畫書結合廣播劇的形式？
S8　　：我覺得非單一圖畫書結合廣播劇，比較容易，因為大家都和老師很熟，集思廣益一下子劇本就寫好了。
S11　：我比較喜歡單一圖畫書結合廣播劇，因為只要將每一個組員的媽媽特色結合在一起，媽媽和孩子就會有很多有趣的對話。
S22　：兩種都喜歡，因為媽媽和老師都是我們每天要接觸的對象，很容易編劇或演出。
S9　　：我比較喜歡非單一圖畫書結合廣播劇，因為大家畢業很多年，再回去找老師，演出效果比較生動。
研究者：在這次廣播劇，你負責什麼工作？心情如何？
S8　　：我負責演戲，演媽媽和孩子的角色，先想一下媽媽平時怎麼跟我說話，再裝女聲來演，聲音忽男忽女，大家都覺得很有笑點，我覺得很有成就感。

S11　：我是負責製造音效，演出時要很專心，不然就會漏掉一
　　　段，心情很緊張。

S22　：我是編劇兼導演，覺得壓力很大，因為有的同學都不聽
　　　話，或嫌我的劇本很難演。

S9　 ：我是負責錄影，覺得滿輕鬆，因為演員不會動，只要固
　　　定鏡頭，就可以錄好了。

研究者：演完《桂花雨》，你學到什麼？

S8　 ：我體會到媽媽的愛，常覺得她很囉唆，喜歡唸東唸西，
　　　現在才發覺她都是為我好，才用這種方式。

S11　：因為作者只能用回憶想媽媽，所以我會珍惜和媽媽相處
　　　的時間。

S22　：我會好好孝順母親，不讓她傷心、煩惱。

S9　 ：媽媽對孩子的愛，真的很偉大。

研究者：演完《桂花雨》、《最炫的巨人》，你學到什麼？

S8　 ：學到要像老師一樣，對人有愛心、做事有創意。

S11　：更能體會老師的愛心和愛的叮嚀。

S22　：畢業後要將老師教我們做人做事的道理、知識，運用在
　　　生活中。

S9　 ：要常常回來看老師，表達心中的謝意。

　　在開畢業典禮籌備會，校長希望這次畢業典禮可以有不一樣的呈現
方式。當時內心就有一個想法，希望能將這次廣播劇演出的經驗，演一
齣畢業劇。前提是要先訓練六年級四班學生，先寫劇本，再演戲，將各
班老師的特色透過畢業劇呈現出來，希望能營造畢業典禮一個溫馨感人
的氣氛，讓師生都留下一個難忘的回憶。因此，我就將構想告訴學年老
師和校長、主任，大家都願意配合。請各班老師挑選 8～10 位願意演戲
的同學，讓我利用畢業考前兩個午休時間教他們編劇，我再將四班劇本
綜合成一個完整劇本。由於這次畢業考完到畢業典禮只有四天時間練
習，所以我利用科任、午休時間教四班同學演出。彩排時，因為麥克風、
音響的問題，影響演出，主任希望我先將整齣劇錄音，當天再播放，效

果會比較好，後來發現錄音再對嘴演出，不僅要花很多時間錄音，因為別班學生沒有聲音表情的練習，很難表現出角色的心情、語氣；錄音完後，學生也要練習對嘴演出，可能要多花上一星期的練習，才會有效果。最後，只好每班演老師的同學上臺時拿麥克風，其他同學要說話，都是每班選一人在幕後配音，這才解決麥克風不足的問題。當天的學生的演出，真是出人意料之外，平常動作、聲音、表情不足的地方，都有很大的改善，也許是觀眾很多，大家熱情的鼓掌、笑聲也激勵他們，讓他們可以放鬆心情，盡情演出。畢業劇展演到請老師上臺，學生、家長上臺獻花、送禮物，每班老師輪流說一段感性的話，將整個典禮帶到最高潮。很多學生、來賓都哭了！畢業典禮結束後，其他三班老師問我為何有這些點子？那些學生怎麼演這麼好？他們都不知道自己的學生這麼有演戲的潛力。其實，這些創意都是從圖畫書衍生而來，只要多給學生機會和舞臺，每個學生都可以有很好的表現。我也很開心自己因為做了這些研究，能將所學的戲劇方法應用在這次畢業劇，讓更多學生受益，覺得花一年時間研究是一件非常有意義的事。以下是學校首頁網站的校園活動特別報導：

> 我們看到一群新興的學子，追逐著年輕的歌聲，展開那雙隱形的翅膀，帶著師長的濃濃祝福，讓所有夢想都開花。在校長、會長帶領下孩子們巡看熟悉的校園，心中的離愁就漸漸滋長，領下師長們精心設計的獎項，畢業生回饋了對導師們的感恩話劇：愛心叮嚀的姿君老師、鹹蛋超人活力的惜珍老師、充滿包容關懷的玉玟老師和集創意和美麗於一身的瑞蘭老師，學生們深刻的演出老師在他們心目中的形象，更代表著對老師的深深感謝。

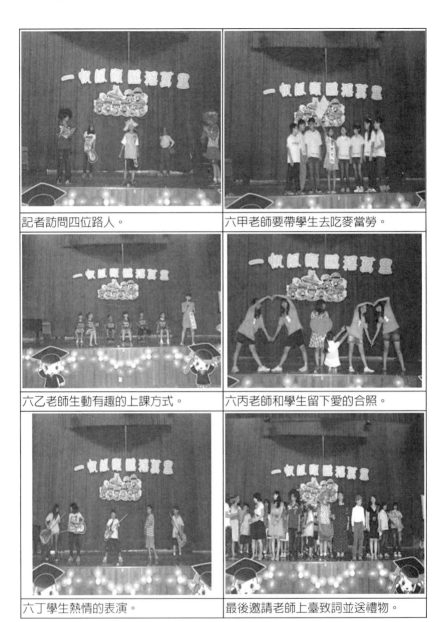

記者訪問四位路人。	六甲老師要帶學生去吃麥當勞。
六乙老師生動有趣的上課方式。	六丙老師和學生留下愛的合照。
六丁學生熱情的表演。	最後邀請老師上臺致詞並送禮物。

圖 5-4-3　六年級學生畢業劇展演出

以下是四班學生演出畢業劇的劇本：

劇名：最棒的禮物

第一幕

芒果日報記者：嗨！大家好！我是轟動武林人稱大狗仔的阿伯記
　　　　　　　者，大家只要看到我，一定會一逃二跑三上～～
　　　　　　　～～車，唉！最近天下太平，什麼鬼新聞也沒
　　　　　　　有，只好來路上逛逛，挖一些馬路消息了！耶！
　　　　　　　天氣這麼熱！怎麼有一個人圍著一條圍巾，該不
　　　　　　　會是頭殼壞去了！（臺語）

記者：請問這位大嬸，大熱天為什麼要圍一條這麼厚的圍巾？

大嬸：沒禮貌！沒禮貌！沒水準！你沒看到這條圍巾上有滿滿的
　　　～～～愛嗎？

記者：（很仔細的拿起圍巾看）耶！抱歉啦！我沒看到什麼愛？
　　　只聞到很臭的汗臭味。

大嬸：沒禮貌！沒禮貌！沒水準！我可要告訴你一個從小出生到
　　　長大都沒聽過的故事，仔細聽囉！

記者：那我可要把耳朵洗乾淨，仔細聽了！

第二幕

（蒲公英的約定音樂、S7 拿回憶從前的牌子出場，螢幕上放六乙
老師相片）

旁白：噹噹噹！上課囉！某天，六乙在上數學課。

師：八八八八，大家有問題嗎？

生：沒有。

師：每次都說沒問題，結果考出來都有問題。

生：老師我們真的沒問題啦！

師：那考一題鹹蛋超人題好了，對了就是超人，錯了就是鹹蛋，
　　大家加油！

（老師轉向黑板，寫出問題，同學作答，收分數）

師：一號。

生：滷蛋。

師：二號。

生：鴨蛋。

師：三號。

生：雞蛋。（有六位學生，每位都表演不同蛋的動作）

師：都說沒問題，怎麼都是蛋？難道你們不知道我吃素嗎？

生：因為我們都太粗心了！

師：上課不專心，罰你們抄《弟子規》一遍。

生：老師不要啦！（有一位學生抱老師大腿求情）

師：好吧！我再講一遍，五號誰叫你看妹妹，到後面罰站，所以
　　這題……大家懂了嗎？

生：懂了!

師：再考一題，五號回來。

生　：（哀嚎，有的假裝昏倒）

（老師轉過去，再寫一題）

師：一號。

生：無敵女超人。

師：二號。

生：宇宙神奇女超人。

（六位學生分別表演不同的超人）

生：哇! 太好了! 我們變厲害了。

師：你們真是我的驕傲！送你們一人一條圍巾當紀念。

生：老師你是我們的鹹蛋女超人，愛妳喔！

（背景音樂第七首）

記者：喔！原來你是在想念那位有智慧的鹹蛋超人老師耶！果真
　　　很厲害！謝謝你接受訪問！前面怎麼有一位大叔邊跑邊吃
　　　麥當勞？

記者：大叔大叔，邊跑邊吃麥當勞會不會……（作嘔吐狀）

大叔：你懂什麼？跟我一起做動作：漢堡呀！漢堡！薯條呀！
　　　薯條！可樂呀！可樂！波！咕嚕咕嚕！亡！這可讓我想
　　　起……

第三幕
（《蒲公英的約定》音樂、S7 拿回憶從前的牌子出場，螢幕上放六甲老師相片）
（運動會音樂）
旁白：運動會當天！大會報告！大會報告！請參加六年級大隊接力的選手到操場集合。
老師：六甲的選手過來集合！大家加油！如果跑第一名，老師請大家吃麥當勞。
學生：YA！那我們一定會得到第一名。
老師：那我們一起加油！
老師、學生：加油！加油！加油！
旁白：大隊接力即將開始！選手們各就各位，預備！砰！大隊接力開始了！選手們各個不分上下！六甲的同學各個盡力向前衝！
老師：×××加油！加油！加油！（老師跟著每一棒選手跑）
老師：衝衝衝！快快快！
旁白：選手們各個奮力向前衝，最後由六甲的同學奪下冠軍！
老師：（麥當勞臺語加油歡呼）走吧！去麥當勞大吃一頓！
學生：好！漢堡呀！漢堡！薯條呀！薯條！可樂呀！可樂！波！咕嚕咕嚕！亡！老師你就是我們愛的麥當勞。
（背景音樂第七首）
記者：原來你有一位這麼大方慷慨的好老師真幸福。咦！那位爆炸男不知在看什麼東西？好像很精采，讓我過去瞧瞧！
記者：你在看正妹嗎？可不可以借我瞧瞧？
報炸男：你眼睛脫窗了嗎？這相簿每一張相片，可是我小學老師幫我留下的最美好回憶呢！你可要仔細聽這世界上最感人的故事！
記者：沒問題！

第四幕

（《蒲公英的約定》音樂、S7 拿回憶從前的牌子出場，螢幕上放六丙老師相片）

兩人拿（六丙天使牌、六戊惡魔牌）的牌子

（六丙分兩組從舞臺兩邊跑出來。先分兩邊加油）

裁判：班級競賽躲避球開始。

兩邊隊員：請多多指教。（老師在旁邊照相喊加油）

（六丙被對方殺到一個都不剩，難過的低下頭）

老師：沒關係不要難過！難過時就大聲唱歌，來！一起唱班歌我相信。

六丙：唱我相信副歌作動作，喊班呼。

（再繼續比賽，贏了，全部抱著老師掌聲加尖叫）

六丙：喊老師你是我們最愛的大天使，我們一起拍照留念。

（背景音樂第七首）

記者：原來這些正妹是你的老師和同學，難怪，你這麼懷念他們！
　　　唉！那邊有一位臺客拿著吉他在唱歌，趕快去訪問一下！

記者：你在唱什麼？怎麼唱得這麼開心？

六丁：這可是我讀小學的班歌，可是很熱鬧的，讓我唱給你聽。

第五幕

（《蒲公英的約定》音樂、S7 拿回憶從前的牌子出場，螢幕上放六丁老師相片）

師：要舉行班級國語歌謠競賽，大家加油！

生：我知道大家應該要唱美人計，因為可以展現我們阿娜多姿的身材。

生：噁心死了！我們來唱歡喜就好，保證大家都很開心。

生：太俗了！我們還是唱我的偶像羅志祥的獨一無二，一定會迷死臺下觀眾。

生：落伍了！應該唱最流行的韓國歌曲 no body，全場一定會 high 到最高點。

生：每個學生都交頭接耳吵個不停說我最棒！老師選我！

師：好了！別吵了，老師想到了！你猜這枝掃把可以作什麼？

生：我知道。可以當巫婆飛上天。

師：不是。

生：我知道可以打人！

其他學生：遜！

師：都不是！可以拿掃把當吉他來唱離開地球表面，一定很熱鬧，好不好！

生：好！老師真聰明！我們會好好練習。

師：大家加油！

旁白：臺語歌謠比賽當天，六丁學生拿掃把表演離開地球表面副歌，3位評審請舉牌：10分 10分 10分。

生：哇！好棒！掌聲加尖叫聲。跑去抱老師！唱喔！老師你是我的花朵，我們會永遠愛著你！

師：我也永遠愛著你們。

（背景音樂第七首）

第六幕

記者：大家的回憶都是老師，到底這些老師現在有沒有變老？變醜？變胖？還是……

大叔：胡說！我的老師永遠是最可愛的。

大嬸：我的老師永遠是最有氣質。

報炸男：我的老師永遠是最活潑。

臺客：我的老師永遠是最美麗。

記者：那他們現在究竟在哪裡？

四位演員：那裡！我們要準備禮物送給最愛的老師。（下臺牽老師上臺）

全體：老師我們要唱歌給您聽。

（唱感恩的心副歌。）

全體：老師謝謝您，您辛苦了！我們永遠愛你。

　　我的整體觀察則是看到學生的後測問卷，有三位學生不喜歡廣播劇，原因是廣播劇演出不太有挑戰性、有點無聊。而喜歡廣播劇的原因，是因為演出簡單不需要道具、也不用背臺詞，躲在幕後，也沒人知道是誰演的，比較沒有演戲壓力。不過這次在訓練畢業劇，發現學生倘若有廣播劇聲音表情的訓練和練習，演員的表情、聲音、說話語氣都會比較出色。可見聲音的表現對一個演員來說，是表演的很重要因素。其餘學生在問卷中都贊同透過廣播劇，讓他們對圖畫書的印象更鮮明，對書中人物的個性、說話語氣也多了更多的想像在腦海裡。S26 寫自從演出廣播劇，就會覺得圖畫書中的媽媽、巨人，好像常常在耳邊對自己說話。那種鮮明深刻的印象，讓學生記憶深刻。S17 寫在改編圖畫書時會聯想老師就像書中的媽媽、巨人，就會想到老師的很多優點，希望永遠不要和老師分開。人的記憶除了影像，聲音也是一種記憶的方法。在這次廣播劇教學，我們嘗試用聲音來記憶媽媽、老師的愛的言語、愛的方式，讓這份真誠的愛永遠留在學生的心中，是一種非常有創意值得推廣的教學方式。

第六章　創意相聲劇化的圖畫書教學

第一節　圖畫書教學與相聲劇結合的創意向度

一、兒童相聲劇培養創意

　　相聲是中國經典的表演藝術之一。葉怡均在《我把相聲變小了》指出當相聲從單口相聲衍生出「對口相聲」、「群口相聲」兩種表演模式後，再想擴大規模時，便很自然出現了「相聲劇」，相聲結合戲劇，讓更多孩子都能參與這項藝術表演。而「兒童相聲」不僅可以傳播文化、語文、古典知識，教導生活教育，還可以開發潛能、創意培養。因為相聲的包袱講究「情理之外，意料之外」，這「情理之外，意料之外」，就是創意。只要讓孩子學相聲、說相聲、欣賞相聲、寫相聲，就像是腦部按摩，一次一次活化想像力，可以鍛鍊孩子養成一種思考模式，確實能讓孩子收穫豐富。（葉怡均，2009：40-63）可見「兒童相聲」非常適合訓練孩子培養創意。洪雪香也在《相聲在國小語文輔助教材之研究》指出「相聲」提供兒童創意的空間：創意是相聲最大的特質，不單是人物可以又古又今，情節也可以天馬行空，不受現實的拘束。這項特質，正是相聲深受兒童喜愛的重要原因。至於文學上的意境和神韻，更是靠著想像的潤飾。各種想像，風馳電掣閃過它的腦際，這種聯想，便是文學上不可或缺的要素。並且認為學生學相聲：（一）可以幫助各科的學習。（二）對於各種事物的離奇解釋，能培養想像力，而想像力是文學創作的根源。（三）相聲的內容有驚異的情節，可以誘發兒童的語文興趣。（四）相聲範疇廣泛，可以擴充知識領域，增廣見聞。（洪雪香，2004：80-81）

二、段子的來源：圖畫書

　　臺灣學生從小就被教育不能犯錯，要完美，隨全球化競爭激烈，升學壓力更大，活得很辛苦。在學校只有成績好的學生，會被家長、老師重視，而一些有創意或很有表演天分的學生，常會被大家忽略他們的天分，覺得上學是一件很枯燥的事。倘若老師在學校推廣相聲劇，語言的滑稽趣味，會引發學生聽的興趣，助長其聽的能力，進一步誘導其表演，則學童演說的能力也可以奇妙地獲得提升。至於學童在表演之前，熟讀腳本，則必能提升他們的閱讀能力；而練習寫作簡單的腳本或腳本的片段，如繞口令、小笑話之類，都是他們樂於寫作的內容。

　　參與相聲劇演出，可以讓學生面對自己，也有了解自己的機會，讓自己更有自信。在相聲劇學生如果演出自己對日常生活的經驗和見解，把一些失敗的經驗作幽默轉化，是自嘲，也讓觀眾更有共鳴。一般來說，小學生的相聲劇本，多是由老師找尋馬景賢、葉怡均創作的兒童相聲劇本集或網路上一些得獎創作改編完成，內容多半是純屬搞笑、配合節慶、玩文字遊戲、諧音趣味，也有結合學校或家庭生活。很少是讓學生自己蒐集資料，寫出一段有趣的劇本，因為創作教學不容易速成，更難立竿見影，所以幾乎沒有老師願意教導學生寫相聲劇本，認為學生不用學也無法教，只要會說學逗唱即可；再加上大部分老師是為了參加比賽，才特別花時間挑選聲音宏亮厚實、咬字清楚、表情豐富有喜感、敢笑敢哭敢模仿、肢體動作豐富的學生，並針對這些選手編劇本，所以很少學生會說相聲，更遑論演相聲劇、編相聲劇本。事實上，要想創作好的段子，必須時時閱讀。詹瑞璟在《大家來說相聲》指出，創作必須從報紙、電視、廣播、書籍、影片、廣告，包括生活周遭聽到的對話，都是閱讀的對象。只要能讓你會心一笑的素材，都可以隨時記錄下來。（詹瑞璟，2010：45-46）

　　尤其是馬景賢，為了要推廣孩子說相聲，在編寫國小語文課本時，寫了一篇相聲，讓全國孩子都能認識相聲，進而背誦並琅琅上口，上臺進行相聲表演。他希望能透過說相聲，讓讀者輕鬆學習語文，所以將成

語、歇後語、繞口令、民間故事、語文常識、經典名著，寫在《說相聲學語文》這本書裡。孩子只要將所學的語文知識，信手拈來，就可以寫出和說出一篇有趣的相聲；再加上相聲場上非常簡單，演員穿著不需花俏，也不需穿戲服，才能進出不同的角色，而道具越簡單越好，讓孩子將心力都用在說學逗唱，就可以帶給觀眾歡樂。（馬景賢，2010：2）

　　但是相聲只有兩個人，演員需要有相當的功力，表演才會精采，全班同學都要上臺表演，不僅需花很多時間，可看度也不高。而相聲劇可多人集體創作劇本，並根據劇本所編的角色，排練演出，主要是兩人負責說、學，其餘同學可以協助演、唱，增加逗的效果，它是以喜劇的形式為表達方式，能吸引學生的興趣，對高年級的學生，是非常有挑戰性的學習。

　　然而既然是相聲劇，就要是一齣戲，而且是演故事形態出現，學生必須扮演故事裡的角色。為了能傳神表達角色的特性，必須花時間理解故事內容，揣摩人物的個性、想法，才能改寫人物對話，進而創作劇本。劇本來源就不能只是成語、歇後語、繞口令、語文常識，因為這些題材沒有故事性。而民間故事、經典名著則內容過多，學生改編時不易抓到重點，充其量只是介紹書的特性，無法演出書的內容、表現人物的特質。這時倘若以圖畫書當作劇本的題材，將是一個很好的選擇，它不但是一個完整的故事，而且內容包羅萬象符合創意原則，人物可以又古又今，情節也可以天馬行空，不受現實的拘束。故事的發展或結局常令人驚異，圖和文字帶給學童很大的想像力，而想像力就是文學創作的根源，可以誘發兒童的語文興趣；再加上範疇廣泛，包含世界各地的圖畫故事創作，可以擴充他們的知識領域，增廣見聞。由於圖畫書文字精簡、每一頁插圖很有想像的空間，很能貼近學生的生活面，引起他們對角色的共鳴。學生第一次改編，可以先從一本圖畫書文本，展現製造差異的創意，中間再穿插成語、歇後語、繞口令、語文常識、笑話、歌曲……等其中幾項，增加相聲諧趣化的特性，賦予相聲劇本新生命；也可以單從圖像重組、兩本圖畫書結合，都可以讓學生學習無中生有的創意。只要他們剛開始能夠將文字敘述轉變為對話，慢慢的就能寫出一篇精采的相聲劇本，並詮釋劇中角色的表情、動作、口氣，進而演出一齣自娛娛人的相

聲劇。將圖畫書教學與相聲劇結合，在國小語文、作文、表演藝術方面，都是非常創新的教學，可以展現學生多面向的創意和能力。

第二節　單一圖畫書改編為相聲劇的諧趣化教學

　　圖畫書是提升兒童心智成長的一種讀物，它貼近孩童認知發展、成長經驗與思維特質設計的閱讀媒材，閱讀時常常會將自己化身為書中的人物進行對話。這樣的閱讀可以帶給他們極大的樂趣、滿足感和思想啟發，並學習說出自己閱讀後對書中角色的看法。

　　坊間圖畫書在近幾年來，如雨後春筍，不停大量出版，在選擇圖畫書改編為相聲劇時，必須要選文字不用太多、趣味性高、不牽涉死亡議題，最好和孩子生活息息相關的內容，不僅他們會很有興趣，也會比較多發揮創意的空間。

　　我服務的學校箱書具有上述條件很適合作相聲劇改編的圖畫書如下：

表 6-2-1　單一圖畫書改編為相聲劇的創意向度

書名	議題	相聲劇特色
《我自己會啦》	親子	（一）內容： 　　不管驢媽媽說什麼，小驢子總是說——我自己會啦！對於小驢子的想法和堅持要獨自去參加小豬生日派對，驢媽媽會怎麼做？ （二）創意改編： 　1.說：小驢子和驢媽媽充滿衝突點的對話，將可以改編成一齣有趣的親子相聲劇，相信每一位孩子都會覺得這個故事好親切，彷彿是天天在家中和媽媽發生的對話，學生非常容易將自身的情境對話加入劇本，引起共鳴。 　2.學：學小驢子和驢媽媽和其他動物的聲音、表情、語氣。 　3.逗：小驢子裝大人的模樣和動作、說話語調，

		會是很大的笑點。 4.唱：可結合周杰倫當紅歌曲〈聽媽媽的話〉，一定會是很精采的相聲劇。
《頑皮公主不出嫁》	兩性	（一）內容： 　　頑皮公主史瑪蒂喜歡作一個「單身貴族」，從來就沒想過要結婚。有一天，皇后媽媽對公主說：「現在是妳好好打扮自己的時候了！別再整天只愛穿長褲，成天和那些怪物鬼混，妳應該趕快去找一個好丈夫才對。」史瑪蒂公主向所有的求婚者宣布：「誰要是能完成我交給他的任務，我就嫁給誰。」究竟是什麼任務？ （二）創意改編： 　1.說：透過皇后和公主的對話，來挑選王子，其他學生可以演求婚的王子，接受考驗，因為高年級的學生對兩性的議題很有興趣，公主為了考驗求婚者，所出的任務可以讓學生發揮想像力解決問題，將會發生很有逗趣的內容。 　2.學：模仿皇后、公主、不同國王子的模樣和動作、說話語調，需維妙維肖，才有趣。 　3.逗：王子天馬行空的回答公主的問題，將是逗趣的地方。 　4.唱：結合陶喆最紅的〈今天妳要嫁給我〉，可在每個王子求婚時唱副歌，很有浪漫求婚的感覺。
《一片披薩一塊錢》	分享	（一）內容： 　　會做披薩的大熊阿比和會做蛋糕的鱷魚阿寶是一對要好的鄰居，你請我吃蛋糕，我請你吃披薩，真是快活極了。可是有一天阿比起發財夢，決定要一片披薩賣一塊錢！這下子好朋友會不會翻臉？ （二）創意改編： 　1.說：作者郝廣才擅長用一些押韻的文句，來描寫大熊阿比和鱷魚阿寶的對話，所以學生要改編的內容較少，又很容易琅琅上口。這本圖畫書，將是第一次改編圖畫書的學生最好的

		入門書。 2. 學：模仿大熊阿比和鱷魚阿寶的模樣和動作、說話語調。 3. 逗：用誇張的語氣、逗趣的表情說押韻的對白，會讓人噁心到起雞皮疙瘩，是一大笑點。 4. 唱：周華建的〈朋友〉副歌部分，可在大熊阿比和鱷魚阿寶互相分享食物時，哼這首歌，會很溫馨。
《最炫的巨人》	分享	（一）內容： 　　喬治是一個邋遢的大巨人，因為他太高大，所以總是買不到合適的衣服。有一天城裡開了一家專賣大尺碼的服飾店，喬治決定要好好採購一番。他買了最炫的新衣服、新褲子、新領帶、新鞋子，穿上新衣的喬治，看起來煥然一新。喬治開心的邊走邊唱：「快來看，快來看，我是城裡最炫的巨人。」但是，在他回家的路上卻遇到許多急需幫助的小動物，喬治會如何幫助他們？ （二）創意改編： 　　1. 說：學生扮演小動物必須發揮想像力，說一段話，求巨人幫助他，讓巨人願意捐出身上的新行頭幫助他度過難關。 　　2. 學：模仿小動物必須裝出一副可憐的模樣，求取幫助，而當巨人的學生也要裝出一副傻樣，才會有趣。 　　3. 逗：每次喬治開心的邊走邊唱：「快來看，快來看，我是城裡最炫的巨人。」是最逗趣的地方。 　　4. 唱：喬治開心的邊走邊唱的這一段，可以讓學生隨意配唱，用 rap 邊唸邊唱的方式也是高年級學生很喜歡的表演形式。
《兩姊妹和對她們的客人》	尊重	（一）內容： 　　有一對姊妹住在一個小島上，養了一隻狗和一隻貓，大家一起過著快樂又無拘無束的日子。有一天，兩姊妹的表弟來拜訪她們，她們高興極了！但也改變

		她們的生活，造成極大的不方便。 （二）創意改編： 　　1.說：可以讓兩姊妹以主人的角度看表弟對她們生活中的種種改變，說一說彼此心中的不舒服。 　　2.學：用兩姊妹身分學表弟說話的態度和雞婆的模樣。 　　3.逗：表演表弟要她們在生活中的改變，如：跳健身操、吃五穀麥片噁心的模樣。 　　4.唱：可結合當紅韓國團體唱的〈sorry〉跳洗手舞，觀眾看了會很開心。
《我和我家附近的野狗們》	環保	（一）內容： 　　有一位小朋友，在家附近或常經過的地方，常出現野狗，這些野狗又髒又臭又兇，所以他很害怕被野狗追或被野狗咬，因此想出很多躲避野狗的方法。 （二）創意改編： 　　1.說：可以兩位小朋友互相說一說上學遇到野狗的慘狀，或假裝成兩隻野狗說人類的惡形惡狀，其實牠們一點也不恐怖，都是被人類逼的啊！ 　　2.學：模仿野狗的叫聲說話，會挺有趣。 　　3.逗：表演野狗張牙舞爪恐怖的模樣。 　　4.唱：唱臺語〈山頂黑狗兄〉副歌，非常逗趣。

　　在單本圖畫書中最常看到的相聲劇本改編是淺化、增刪。淺化是為了配合學生幼稚、單純、注意力容易渙散等特點，自然就產生淺化的必要。淺化指的是處理「衝突」的技巧，將原本具體呈現的原始素材，可以讓兒童根據自身的生活經驗予以簡化，容易引起同儕的共鳴。增刪則不必忠於原著，意味著「不必全然忠實於原著」，可以將人物角色改變性格、名字，也可以換個角度看發生的事，但語意間也同時表示「部分仍須忠於原著」。而那仍需忠於原著的部分，最簡單的就是改編當初看中原著的特別可取、值得透過改編以廣流傳的部分。它或許是個深刻的題旨，或許是一段驚險的歷程，或許是一個生動的人物形象……編劇必

須隨時提醒自己：如何一面保存原著的過人之處、一面表現出個人「再創作」的特色。（蔡雅泰，2006）但是倘若只是讓學生選幾張圖，發揮想像力，寫出創意的劇本，也是高年級學生很喜歡嘗試的方式，因為表示他們有很大發揮的空間。

　　此外當書面語要轉換為相聲劇的對話時，需要藉由其他的媒介物。這媒介物能使靜靜躺在那裡的故事，像沾上魔法似的呈現在觀眾面前，必須透過聲音、肢體、動作等更吸引觀眾的目光。因為表達的方式很多，考驗學生背稿的能力、表演的技巧、上臺的臺風、音量的大小，其目的就是要吸引觀眾的目光，讓更多人了解有這故事體裁的文本，再藉由美學方式以相聲劇的方式呈現；讓表演者得到心靈的解放、增加自信心，讓觀眾得到共鳴，讓故事文本得以流傳。（林秀娟，2010）因此，相聲劇在傳播上更具重要的地位，故事藉由這種方式的呈現能傳播的更廣更遠。

　　相聲劇的內容不僅有趣，還能讓學生「假裝一下」。角色扮演學生最愛，平常不能當的角色，現在換我來作；平常不能說的話，現在我能說。讓學生可以在對話中跳脫自我，暫時拋開社會上的規範與束縛。而且又不需任何道具，因此在各種活動上經常看得到這類型的表演。

　　圖畫書是隨手可得的教材，只要一本適合的圖畫書，學生就能像魔術師，變出一齣符合教育意義的相聲劇，因為兒童的想像與經驗都是自然而成的，透過戲劇與腳本的表演，個人內在的經驗被引發出來，個人必須以自身經驗，並結合文本的內容含意來反應與行動。因此，透過戲劇學生必須更熟悉文本，才能更深揣摩劇中人物的心境，角色扮演是讓兒童期待並且演上千遍也不厭倦的活動。事實上兒童喜歡角色扮演原因之一是可以活動，感覺很有趣；另一個原因則是能幫助理解體裁的意涵，是教學現場老師很容易實施的一種戲劇方式。

第三節　非單一圖畫書改編為相聲劇的諧趣化教學

　　非單一圖畫書為了能改編成相聲劇本，如果主題類似，是非常容易改寫成內容通順、劇情合理的劇本；倘若主題完全不同，就必須依靠圖畫來串成一個有趣的故事。珍・杜南在《觀賞圖畫書中的圖畫》一書中，認為在圖畫書中，圖畫可以提供：

(一) 具象的圖畫除了展示真實世界的一角，也提供一個想像的世界。

(二) 圖畫可以激發觀賞者個人情感和思想的回應。

(三) 圖畫包含各時期的藝術風格與表現形式。

(四) 圖畫反映出創作者所處的社會及價值觀。

(五) 圖畫提供創造（對創作者來說）及再創造（對觀賞者來說）的機會。

　　（珍・杜南，2006：11）

　　雖然只是幾張圖，卻可以運用暗喻的手法。呈現出意念、情緒、抽象概念和格調這些無法直接傳達的東西。（珍・杜南，2006：11）讓每位學生可以建構自己的想像世界，並產生不同的想法和情感，並提供他們有再創造的機會。教師再用水平思考法，從不同方向、不同角度、突破原有框架，進行發散式、全方位思維；只要讓他們擴散的範圍越廣，產生的想法、點子就會越多，一定可以寫出創意的相聲諧趣化劇本。

　　我服務學校的箱書很適合作單一圖畫書相聲劇改編的圖畫書有 6 本（詳見前節），因為《兩姊妹和她們的客人》、《我和我家附近的野狗們》這兩本將進行非單一圖畫書相聲劇改編，並進行教學實務印證。其餘四本，可以將《我自己會啦》、《一片披薩一塊錢》這兩本圖畫書結合寫成一齣小驢子流浪遇到好心的的大熊和鱷魚，分給他一塊披薩，才沒有餓死，順利回到家裡的感人故事。《頑皮公主不出嫁》、《最炫的巨人》這兩本圖畫書可以結合寫成一齣頑皮公主本來下定決心不出嫁，可是被巨人的善心所感動，決定改變心意，願意嫁給他，結局跌破大家的眼鏡。

　　以下是《我自己會啦》、《一片披薩一塊錢》2 本圖畫書改編為相聲劇的諧趣化教學概況：

（一）請學生選取《我自己會啦》圖畫書要改編的四頁圖

　　一頁是關於小驢子想要長大，做什麼事都跟媽媽說我自己會啦！一頁是他坐在馬桶上難過的樣子，另一頁是他獨自拉著小車子下山，還有一頁是小驢子累得躺在路上。

（二）選取《一片披薩一塊錢》的四頁圖

　　一頁是大熊從披薩屋走出來，一頁是鱷魚和剛做好的蛋糕站在窗前，一頁是兩人推著車子在賣披薩和蛋糕，還有一頁是很多動物推著車子賣東西的熱鬧景象。

（三）根據圖片寫相聲劇本的心智圖

```
┌──────────┐          ┌────────────────────┐
│地點：向日大│          │原因：小驢子想長大，所以│
│道動物村。 │          │獨自一人到動物村探險。│
└──────────┘          └────────────────────┘
                                    ┌──────────────────┐
                                    │經過：            │
              ╭────────────╮        │1.小驢子因為流浪，肚子很│
┌──────────┐ │《我自己會啦》│        │ 餓，在街上看到大熊在賣│
│角色：    │ │《一片披薩一 │        │ 披薩，鱷魚在賣蛋糕。│
│1.小驢子：│ │  塊錢》    │        │2.這時大熊和鱷魚在爭吵誰│
│  任性、想長大│╰────────────╯        │ 的手藝比較好，請小驢子│
│2.大熊：  │                        │ 評評理。         │
│  作披薩的高手。│ ┌──────────┐      │3.小驢子因為太餓，吃到這│
│3.鱷魚：  │ │結局：    │        │ 兩樣每位食物，說了很多│
│  作蛋糕的高手。│ │小驢子回到媽媽身│      │ 好話。           │
└──────────┘ │邊，大熊和鱷魚也恢│    │4.大熊和鱷魚恢復友情，也│
             │復友情。   │        │ 鼓勵小驢子回到媽媽身│
             └──────────┘        │ 邊。             │
                                    └──────────────────┘
```

圖 6-3-1　《我自己會啦》、《一片披薩一塊錢》相聲劇本的心智圖

（四）將創意劇本結合相聲劇說、學、逗、唱的特色

表 6-3-1　《我自己會啦》、《一片披薩一塊錢》結合相聲劇
　　　　　　說、學、逗、唱的特色

書名	議題	相聲劇特色
《我自己會啦》《一片披薩一塊錢》	友情、親情	（一）內容：　　　　不管驢媽媽說什麼，小驢子總是說——我自己會啦！小驢子想長大，所以獨自一人到動物村探險，幸好遇到大熊和鱷魚，分給他食物，才沒有餓死，並結為好朋友。
		（二）創意改編：　1.說：小驢子和大熊、鱷魚的對話，將可以改編成一齣有趣的相聲劇，透過食物的分享，小驢子聽了大熊、鱷魚的勸告，願意回到媽媽的身邊，學生非常容易將自身的情境對話加入劇本，引起共鳴。　2.學：學小驢子和大熊和鱷魚的聲音、表情、語氣。　3.逗：小驢子在吃披薩和蛋糕時可以學美食節目主持人，用誇張的語氣、逗趣的表情說書中形容美食的押韻對白，會是很大的笑點。　4.唱：可結合周杰倫當紅歌曲〈聽媽媽的話〉和周華健的〈朋友〉副歌部分，可在大熊、鱷魚和小驢子分享食物時，哼這首歌，會很溫馨。一定會是很精彩的相聲劇。

　　再來是《頑皮公主不出嫁》、《最炫的巨人》2 本圖畫書改編為相聲劇的諧趣化教學：

（一）選取《頑皮公主不出嫁》圖畫書的四頁圖

　　一頁是各國王子向公主獻上禮物，一頁是公主看著城牆外騎著駱駝的各國王子，一頁是公主親王子，還有一頁是公主在沙發上和寵物一起看賽馬。

（二）選取《最炫的巨人》的四頁圖

　　一頁是邋遢的巨人走在街上，一頁是巨人換了新行頭，和長頸鹿在街上說話，一頁是巨人脫下長褲沮喪坐在地上，還有一頁是動物送巨人皇冠和卡片。

（三）根據圖片寫相聲劇本的心智圖

地點：
國王的城堡。

原因：
國王幫公主招親。

角色：
1. 公主：
隨性、喜歡運動、喜歡寵物、不喜歡結婚。
2. 巨人：
高大、心地善良、木訥。

《頑皮公主不出嫁》
《最炫的巨人》

結局：
巨人娶了公主，過著幸福快樂的日子。

經過：
1. 公主一一出難招，拒絕各國王子。
2. 邋遢的巨人來求婚。
3. 公主很好奇他怎麼會穿這麼邋遢？
4. 巨人告訴公主他如何將領帶、皮鞋、襯衫、褲子、襪子和動物分享。
5. 公主感動，於是答應他的求婚。
6. 巨人娶了公主，和那些幫助過的動物開心的住在一起。

圖 6-3-2　《頑皮公主不出嫁》、《最炫的巨人》相聲劇本的心智圖

（四）將創意劇本結合相聲劇說、學、逗、唱的特色

表 6-3-2　《頑皮公主不出嫁》、《最炫的巨人》結合相聲劇
　　　　　 說、學、逗、唱的特色

書名	議題	相聲劇特色
《頑皮公主不出嫁》、《最炫的巨人》	兩性	（一）內容： 　　頑皮公主史瑪蒂喜歡作一個「單身貴族」，從來就沒想過要結婚。史瑪蒂公主向所有的求婚者宣布：「誰要是能完成我交給他的任務，我就嫁給誰。」可是當她看到一無所有邋遢的巨人來求婚時，被他的善行所感動，決定嫁給他，過著幸福快樂的日子。 （二）創意改編： 　　1.說：透過公主和巨人的對話，讓公主了解巨人是一個溫柔良善的大好人，其他學生可以演巨人要去向公主求婚，沿路要求巨人幫忙的動物，可以讓學生發揮想像力遇到什麼問題，因為有巨人新行頭的幫忙，才能化險為夷，所以大家希望巨人能完成心願，娶到美麗的公主，並想盡方法讓公主相信他們說的話，將會發生很有逗趣的內容。 　　2.學：模仿公主、巨人、動物的模樣和動作、說話語調，需維妙維肖，才有趣。 　　3.逗：動物祈求公主相信他們說的話，將是逗趣的地方。 　　4.唱：結合陶喆最紅的〈今天妳要嫁給我〉，用 rap 邊唸邊唱的方式也是高年級學生很喜歡的表演形式。求婚時唱副歌，可以改成公主和巨人的歌詞，很有浪漫求婚的感覺。

第四節　相關的教學活動設計及其實務印證

　　以我服務的學校箱書運用在單一圖畫書改編為相聲劇的諧趣化的教學活動設計是以《兩姊妹和她們的客人》這本圖畫書進行教學，來作實務印證。

　　上課如果是有趣、好笑的課程，將會提升學生學習動機和興趣，並激發他們的熱情。在《兩姊妹和她們的客人》這本圖畫書裡，作者透過一對姊妹的表弟來訪的故事，談論了一個重要的人生課題，就是「尊重」別人：自己喜歡的東西，別人不一定喜歡，當你強迫別人接受時可能會發生的情況。原本是個嚴肅的主題，因為搭配了輕鬆、有趣、幽默的圖畫，不僅讓人對這本書愛不釋手，也讓孩子在哈哈一笑中，有更多的想像、思考空間。因此本研究將選此本圖畫書當文本與相聲劇結合，至於將它們結合的理由，詳見第一章第三節的說明。

表 6-4-1　單一和非單一圖畫書改編為相聲劇諧趣化的教學活動設計

教學內容	《兩姊妹和她們的客人》、《我和我家附近的野狗》	教學者、設計者	李玉玫
教學方式	相聲劇	教學班級	六年丙班
教學時間	一百六十分鐘	教學人數	31 人
設計理念	1.藉由觀賞相聲劇，引起學生學習相聲劇的動機，並對相聲的基本元素「說、學、逗、唱」有初步的認識。 2.利用小組討論，激發學生創意，將彼此溝通表演的內容，寫成劇本。 3.透過各組實際演出相聲劇，了解相聲劇的諧趣性和表演方式，並能學習欣賞別人的演出。		
教學目標	1.能找出圖畫書文本和圖畫所要傳達的訊息。 2.能了解尊重別人的重要。 3.能學習相聲劇喜劇的表達方式。 4.能將圖畫書改編成相聲劇本。		

	5.能學習與小組同學一起合作演出。 6.能利用聲音、肢體、表情進行演出。 7.能欣賞同學的表演，並給予鼓勵。 8.能找出製造差異和無中生有創意的劇本和表演。				
準備教材	《兩姊妹和她們的客人》、《我和我家附近的野狗》圖畫書 31 本、電腦、單槍、電子白板、前、後測問卷、《東廠僅一位》DVD、圖畫書的 ppt、劇本賞析單、錄影機。				

教學活動內容	時間	教學資源	能力指標	評量方式
一、準備活動 （一）教師 　　1、發下《兩姊妹和她們的客人》、《我和我家附近的野狗》圖畫書、前測問卷，請學生填寫。 　　2、將全班學生分四組，進行討論和表演。 （二）學生 　　1、填寫前測問卷。 　　2、預先看圖畫書，畫結構圖，找出書中重點。		《兩姊妹和她們的客人》、《我和我家附近的野狗》圖畫書、前測問卷。		
二、發展活動 （一）活動一：討論 　　1、討論這兩本圖畫書圖文互為主體的「互釋」形式和內容？ 　　S：光看《兩》的圖片，還不太了解，一邊仔細觀察圖裡人物的表情，一邊看故事情節，會很清楚故事全部情節。 　　S：《我》的圖片都是跨頁，圖裡蘊含非常多訊息。 　　S：《兩》的文字很少，圖片意思表達比較豐富。 　　S：看《我》的圖片，可以幫助我們了解故事。 　　教師總結：大家都很認真觀察與閱讀，表示對圖畫書這種形	30	介紹圖畫書的 ppt、單槍、電腦。	5-3-8 能共同討論閱讀的內容，並分享心得。	能回答老師的問題，並說出圖畫書的特性。能了解故事內容以及相聲劇的特性。

教學活動	時間	教學資源	能力指標	評量
式也有一定的了解和認識，這兩本書都是屬於這種型式的圖畫書一定要很細心才能讀出圖畫書中的大智慧。 2、為什麼這兩本圖畫書要和相聲劇作結合？ 　　（老師先播放《東廠僅一位》DVD，並說明相聲劇的特性，現在請學生看圖畫書思考這個問題） S：《兩》故事裡的姊妹和客人由於生活習慣不同，所以擦出很多火花，對話會很有趣。 S：《我》是以小男孩的觀點看野狗，故事很有趣。 S：兩本書圖裡的意思趣味性很高，很容易改成對話 。 S：兩本書都有衝突的情節，可以產生語言中的趣味。 教師總結：是啊！因為這兩本圖畫書文字和圖像都讓讀者有很大的想像空間，很容易找到捧、逗兩個角色對話，讓圖畫書的圖與文因為相聲劇的形式，更豐富讀者的聽覺和視覺。		《東廠僅一位》DVD	5-4-2-4 能從閱讀過程中發展系統性思考。	能了解圖畫書和相聲劇的創意結合。
（二）活動二：改編劇本演出（一） 　　1、《兩》和相聲劇如何作有創意的結合？ （老師進行故事文本討論、角色的動作、聲音、表情的呈現，並討論創意的結合方式） 　　S：姊姊和妹妹對話，一起抱怨客人。 　　S：姊姊和客人對話，妹妹在旁邊答腔。 　　S：姊妹和小狗對話，抱怨客人的無	30	錄影機	6-4-3-1 能配合各項學習活動，撰寫演說稿、辯論稿或劇本。 5-4-2-4 能從閱讀	能了解圖畫書和相聲劇的創意結合。能改編劇本並揣摩劇中角色。能大方演出相

			過程中發展系統性思考。	聲劇，並欣賞同學的演出。

禮。

S：多加一些笑話或歌曲在對話，會很有創意。

教師總結：沒錯！創意除了表現在劇本的改編，也可以在相聲劇演員的說、學、逗、唱展現，這就是最好的結合。

2、實際改編劇本演出。

（老師示範劇本的寫作方式，並請各組討論、排演，演員需背熟劇本）

S：我的劇本是客人還沒來，姐妹在討論客人的優缺點。

姐姐：妹妹，堂弟打電話說他馬上要來了！

妹妹：太好了！可以請他幫忙修壞掉的水龍頭。

姐姐：是啊！還可以幫我們修客廳的燈。

妹妹：對了！說不定他會幫我們整理這個老房子？

姐姐：不要吧！他會把妳最喜歡的壁畫丟掉。

妹妹：也許他會把喵喵、汪汪丟到外面。

姐姐：也許他會叫我們吃營養早餐、每天做運動。（唱新式健康操）

妹妹：哇！越想越恐怖！還是編個理由叫他不要來了！

姐姐：沒錯！快打電話吧！

S：我是以姊妹與客人的對話，產生衝突性，最後趕走客人為結局。

姐姐：小妹，家裡的燈泡、水龍頭壞掉了。

（門鈴聲）				
妹妹：剛好表弟來了！請他幫我們修好！				
表弟：妳們家裡真亂，我是家事達人，馬上就可以幫妳們整理好！				
姊姊：先修電燈、水龍頭吧！				
表弟：簡單！				
妹妹：幫我們設計一下家裡的布置吧！				
表弟：沒問題！				
姐姐：這幅畫不要丟！				
表弟：不丟的話，客廳看起來很擁擠。				
妹妹：這個沙發不要丟！				
表弟：坐地上比較舒服！				
姊姊：妹妹！開門！把表弟丟出去！再不丟！我們可要被他丟出去了！				
表弟：手下留情！				
（三）活動三：檢討成效（一） S：第一組姐妹對話很好笑！尤其是做健身操那一段。 S：第二組姐姐說話語氣很兇，難怪表弟會趕快溜！ 教師總結：這兩場演出展現製造差異、無中生有的創意，也能表現相聲劇的諧趣化特色，值得鼓勵！	20		5-4-2-4 能從閱讀過程中發展系統性思考。	能針對前一組同學演出，提出回饋與建議。
（四）活動四：改編劇本演出（二） 1、這兩本圖畫書和相聲劇如何作有創意的結合？ 　（老師播放《我》圖畫書 ppt，和學生討論內容以及哪些圖片可以和先前演過的《兩》相結合）	60	錄影機	5-4-2-4 能從閱讀過程中發展系統性思考。 6-4-3-1	能了解圖畫書和相聲劇的創意結合。 能改編劇本並揣摩

S：客人離開兩姊妹家，在街上遇到野狗的情形，最後回到兩姊妹家，並學會尊重她們的生活習慣。 S：一群野狗跑到兩姊妹家裡作客也很有趣。 教師總結：這兩種改編方法都是無中生有的創意，大家可以在對話中多加一些說、學、逗、唱，讓劇本更有趣。 2、實際改編劇本演出。 S：我的劇本是第一種寫法。 客人：這兩個姊妹真沒禮貌，我幫她們整理得這麼乾淨，她們居然沒有感激我，真是氣死我了！咦！這條街怎麼這麼髒？ 狗1：汪！汪！你踩到我的地盤，還不快走！否則我咬你！ 客人：造反了！這裡的狗會說話！還是快跑為妙！砰！ 狗2：不好意思！剛剛我在這裡便便！才會害你跌個狗吃屎！ 客人：我怎麼這麼衰！身上真臭！又不能坐車！只好回她們家了！其實兩姐妹家還是很舒服！ （敲門聲） 姊姊：是誰啊！ 客人：是我！我是來洗澡！ 妹妹：真臭！你不是很愛乾淨嗎？ 客人：是啊！還不是外面那些臭狗？還是你們家的狗乾淨多了！我再也不會嫌你們家了！ S：我的劇本是第二種寫法。 狗1：最近外面越來越多狗和我們搶食物。		能配合各項學習活動，撰寫演說稿、辯論稿或劇本。	劇中角色。能大方演出相聲劇，並欣賞同學的演出。

狗2：沒錯！聽說牠們搶不到食物，還會咬死小孩！ 狗3：哇！嚇死我了！那我們要躲去哪裡？ 狗1：我們可以去前面那棟粉紅色房子問看看！因為我看牠們家的小貓、小狗都過得很快樂！ 狗2：好啊！ （敲門聲） 姊姊：妹妹快來看！好可憐的狗！你們一定餓昏了！快進來！ 妹妹：姊姊！牠們很需要我們照顧，就把他們留下來吧！ 姊姊：好啊！我們就多好多伴了！			
（五）活動五：檢討成效（二） 　　S：客人對兩姊妹的家嫌東嫌西，後來發現被野狗吼、踩到狗屎的時候臺詞、動作很逗趣。 　　S：狗狗找到好主人家，覺得逗趣又溫馨！ 　教師總結：這次演出大家都使出絕活，希望逗大家開心，氣氛營造的很好，是一次很令人深刻的表演。	20		5-4-2-4 能從閱讀過程中發展系統性思考。	能針對同組同學演出，提出回饋與建議。

在進行教學前，先設計前測問卷對全班 31 位學生進行普測，採無計名問卷的方式，才能了解他們在本單元教學前的基本能力，作為教學參考的依據。

根據前測問卷結果發現：

1. 你有聽過相聲劇嗎？

　　答：15 人聽過，16 沒聽過。

2. 你看過相聲劇嗎？

　　答：2 人看過，29 人沒看過。

3. 你在哪裡看過相聲劇？是哪一個劇團主演的？

答：2 人表示在中山堂看過相聲劇，是相聲瓦舍主演的相聲劇。

4. 你知道相聲劇有什麼特色？（可複選）

答：16 人認為對白很有趣，23 人認為是以說學逗唱為主，1 人認為必須穿劇服，一人認為要有道具。

5. 相聲劇可以幾人演出？

答：2 人認為一個人演出，12 人認為 2 個人演出，17 人認為多人演出。

6. 圖畫書可以編成相聲劇嗎？

答：31 人都認為可以編成相聲劇。

7. 圖畫書倘若編成相聲劇，要加入哪些元素會更有趣？（可複選）

答：5 人認為音樂，3 人認為唱歌，19 人認為演戲，13 人認為笑話。

　　班上僅有 2 位學生對相聲劇說、學、逗、唱的表演方式非常熟悉，因為父母會帶他們去看相聲劇表演或家裡常聽相聲劇 CD，其餘的大多由國語課本相聲課文認識相聲，以為相聲就是兩個人的表演，不清楚相聲劇表演的方式。於是，我先播放《相聲瓦舍・東廠僅 1 位》DVD，其中〈十八層公寓〉的段子，讓學生了解相聲劇的表演形式。當看到這一段時，學生哄堂大笑，久久不能自已。

　　馮翊剛和宋少卿在這段子又比又說又唱，表演真的很生動。馮翊剛功力非常厲害，一站出來沒什麼誇張動作，卻充滿喜感，將這段包袱抖得趣味十足。而這個橋段只是將一些成語結合電影《倩女幽魂》中道士唱的一段話，配合生動的肢體動作，就讓學生拍手叫好，印象深刻，對他們的創意讚嘆不已。

　　於是我告訴學生相聲劇本的內容，只要加入平時學的成語、新聞、日常生活故事、笑話、謎語，就可以增加內容的豐富性，而對話中「嗯、哎、哦、啊、嘿、瞎」語氣變化，不僅是「相聲」的靈魂，也是捧逗默契的展現，可以適當應用在劇本中。相聲演員要表演出色，除了語言、動作、表情之外，「包袱」的設計也需演員自己重新包裹，才能在舞臺上活靈活現呈現出來。為了能呈現「唱」的趣味，可以在劇本裡加入適

合的內容或與主題接近的流行歌曲，比較能吸引觀眾；尤其是電視的廣
告歌曲，幾乎是眾所皆知，更能引起觀眾共鳴。

　　「相聲」更是需要模仿的能力，以模仿人物最為常見，特別的動物
以及聲響，都是製造氣氛、增加劇情的技巧。表演者除了語言訓練外，
儀態表情也很重要，平時敏銳的觀察力是表演者不可或缺的能力，所以
演員的臨場經驗非常重要，要多看、多聽、多學，好的演員幾乎都是先
從模仿，再發展自己的特色。學生會利用下課時間，彼此練習段子內容，
說說唱唱，比畫一番，開心的不得了！

> 　　很多學生是第一次看相聲劇。對劇中演員的對白看的興味盎
> 然，從頭笑到尾，下課還一直模仿他們的表演，記憶力好的學生
> 很快就記熟一些經典對白，看到他們這麼喜愛相聲劇，於是我將
> 一部份的臺詞影印給他們，讓他們可以兩兩練習劇中人物對話的
> 語氣、表情、肢體動作、唱腔，揣摩相聲劇演員所需具備的喜感，
> 才能讓觀眾感受那份歡樂。平常安靜的學生，也帶著微笑加入練
> 習的行列，讓我對這次相聲劇的教學，有很大的信心。
>
> 　　利用每天中午吃飯時間，播放相聲瓦舍的作品或聽《說相聲
> 學語文》的 CD，讓學生沈浸在相聲劇的氛圍。等他們對相聲劇
> 有更深一層的體會，就是將圖畫書與相聲劇結合教學的好時機。
> （觀摘 2010.9.15）

一、創作性戲劇教學活動程序

（一）解說與示範

　　進到正式教學，和學生討論圖畫書《兩姊妹和她們的客人》的內容，
因為他們是六年級的學生，認知發展程度已可以逐漸作抽象思維、並能
用合於形式邏輯的能力來推理問題，並可以說出自己對文字、圖的看法，
於是將故事文本全班共同討論，兩姊妹、客人、小貓、小狗的聲音應該
如何表現，他們各自的動作、表情又該是如何呈現的？由於圖畫書是書

面文字，要轉變成劇本形式，對他們第一次編相聲劇來說稍嫌困難，於是我先請他們找出故事中的重要元素，如下表：

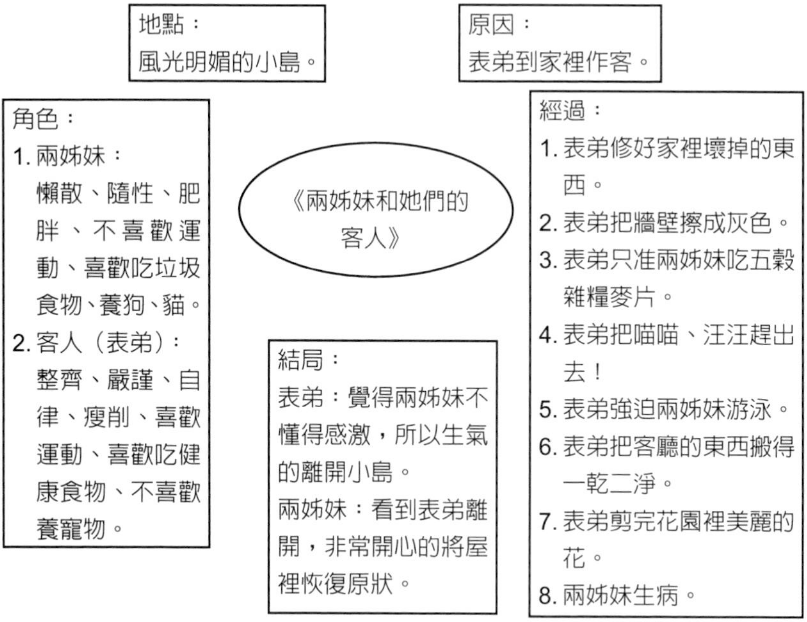

地點：
風光明媚的小島。

原因：
表弟到家裡作客。

角色：
1. 兩姊妹：
　懶散、隨性、肥胖、不喜歡運動、喜歡吃垃圾食物、養狗、貓。
2. 客人（表弟）：
　整齊、嚴謹、自律、瘦削、喜歡運動、喜歡吃健康食物、不喜歡養寵物。

《兩姊妹和她們的客人》

經過：
1. 表弟修好家裡壞掉的東西。
2. 表弟把牆壁擦成灰色。
3. 表弟只准兩姊妹吃五穀雜糧麥片。
4. 表弟把喵喵、汪汪趕出去！
5. 表弟強迫兩姊妹游泳。
6. 表弟把客廳的東西搬得一乾二淨。
7. 表弟剪完花園裡美麗的花。
8. 兩姊妹生病。

結局：
表弟：覺得兩姊妹不懂得感激，所以生氣的離開小島。
兩姊妹：看到表弟離開，非常開心的將屋裡恢復原狀。

圖 6-4-1　《兩姊妹和她們的客人》的相聲劇心智圖

　　並和他們討論角色有兩姊妹和客人，哪兩個角色比較適合當捧逗兩人。書中大部分是客人對兩姊妹說話，如：這樣怎麼生活啊！沒關係，包在我身上！我會幫妳整理、整理！倘若是以兩姊妹和客人的對話寫劇本，是比較容易改編，可是倘若想要讓妹妹出去玩，只留姊姊在家招待客人，讓姊姊和客人擦出一些相處上的火花，再讓妹妹當第三者很客觀來看這些發生的事情，也會很有趣。只要是圖畫書有出現的畫面，都可以改編，無論是角色、故事經過，都可以發揮想像力改編。因為他們沒寫過劇本，所以我先示範寫一篇簡單的劇本，內容如下：

　　《兩姊妹和他們的客人》劇本
　　姊姊：我是胖胖的姊姊。

妹妹：我是胖胖的妹妹。

姊姊妹妹：上臺一鞠躬。

姊姊：我們是住在一個風景如畫的小島上。

妹妹：那裡有海可以划船。

姊姊：真是人間仙境啊！

姊姊：可是！唉！

妹妹：唉！為什麼我去別島玩一星期，表弟來我們家作客，妳就
　　　唉……唉個不停！

姊姊：說來話長，每次只要聽到他說：「這樣怎麼生活啊！沒關
　　　係，包在我身上！我會幫妳整理、整理！」那可就慘了！

妹妹：怎麼說？

姊姊：首先，他把水龍頭修好。

妹妹：讚！那我們就有水喝了！

姊姊：然後他又修好走廊上的燈。

妹妹：讚！那我們就可以吃浪漫的燭光晚餐！

姊姊：接著他把房子擦成粉紅色。

妹妹：也不錯！挺有現代感！

姊姊：是啊！不過……

妹妹：不過什麼……表弟為我們做這麼多事，妳可真是不滿足！

姊姊：一大早，他就叫我起來跳「one more，twe more」！

妹妹：哇！那不是把妳累死了！

姊姊：是啊！做完體操，他只准我吃五穀雜糧麥片。

妹妹：妳是說喝起來黏糊糊的麥片，嗯！有點想吐！

姊姊：昨天他居然把喵喵、汪汪趕出去！

妹妹：真是太過份了！

姊姊：最糟糕的是他一看到客廳……

妹妹：怎麼樣？

姊姊：他說：「這樣怎麼生活啊！沒關係，包在我身上！我會幫
　　　妳整理、整理！」說完就把客廳的東西搬得一乾二淨。

妹妹：豈有此理！那我美麗的花？

姊姊：唉！

妹妹：別唉了！快說！

姊姊：全剪光了！

妹妹：唉！換我唉了！

姊姊：好了！別唉了！他今天一早回家去！

妹妹：YA！我們趕快回去把家恢復原狀吧！

姊姊：我是胖胖的姊姊。

妹妹：我是胖胖的妹妹。

姊姊妹妹：下臺一鞠躬

（二）討論

　　再請他們根據圖畫書的文、圖將內容加以改編，並根據相聲劇的原則，運用了許多詼諧的手法，如：諧音字、國語的成語、歌曲，讓平淡的敘述加一層風趣。並透過分組討論、修改劇本，寫出一齣最適合演出的劇本。角色或內容可依據「製造差異」、「無中生有」的創意自由發揮，但是一定要傳達出書中「尊重別人」的精神，才不會讓這齣劇只是荒誕不經、單純搞笑，不帶有任何教育意義。學生經過兩節課認真討論、排演劇本內容，回家並將臺詞背熟，等一切就緒，就準備到舞蹈教室錄影演出。

（三）暖身活動

　　創作性戲劇活動正式進入教學現場的第一個活動就是「暖身活動」，它能用來提升學生對接下來的課程的專注力，同時消除緊張、穩定情緒、加強知覺和開發體驗身體各部分的可能性。在這個課程中，我運用了「鏡子遊戲」和「發聲練習」兩種暖身活動，活動內容和實施情形說明如下：

1.鏡子遊戲：

學生兩兩一組，一人當 A，另一人當 B。A 先當領導者，以右手帶領 B 的左手移動，兩手之間要保持一小段距離。可在活動其中放慢或加快速度，也可以嘗試改變方向與高度，完成後再交換身分。藉此活動培養學生專注力、並放鬆肢體。

學生在進行這項活動時，由於必須專注地看著領導者的手掌，同時也因為領導者的方向、高度與速度的改變，無形中讓自己的肢體充分獲得了伸展。此外，每一次領導者所作的改變，都在訓練著被領導者的反應能力與專注力，因此小朋友都十分專注的進行這項活動。

2.發聲練習：

讓學生發出「ㄚ」、「ㄧ」、「ㄨ」、「ㄟ」、「ㄛ」的長音和高音，增加聲音的亮度和高度，才不會在正式演出時，因為演員音量聲音太小，影響演出效果。

（四）演出

選出一位主持人，按照組別順序依序演出，並在各組表演完，請台下觀眾給予熱烈的掌聲。因為這是學生第一次表演相聲劇，大家都覺得很驚奇有趣，所以整節課笑聲不斷，各組的逗趣表演都很精采。第一組臺客兩兄弟的對話，正好是學生很熟悉年輕人的對話，如：正妹、宅男等，所以一開始演出就讓同學笑得合不攏嘴。第二組阿豬、阿花的對話中，總是突然會加入臨時演員搞笑演出，頗有陳漢典在《康熙來了》丑角的味道，令人印象深刻。第三組小貓和小狗的對話，如：好哩家在、偶有喝保力達蠻牛，突然穿插說臺語，會覺得很能拉近和觀眾的距離。第四組帥哥五人組說學逗唱的高超演技，尤其跳卡加不列島和猩猩舞時，生動的表情、率真的舞蹈動作，令人大笑驚嘆不已，演完讓觀眾直喊安可，所以又應觀眾要求，加演一場，居然內容還比上一

場多加一些笑料，不得不讓人佩服他們即興演出的創意。第五組號稱最佳無厘頭的對話，果然贏得大家熱烈的掌聲。以下是這五組創意改寫的劇本：

第一組：

哥哥：我是宅男大王哥哥。

弟弟：我是愛出國的弟弟。

哥、弟：上臺一鞠躬。

哥哥：我們住在一個風景如畫的城市。

弟弟：那裡不管要什麼都買得到。

哥、弟：真是人間仙境啊！

哥哥：唉！真是的。

弟弟：唉！為什麼我去美國玩，表哥來我們家，你就唉……唉不停啊？很吵ㄟ！

哥哥：說來話長，只要聽到他說：「這裡是什麼爛地方啊！沒關係！我本大爺會幫你整理整理！」那可就完了！

弟弟：為什麼啊？

哥哥：首先，他把小強打死！

弟弟：很棒啊！我們就不用天天打小強了！

哥哥：然後他又把房子擦成紫色，有夠娘的啦！

弟弟：說的也是ㄟ！

哥哥：還有，一大早，他就叫我跟他一起跳「nobidy nobody but you」！

弟弟：哇！真慘！

哥哥：是啊！跳完舞他還叫我吃超級無敵特大牛排，有夠噁的！

弟弟：你說是那世界特大牛排嗎？噁！好噁喔！

哥哥：昨天他竟然把大肥豬丟出去！

弟弟：真是太超過了！

哥哥：他……他一看到客廳……

弟弟：該不會……

哥哥：是的！你的正妹海報全不見了！

弟弟：他算哪根蔥啊！竟然敢做這種事！

哥哥：唉！好險他昨天回家去了！

弟弟：太棒了！

（有人在家嗎？）

弟弟：完蛋了！我又要再心痛一次了啦！

哥哥：我是宅男大王哥哥。

弟弟：我是愛出國的弟弟。

哥、弟：下臺一鞠躬

第二組：

阿豬：大家好我是大胖豬，外號阿豬。

阿花：我是大三八，外號阿花。

臨時演員：我是臨時演員跟老樹還有跑步者。

合：上臺一鞠躬

阿豬：我們住在一個杳無人煙的小島上面，那裡有湖可以釣魚，而且在湖中央有很多大隻的魚。

阿花：阿豬，妳看我花三天時間釣了一條大魚！ㄟ！妳怎麼看起來不開心？是不希望我回家？還是？還是？

阿豬：不是！是表姊啦！她前天開飛機來我們家作客。每次看到我都一直唸布拉布拉……

阿花：唸一下又不會死掉。

阿豬：會！她每天早上天都還沒亮，就叫我去跑步。

臨時演員：1212！聽我們的歌聲隨便亂哼，看我們的隊伍踩死老鼠。

阿花：是妳才有這個機會，抱怨什麼？

阿豬：而且她平常只讓我吃素菜，哪像以前我都可以吃五十碗白飯和十隻雞，所以都吃不飽！還有她都不讓我看海綿寶寶啦！

阿花：不會怎樣啦！

阿豬：會！

臨時演員：海綿寶寶！海綿寶寶！

阿豬：有件事情你可不要生氣喔！

阿花：什麼事？

阿豬：就是表姊把你最親愛的小熊貓推到湖裡去了。

阿花：什麼？

阿豬：她說會得到熊貓疫。

臨時演員：什麼熊貓疫！什麼碗糕疫嘛！

阿豬：拜託妳跟我來房間一下

阿花：什麼？我們的床墊？

阿豬：表姊把它搬走了，她說睡木床比較舒服。

阿花：床不就要像雲一樣的軟嗎？我們又不是老人家睡什麼木
　　　床，我看不到三天我們的骨頭就會碎光光。

阿豬：她還把我們的樹都剪得光禿禿了。

阿花：我的樹？

臨時演員：等一下！老樹要說話，我是老伯伯呢！

阿花：什麼老伯伯？

臨時演員：我是老伯伯，你還摸什麼摸，哈！摸什麼摸，不要摸
　　　　　了啦！

阿花：什麼嗎？小氣鬼！

阿豬：不過，她今天一早回家了，因為她說做了那麼多，而我卻
　　　還是一隻又胖又懶又不知感激別人的大肥豬，所以她一生
　　　氣就開飛機回去了！

阿花：太好了！還好我沒有遇到她，不然她又要留下來住了，那
　　　我們晚上來開 PARTY 慶祝吧！

臨時演員：OH～OH～OH～你是我的花朵。

阿豬：快一點啦！我今天要吃一百碗盤蛋糕，把之前的份都補
　　　回來。

阿豬：阿豬。

阿花：阿花。

臨時演員：臨時演員。

合：下臺一鞠躬。

第三組：

喵：我是喵。

汪：我是汪。

合：上臺一鞠躬。

喵：啊啊啊！我要瘋了。

汪：真的是天壽。

喵：自從主人的表弟住進來之後，我們的生活完全變掉了，他把
　　水龍頭、吊燈修好，我是還蠻感謝他的，可是……

汪：可是他越來越難婆。

喵：對啊！首先他把房子漆成難看的黑色，且還逼著我們吃麥
　　片，還把客廳裡的東西都搬光，還把花園裡的花都剪掉。

汪：他還要我做體操，好哩家在！我有喝這罐，保利達蠻牛啦！

喵：接下來他可能會把房子打掉，全部重蓋，再把我們家柔和
　　的音樂，變成瘋瘋癲癲的搖滾樂，接下來他可能只餵我們
　　吃雜草。

合：啊！不要！

（鈴鈴鈴！電話響了！）

喵：喂～好！謝謝！好！再見！

喵：那個！那個！那個！那個！那個！那個！那個！

汪：那個～到底是哪個？

喵：那個王八蛋表弟要走了。

汪：真是的感謝神明保佑，阿門！

喵：我要回家了，掰掰！

汪：等一下！等等我！

喵：我是喵。

汪：我是汪。

合：下臺一鞠躬。

第四組：

竹子：大家好！我是竹子哥哥。

電線桿：我是電線桿弟弟。

合：上臺一鞠躬！再鞠躬！三鞠躬！

電線桿：暨國父遺像三鞠躬禮，大家請脫帽。

電線桿：我們住在一個美麗的小島上，上面是天空之城，下面不知道是什麼啊？

竹子：（問觀眾）你知道我們住在哪裡嗎？先生先生，你知道我們住在哪裡嗎？

電線桿：他不是我們居民不要問。

合：我們住在卡加布列島。

電線桿：我為這個島編了一首島歌，很好聽的，請大家聽聽看喔！

合：321！（一起唱）我來到一個島，它叫卡加布列島，有隻身穿七彩衣的鳥對著我微笑，我來到一個島，它叫卡加布列島，小黑猩猩很有禮貌對著我微笑。

竹子：好累喔！歌唱那個長會死啊！

電線桿：對啊！

竹子：唉！

電線桿：唉什麼啊？整天唉不完！

竹子：你這幾天不在，表弟不是來我們家嗎？

電線桿：對啊！他來陪你不是很好嗎？

竹子：他一來就把水龍頭修好。

電線桿：修好不是很好嗎？可以喝水啊！洗碗洗衣服啊！沖廁所啊！還有那個化糞池水才不會衝上來，臭死人啊！

竹子：可是我們的水費變得很貴！

電線桿：貴一點沒關係！方便才重要吧！

竹子：可是他又把走廊的燈修好。

電線桿：修好不是很好嗎？

竹子：我喜歡暗暗的感覺嘛！

電線桿：我不喜歡！不然我為什麼叫電線桿？

竹子：那你喜歡小狗撒尿？

電線桿：喔！不！別亂說！

竹子：還有他把我們的房子改成鐵皮屋。

電線桿：這不是很有現代感嗎？你看現在不都是流行鐵皮屋嗎？
　　　　很跟得上潮流啊！

竹子：可是我們現在冬冷夏熱，要怎麼活啊？

電線桿：沒關係啦！這是天神要來懲罰你。

竹子：我？有沒有說錯？你造孽比我多吧！

電線桿：對！對！別生氣！都是我的錯，我的關係。

竹子：唉！尤其是他一大早把我挖起來跳什麼？猩猩舞啊！小龐
　　　舞啊！醜死了！小朋友只要一跳完，回到家媽媽一定會這
　　　樣說唉呀！我們家怎麼有一隻猴子，一定會被嚇到啦！

電線桿：我不相信！

竹子：那我們來試看看！首先我們要先變身（帶蛙鏡），再不變
　　　身會便秘，預備起！（全體跳舞）

電線桿：喔！好累！先把蛙鏡拆下來。

竹子：唉！還有更慘的事，他一早起來就叫我丟飛靶、鉛球、跳
　　　高、跳遠、還叫我練柔道、空手道、跆拳道、摔肩。

電線桿：好了別說了啦！浪費時間啦！真可惡！最糟糕的是我剛
　　　　才發現我的 MP3、MP4、PSP、PS2、WII、WIIFIT、IPAD、
　　　　IPHONE 都不見了。

竹子：他全部賣掉了。

電線桿：當掉了？還是賣掉了？

竹子：賣掉？

電線桿：賣掉！賣掉錢怎麼沒給我？

竹子：他只留下了三百塊。

電線桿：三百塊。

竹子：對！三百塊。

電線桿：那你怎麼沒分我？

竹子：因為我全部花掉了。

電線桿：算了！既然我們家都變鐵皮屋了，不跟你計較！反正等
　　　　一下回去一起把它整理吧！

竹子：整理整理！對啊！

電線桿：我是電線桿。

竹子：我是竹子。

合：下臺一鞠躬。

第五組：

姐姐：我是懶骨頭的姐姐。

妹妹：我是自戀的妹妹，啊～我好漂亮啊！

表弟：我是懷孕的表弟。

小孩：我是一個剛出生的小孩。

合：上臺一鞠躬。

姐姐：妳知道今天是什麼日子嗎？

妹妹：不知道耶，是什麼日子啊？

姐姐：是表弟要來我們家耶！

妹妹：是喔！

妹妹：唉！有人在按門鈴我去開門。

旁白：表弟走了進來。

姐姐：妳的肚子怎麼那麼圓啊？

妹妹：對耶，怎麼那麼圓啊？

姐姐：該不會是懷孕了吧？

妹妹：男人怎麼會懷孕？

表弟：沒錯！我懷孕了，不用懷疑。

姐姐：為什麼你會懷孕？

表弟：因為我女性荷爾蒙太多，所以才會懷孕的呀！

妹妹：啊！世界真神奇！

表弟：你們家好髒亂喔！環境這麼髒，我來幫你們整理整理啊！

合：我們最怕表弟講這句話了。

姐姐：首先，表弟把阻塞的馬桶修好了，然後修好書桌的檯燈，
　　　然後又把房子漆成灰色的,我們閒閒沒事作來跳舞吧！（播
　　　放韓國少女時代跳的小貓舞）

表弟：你們跳得太難看了

姐姐：不會啊！我覺得很可愛！

表弟：啊！我的肚子好痛！可能要生了！

妹妹：快點躺下來，我來替你接生，準備好了嗎？

表弟：準備好了。

妹妹：用力！吸氣！用力！吸氣！用力！吸氣！

姐姐：好了！寶寶已經出來了！加油加油！

妹妹：用力！吐氣！

姐姐：生了生了！（哇！）

姐姐：啊！表弟失血過多了！

妹妹：死了嗎？死了！好吧！乖寶寶！

姐姐：我們把他埋在花園裡吧！

姐姐：我是懶骨頭的姐姐。

妹妹：我是自戀的妹妹。

表弟：我是懷孕的表弟和死掉的表弟。

小孩：我是剛出生的小孩。

合：下臺一鞠躬。

（五）分享與回饋

　　請各組討論前一組表演的優缺點，為了讓學生能很快抓到討論的要項，不可涉及人身攻擊，對同學的演出多給予正面的鼓勵。我先示範上臺分享的重點，請他們根據參考題目進行討論，五分鐘後每組派 3 位同學上臺分享討論的內容。

　　參考的題目內容如下：

1.最喜歡他們演的哪一段內容？

2.請提出具體建議，讓他們下次上臺能有更好的表現。

3. 整體來說，他們在編劇和演技表現如何？給星星表示鼓勵（最多
10 顆星）。

第一組：

　　S29：他們表演好有趣！尤其是 S10 演懷孕的表弟，還拿扇子邊
　　　　　搧邊說：「我女性荷爾蒙太多，所以才會懷孕的呀！」這
　　　　　句臺詞時讓我們笑得很開心，我們很喜歡兩姐妹跳的小貓
　　　　　舞，聽說她們只花 20 分鐘就練會了，真厲害！

　　S27：不過他們編的劇本結局太奇怪，居然讓表弟死掉，那兩姊
　　　　　妹就要養表弟的小孩，實在太出乎意料之外！劇本可以再
　　　　　修改一下結局，會更精彩！

　　S18：整體來說，第五組的劇本還要加強，但是他們很用心排練，
　　　　　跳得舞很精采，所以給他們 9 顆星。

第二組：

　　S17：第一組臺客二人組的表演，S11 演哥哥的演技很生動，特別
　　　　　跳舞時，裝成女人嬌滴滴的樣子，好噁心！哥哥在模仿表
　　　　　弟說話的語氣：「這裡是什麼爛地方啊！沒關係！我本大
　　　　　爺會幫你整理整理！那可就完了！」那段演得很精采。

　　S28：演員偶而會忘詞，臺詞倘若再背熟一點，表演會更精彩！

　　S21：整體來說，第一組劇本寫得很好，表演很認真，所以給他
　　　　　們 9 顆星。

第三組：

　　S25：第二組的 S28 一次演好多角色，她每次出來，都很有笑果，
　　　　　我們喜歡她演臨時演員時，大聲喊：「1212！聽我們的歌
　　　　　聲隨便亂哼，看我們的隊伍踩死老鼠。」挺有創意，阿豬、
　　　　　阿花也很認真表演，台詞這麼多，都記得很熟，真的很棒！

　　S23：演員太愛笑了，一直笑場，有時我們會聽不太懂她們在說
　　　　　什麼？所以，希望她們能正經一點，會演得更好。

S24：整體來說，第二組劇本寫得很精采，演技也不錯，笑點很多，所以給他們 9 顆星。

第四組：

S4　：第三組的劇本和大家都不一樣，是以小貓小狗對話，來看客人表哥來家裡拜訪發生的事情，S24 演的小狗幾乎每一句臺詞都有臺語穿插在裡面，是這組的特色，我們覺得滿特別。

S8　：不過有的演員聲音太小，我們有一點聽不到，下次說話再大聲一點、表情再生動一點，多加一些唱的部分，表演會更精采。

S9　：整體來說，第三組劇本寫得非常有創意，演技很生動，所以給他們 9 顆星。

第五組：

S22：第四組搞笑五人組，表演太精采！說、學、逗、唱樣樣精通，S4 和 S8 的表情豐富，跳獅獅舞，還將蛙鏡戴在頭上變裝，我們非常喜歡他們的表演。兩次表演，S4 號說什麼，S7 號都能馬上接上話，並把它說得很好玩，逗得觀眾哈哈大笑，表演的非常棒！所以不需要任何建議。

S20：整體來說，第四組劇本寫得好，演技一級棒，所以我們給他們 10 顆星。

（六）選出製造差異創意的劇本和無中生有創意的劇本和表演

1. 各組分享完，請大家根據「製造差異」和「無中生有」的創意戲劇化圖畫書教學的定義（詳見第三章第二、第三節），投票決定同學劇本和表演屬於哪一種創意。

2. 結果：

製造差異的創意劇本：第一組、第二組、第四組。

無中生有的創意劇本：第三組、第五組。

製造差異的創意表演：第一組。

無中生有的創意表演：第二組、第三組、第四組、第五組。

我很好奇為什麼學生的劇本只有二組是屬於無中生有的創意劇本，但是卻有四組屬於無中生有的創意表演。因為時間關係，所以我請四位學生起來分享，S25 認為第三組、第五組的劇本和原來圖畫書角色、觀點都不同，所以是屬於無中生有的創意劇本。S15 認為第二組、第三組、第四組、第五組的表演和我們想像原來圖畫書應該要呈現的表演方式很不一樣。S8 認為第二組的劇本雖然和圖畫書內容沒有很大差別，但是加了臨時演員這個角色，一人演很多角色，是屬於創意的表現。S2 認為第四組的表演內容、動作加了很多創意，所以是無中生有的創意表演。

> 下課後，我發現學生似乎臉上多了自信，也對自己的表現感到開心。中午吃飯，我放早上表演的 DVD 給他們欣賞，有的學生一直笑，有的學生看到自己的表演會害羞的低下頭。他們問我星期六班親會可不可以放給家長看，我說當然可以，還有 S18 下課過來問我可不可以再演相聲劇，因為這種課程實在太好玩了。沒想到高年級的學生還會這麼喜歡相聲劇，讓我對接下來進行非單一圖畫書創意相聲劇的課程，更有信心。（觀摘 2010.9.21）

教師節還剩兩天時，輔導組長突然問我有沒有什麼節目，可以上臺表演，表達對師長的敬意。我馬上想到帥哥五人組上次表演的內容，於是和他們利用中午想劇本內容和排練，沒想到他們很快就排練好，只練了六次，教師節晨光時間就上臺表演相聲劇，給全校師生欣賞，當天笑聲連連。在學校首頁網站的校園活動特別報導：

> 9 月 28 日教師節當天辦理了「茶道敬師」的活動，敬師活動在校長的祝福與期許揭開序幕，首先上臺的是精采的相聲劇表演活動，由李玉玫老師指導蔡元恒、簡浩恩、余承鑫、林柏翰、李俊男等五位同學，說學逗唱的介紹優質的新興國小，生動的演技贏得臺下會心一笑和不斷熱烈的掌聲。

學生模仿校長平時說話的語氣

學生送茶裡王代表對老師的敬意

圖 6-4-2　9 月 28 日教師節學生相聲劇精采演出

　　由於是口頭討論，並沒有事先寫劇本，算是一場即興表演。事後請學生依據他們演出的內容打成劇本，貼在作文簿上，讓他們留下一個美好的回憶。

　　當天的演出劇本如下：

　　大家好，我是小烏龍。
　　大家好，我是真的很烏龍。
　　大家好，我是烏龍茶裡王。
　　大家好，我是烏龍麵。
　　大家好，我是烏龍茶。
　　上臺一鞠躬。
　　烏龍茶：（烏龍茶裡王、烏龍茶、烏龍麵三人合唱，並作划槳的
　　　　　　動作）白浪滔滔我不怕，掌起舵兒往前划，撒網下水到
　　　　　　魚家，捕條大魚笑哈哈，這裡是什麼地方？
　　小烏龍：不用懷疑！這裡是卡加不列島，我為這個美麗的島編了
　　　　　　一首歌，台下會唱的小朋友，可以跟我們一起唱（五個
　　　　　　人一起唱、跳）：我來到一個島，它叫卡加布列島，有
　　　　　　隻身穿七彩衣的鳥對著我微笑，我來到一個島，它叫卡
　　　　　　加布列島，新興國小有禮貌歡迎我來到。
　　烏龍茶：卡加不列島？新興國小？
　　小烏龍：沒錯！這裡有個聞名世界的新興國小！

烏龍茶：是這個猩猩？（兩手捶胸部，學大猩猩）還是天上的一閃一閃的星星？（背景放小星星的歌，全體跳小星星的歌）

小烏龍：停！不是！不是！是新傳統興創意的新興國小。

烏龍茶：那你們有什麼特色？例如：老師？

小烏龍：女的美麗，男的帥氣。美麗的女老師有：張校長（真的很烏龍出場扮演）：小朋友要保持好態度、好品德、好習慣。還有：高主任（真的很烏龍出場扮演）：小朋友上課要專心。還有：林老師、李老師、柯老師……

烏龍茶：停停停！好了，我知道了！那男老師？

小烏龍：陸主任（真的很烏龍手往上擺帥氣的姿勢），周主任（真的很烏龍手放下巴擺帥氣的姿勢），郭主任（學主任唱山上的孩子，山上的孩子，都沒有穿褲子）。

烏龍茶：我不相信有那麼多帥哥美女在你們學校？

小烏龍：這世界上流行一個打油詩，我們唸給你們聽。仔細聽了：帥哥在哪裡，帥哥在新興，美女在哪裡，美女在新興，要看帥哥和美女，通通都在新興裡。

烏龍茶：我相信了！除了帥哥美女，那新興還有什麼特色？

小烏龍：100m 賽跑、200m 賽跑、400m 接力、推鉛球、跳遠，樣樣得第一。

烏龍茶：新興像猩猩（兩手捶胸部，學大猩猩）運動很厲害，有什麼稀奇？

小烏龍：我們學校參加舞蹈比賽、合唱比賽、歌仔戲比賽、絲竹樂比賽、語文競賽，也是樣樣得第一！

烏龍茶：哇！你們學校這麼優秀！那我們也要來讀！

小烏龍：等等！你們要學會跳我們的校歌「猩猩舞」，才能讀我們學校。

烏龍茶：那有什麼問題！

小烏龍：首先要變身！（轉過去戴泳鏡，跳網路上流行的小龐舞）

烏龍茶：我們會跳了！可以來讀了嗎？

小烏龍：今天是教師節，你們有帶什麼禮物來謝謝我們偉大的
　　　　老師？

烏龍茶：有啊！我們帶了頂級烏龍茶裡王。（烏龍茶裡王雙手舉
　　　　起 2 罐茶裡王）喝了它，男老師保證都像偶像明星，女
　　　　老師妖嬌又美麗。

小烏龍：那我們就一起祝台下所有的老師教師節快樂。

大家好，我是小烏龍。

大家好，我是真的很烏龍。

大家好，我是烏龍茶裡王。

大家好，我是烏龍麵。

大家好，我是烏龍茶。

下臺一鞠躬。

當時我作了整體的觀察：

> 第一次花這麼短時間，讓學生上臺表演，效果又這麼好，真是讓
> 我太驚奇了！表演完後，校長、老師都對他們的表演讚譽有加，
> 學生對上臺更有自信。我也將他們的表演錄影，放在班級網頁上，
> 讓他們回家能和家人分享今天的演出。有 S1 的家長在聯絡簿回
> 應，他覺得平常那麼內向的孩子，居然敢上臺表演，還又唱又跳，
> 真是太令人驚訝，多謝老師的教導。其實，我只有花一些時間指
> 導他們，畢竟六年級課業繁重，還好相聲劇不需要什麼道具，他
> 們的背誦功力又是一流，只要激發學生的創意，讓他們多思考在
> 劇情的結構和趣味性，就可以表演出一齣很棒的相聲劇。而且發
> 現他們不太希望我提供太多意見，倘若這部分是我的想法，他們
> 表演起來就很彆扭，倘若是他們自己的點子，表演時就會很開心、
> 很生動，我也樂的輕鬆，當一個觀眾。這樣的教學方式，學生喜
> 歡，老師輕鬆，應該在高年級是很容易推廣的戲劇結合語文教學。
> （觀摘 2010.9.28）

有關個案的選擇，我從這次在單一圖畫書改編為相聲劇中積極投入
編劇和演出的第四組編劇 S4、第一組編劇 S29 兩位學生，當作訪談對象，

進行半結構式訪談，深入了解學生想法。由於 S4 平時寫作能力很差，學習態度馬虎，但是這次相聲劇表演，在編劇和演戲方面都有出色的表現，令人刮目相看，尤其在教師節有很精采的演出。而 S29 是轉學生，先前沒有任何演出經驗，但是這次相聲劇表演她很用心參與編劇和演出。透過訪問，他們的回答可以滿足本研究條件來支持理論建構。

> 研究者：相聲劇和以前演出或看戲的經驗，有哪些不同？
>
> S4　　：相聲劇比較有趣，台詞比較多，不太需要道具。
>
> S29　：相聲劇會有一些唱的部分，會覺得很有趣，尤其是抖包袱說笑話時，自己會很開心。
>
> 研究者：你們是如何將創意融入劇本中？
>
> S4　　：圖畫書有出現狗，牠很喜歡在電線桿撒尿，所以我將角色改成竹子、電線桿兩兄弟。表弟的個性是很雞婆、固執，既然角色換成男生，內容只要想男生喜歡玩的運動和遊戲，就會有創意。至於歌的靈感是以前聽過或網路上看到，動作是大家一起想的。
>
> S29　：我也是將角色改為宅男大王哥哥、愛出國弟弟，表弟的個性是雞婆、好色、不健康，喜歡吃肉，喜歡流行，內容則換成小強、紫色牆壁、正妹海報、跳韓國流行舞曲，想了很久才寫完劇本。
>
> 研究者：相聲劇的表演，說學逗唱哪一種最難？
>
> S4　　：逗最難，因為大家的笑點不同。
>
> S29　：唱最難，因為組員都不太敢唱和跳。
>
> 研究者：以《兩姊妹和他們的客人》這本圖畫書來改編相聲劇，你學到什麼？
>
> S4　　：我學到要尊重別人，尤其演戲時大家的意見都不同，我會先聽別人怎麼說，再提出自己的意見；不然大家會吵來吵去，就沒辦法演出。
>
> S29　：我學到用圖畫書來改編戲劇，不是一件很困難的事，因為我從來沒有寫過劇本，第一次寫劇本，就被大家採用，

真開心。演完後，我也比較懂得書中人物的心情，不能像表弟一樣強迫別人。（訪 S4、S29 摘 2010.10.3）

　　訪問完 S4、S29，發現學生真是有創意，透過戲劇與圖畫書間傳遞交流的過程，再經過他們想像力的重新建築和體驗，並透過戲劇、音樂等方式來詮釋，就成了新的圖畫書文本。只要老師對戲劇能用寬容引導的方式，允許他們在演出時會有躊躇、停頓、脫節的現象，再多些鼓勵，使他們盡情的抒發，傳達心中的情意，也能讓學生樂在戲劇中，如此便能盡力做好語文的表達，無形中也做了最有效的創意語文能力訓練。

　　接著進行非單一圖畫書改編為相聲劇的諧趣化的教學活動設計，則是以《兩姊妹和她們的客人》、《我和我家附近的野狗們》兩本圖畫書運用在教學上，進行實務印證。

一、創作性戲劇教學活動程序

（一）解說與討論

　　正式上課，發下《兩姊妹和她們的客人》、《我和我家附近的野狗們》這兩本圖畫書，請學生說一說《我和我家附近的野狗們》的大意。S29：「這本書是描述有一位小朋友，每次要上學，看到上學途中，常出現野狗，這些野狗又髒又臭又凶，所以他很害怕被野狗追或被野狗咬，因此想出很多躲避野狗的方法。」然後，我請他們聯想這兩本書內容有相關連的地方，由於第一次相聲劇表演，第三組就和大家寫的劇本不一樣，內容是以小貓、小狗觀點來看兩姊妹和客人表弟發生的事情，所以，他們一看到兩本書的圖片，學生就有一些新奇的聯想，並舉手分享自己的發現，S17：「這兩本圖畫書，都出現狗，一本是狗被趕出去，另一本是一群野狗在街上流浪的生活。」S9：「那如果狗和貓被客人趕出去，在街上遇到這群凶神惡煞的野狗，一定會發生很多有趣的事。」S15：「家貓、家狗遇到野狗會不會被咬死？」S28：「怕什麼？只要將家貓、家狗寫成類似超人、蝙蝠俠或小叮噹的角色，就可以躲避野狗的攻擊。」看到大家這麼熱烈討論，於是我開始播放《兩姊妹和她們的客人》、《我

和我家附近的野狗們》圖畫書的 ppt 檔，和學生討論，並找出這兩本書圖片有相關連的線索，學生發現《兩姊妹和她們的客人》的三頁圖：

一頁是表弟來訪，一頁是兩姊妹和喵喵、汪汪高興的跳起來，一頁是喵喵、汪汪拿著報紙在屋外遮雨。

這三張圖和《我和我家附近的野狗們》的五頁圖非常有關連：

一頁是小男孩發現電線桿旁邊有很多野狗，一頁是很多兇惡的野狗聚在一起，一頁是恐怖的野狗正張開大嘴追小男孩，另一頁是小男孩看到野狗吃掉小孩，剩下骨頭，還有一頁是有人在捕捉野狗。

學生討論後發現這兩本書，很適合以動物觀點來寫劇本。不過，我提醒他們，這是他們第一次嘗試以兩本圖畫書聯想在一起，如果用不同觀點來看同一件事，是非常創新的寫法，但是不一定每組都是以貓、狗當角色寫劇本；不然，大家的劇本會大同小異。這次相聲劇的角色很多，所以只分四組，他們可以自己找組別，一組 7～8 人，先互相討論，回家每人都創作劇本，第二天再融合大家的創意，寫出最適合演出的相聲劇本。

> 學生再找組別時，和上一次分組的情形不太一樣，因為只有四組，所以兩組女生，兩組男生，很特別的是有一個女生是跟男生分在同一組，還有一個男生是和女生一組。分完組後，學生開始七嘴八舌畫結構圖，討論劇本。有的學生說得口沫橫飛，希望大家採納他的建議；有的學生帶著微笑靜靜聽別人的想法。不過，班上充滿開心熱烈討論的聲音，彷彿他們是小小莎士比亞，正進行很偉大的劇本創作。看著他們透過這個課程，集體發揮創意，臉上散發愉快的光彩，讓我很期待他們的演出，一定是一場非常精彩的演出。（觀摘 2010.10.6）

（二）暖身活動：眼神傳球

這是一個考驗專注力及勇氣的暖身活動。全班站著圍成一個圓圈，一位學生在中央當鬼，圓圈上的人用眼神交流，不可有肢體動作。當兩人互看成功，就趁鬼不注意的時候交換位子，被鬼抓到或自己獨自換位子的人得當鬼。

　　這個活動因為伴隨著追逐與奔跑，所以讓每個人的肢體獲得充足的暖身，還能增加學生彼此之間的眼神交流，訓練專注力與勇氣。

（三）演出

　　選出一位主持人，歡迎各組演出，並在各組表演完，請臺下觀眾給予熱烈的掌聲。學生一看到實習老師架設攝影機，要錄影整場表演，覺得自己很像大明星；再加上第一次表演相聲劇所學到的經驗，所以每一組都很用心表演，當作是一場非常正式的演出。學生化身狗、貓、武俠人物、主持人……個個表情豐富、肢體動作也比較多，聲音也變得比較大聲、臺詞也背得比較熟，演員不會再跑到鏡頭外面，所以整節課充滿歡笑聲，各組的說、學、逗、唱，都很精彩。第一組有準備便便道具，讓小貓、狗戴在頭上，只要說到「喵！不過我也好急，好想便便！汪！算了！你趕快便吧！你沒聞到我那一坨香香的便便嗎？」便便道具就會發揮功用，甚至跳小貓舞，它也是一個很搞笑的舞伴，類似相聲扇子的功能。只見它一下子當捕狗大隊的哨子，一下子當樹葉，似乎整齣相聲劇，它最搶戲，所以一開始演出就讓臺下的同學因為這個創意，逗得開懷大笑；尤其這群男生，有三位學生在演野狗時，裝出一副兇惡的模樣。一看到五位男生不計形象跳嬌媚的小貓舞，就痴迷不支倒地的情節，令人捧腹大笑。第二組小貓、小狗欺負表弟時，幾個男生出其不意的怪招，如：踩香蕉皮滑倒、趁他在粉刷時，把梯子推倒，害他滿身都是油漆味，讓人不禁同情演那位可憐的表弟的演員，也對他們的創意佩服不已。第三組居然想到請野狗當主持人拍《野狗的一天》，頗有日本有名節目《狗狗猩猩大冒險》的影子。這幾個可愛的女生演野貓、野狗，可不是站著演，因為有三位組員是舞蹈社的社員，所以她們以不同的姿勢揣摩貓、狗的動作，進行對話，維妙維肖的模樣，真是令人印象深刻。第四組以《射雕英雄傳》的主角黃藥師、洪七公為主角，其中一男一女組員，是武術社的社員，所以他們拿了一根武棍當打狗棒。當洪七公說：「看我使出打狗棒法，他是由丐幫流傳的，招式原理是絆、劈、纏、戳、挑、引、封、轉，包在我身上。」S28 厲害的耍棍，贏得滿堂彩。S3 則以優

美武打姿勢示範彈指神功。這時警車來了，古今時代穿梭，讓學生在視覺和想像都有突破的表演，非常精采。

以下是這四組創意改寫的劇本：

第一組：

　　劇名：我的流浪生涯

　　表弟：我是英俊瀟灑愛乾淨有品味的帥哥。

　　表姊：我是愛好邋遢隨性過活的宅女。

　　上臺一鞠躬。

　　鈴鈴鈴！（電話響了）

　　表弟：最近中秋節快到了！我想去妳家烤肉，一起吃月餅，欣賞那美麗的月亮。

　　表姊：（一臉無奈）歡迎歡迎！你什麼時候來？

　　表弟：我馬上到！

　　表姊：（尖叫）馬上！

　　表弟：是啊！我可要去幫妳好好整理整理！

　　表姊：（無奈的說）謝謝！

　　表姊：（掛上電話，抱起小狗小貓）可愛的小狗小貓，不要怪我！可怕的表弟要來了，所以只好把你們放在庭院。

　　小貓小狗：（生氣的叫）喵！汪！

　　（表姊將門關上）

　　小貓：喵！氣死了！每次這個死表弟要來，我們就要離開家。

　　小狗：汪！是啊！不過既然我們這麼不想看到他，乾脆離家出走！

　　小貓：喵！好啊！說走就走！誰怕誰！

　　小狗：汪！聽說街上有很多好吃的食物！我們趕快去吧！

　　小貓：喵！

　　小狗：汪！有好多狗在街上，看起來好兇！好像會咬人！

　　小貓：喵！我好怕！

　　小狗：汪！一隻大狗跑來了！快跑！逃命要緊！

　　小貓：喵！

小狗：汪！哇！好恐怖！還好我們躲得快！一個小孩子變成骨頭了！

小貓：喵！這實在太恐怖了！

小狗：汪！那我們來假裝成一棵樹騙牠們。

小貓：喵！這個主意不錯！

小狗：汪！臭死了！我踩到狗大便！好大一坨！牠們怎麼可以隨便大小便！

小貓：喵！不過我也好急，好想便便！

小狗：汪！算了！你趕快便吧！

小貓：喵！好舒服！真爽！不過我肚子餓了！

小狗：汪！那我們去找食物吃！

小貓：喵！

小狗：汪！已經有好多隻狗在搶了！我們趕快去搶吧！汪！汪！汪！汪！

小貓：喵！用力搶！加油！我跳小貓舞，引牠們走！

小狗：汪！沒用！牠們好兇喔！我快被咬傷了！怎麼有人丟石頭！好痛！

小貓：喵！快跑！

小狗：汪！怎麼聽到嗶嗶嗶！捕犬隊來了！我快沒命了！

小貓：喵！我也是！跑快一點！聽說被抓到會被殺死！

小狗：汪！目標往前、往左、往右、往上！

小貓：喵！什麼往上！你瘋了！繼續往前！你沒聞到我那一坨香香的便便嗎？

小狗：汪！收到！跑！

小貓：喵！總算回到家了！

小狗：汪！那位可怕的表哥來了！

小貓：喵！不會吧！我覺得他很帥！比外面那群野狗可愛多了！我可要跟他去跳 one more two more，吃那黏呼呼的五穀麥片！

小狗：汪！好吧！等等我！

下臺一鞠躬。

第二組：

劇名：小貓小狗惡整表弟

人物介紹：

喵：我是喵。

汪：我是汪。

表弟：我是表弟。

3人：上台一鞠躬。

汪：你怎麼了？

喵：啊～我要瘋了！這麼多野狗，我快要被咬死了！而且我好幾
　　天沒吃東西，快餓死了！

汪：沒錯！那群沒修養的野狗，又兇又髒又臭，誰想跟牠們搶那
　　些噁心的食物，那我們回家去好嗎？

喵：才不要呢！還不是那個表弟，把我們的生活作息都弄亂了！

汪：原來是他，那個長相奇怪、動作笨拙、穿著很俗的人喔！我
　　有同感！

喵：對啊！他雖然幫了我們很多忙，可是他把家裡的溫暖和舒服
　　的感覺都帶走了！

表弟：唉呀！怎麼耳朵好癢，是不是有人在說我的壞話？

汪：最糟糕的事，他還把我們從家裡趕出來。

喵：對啊！還把我們的主人弄到發高燒。

汪：我們來整整他好不好？

喵：當然好啊！可是要怎麼整？

汪：首先我們把香蕉皮丟在地上讓他滑倒。

表弟：唉呀！好痛啊！誰來拉我起來啊？

汪：然後在他食物裡放辣椒讓他辣死。

表弟：唉呀！辣死我了！快拿杯水給我啊！

汪：最後趁他在粉刷時，把梯子推倒，害他滿身都是油漆味。

表弟：唉呀！好臭啊！到底是誰惡作劇啊！

喵：你真是屬害！滿腦子都是壞點子！哼！

汪：哈！哈！哈！

～過了一天～

喵、汪：真是太好了！那個表弟終於回去了！YA！不過我趕快
　　　　回去把東西恢復原狀，唉～繼續加油吧！

喵：我是貓。

汪：我是汪。

表弟：我是表弟。

下臺一鞠躬。

第三組：

劇名：貓狗看臺灣

表弟：大家好，我是煩人的表弟。

表哥：大家好，我是神經病的表哥。

小狗：大家好，我是主持人小狗。

小貓：大家好，我是自戀的小貓。

野狗：大家好，我是咬死人的野狗。

全部：上臺一鞠躬

（手機響了）

表弟：你好！

小狗：汪汪！汪汪汪汪汪汪！

表弟：你的主人在家嗎？

小狗：汪汪，汪汪汪汪！

（表哥接過電話）

表哥：你好！

表弟：我今天可以去你家玩嗎？

表哥：（無奈）好啊，你什麼時候來？

表弟：馬上！

表哥：馬上！你去學瞬間移動喔！

表弟：是啊！1分鐘後到！

表哥：再見。

（表哥把小狗小貓放出去）

表哥：因為表弟要來，所以你們先出去玩。

（表哥把門關上）

小貓：現在我們要做什麼？

小狗：你忘了我們要拍《貓狗看臺灣》第三集了嗎？

小貓：那今天的主題是什麼？

小狗：今天的主題是「當野狗的一天」，我們的老師是他。

野狗：各位大家好！我要帶各位去吃一中腐爛雞排。

小貓：那我們走吧！

小狗：汪！已經有好多狗在搶了！

野狗：各位觀眾，這種時候就要先搶先贏，快搶！

（搶到了以後，嗶嗶聲響起）

小狗：快跑！小心捕狗隊。

小貓：喵！來不及了！啊！好痛！

（被打完了以後）

小貓：痛死了！他們真是有眼無珠，我們明明就是來拍節目的，
　　　他們不但沒有要跟我們拿簽名，反而還把我們當野狗打。

小狗：是啊！好痛！痛到掛了！走！我們爬回家吧！

全部：（唱貓狗看臺灣的主題曲）

全部下臺一鞠躬。

第四組：

劇名：洪七公、黃藥師驚魂記

我是愛吃的武林高手洪七公。

我是帥氣的武林高手黃藥師。

我是美麗的黃蓉兼媽媽。

（鈴～～鈴～～鈴）

洪七公：喂！今天我要去你們家玩一下！

藥師：好啊！歡迎，我在這裡等你！

黃蓉：抱歉！媽不喜歡臭男生，你們出去吧！

洪七公：可惡！

藥師：真過份！

七公：不然我們出去玩吧！

藥師：好啊！出去玩啊！

（走在大街上聊天）

藥師：七公，我們的媽媽在外面很有名，她就是虎姑婆。

七公：她真的很恐怖。

七公：嘿！藥師幫我買隻雞，我肚子餓了。

藥師：好！

（拿了一隻雞給洪七公）

七公：不錯！不錯！好好吃！

藥師：咦？我怎麼聽到「汪汪汪」的聲音，啊！是狗，我最怕狗
　　　了啦！

洪七公：別怕！

（洪七公拿出打狗棒）

七公：看我使把狗棒法，他是由丐幫流傳的，招式原理是絆、
　　　劈、纏、戳、挑、引、封、轉，包在我身上。

（汪！汪！碰！啾！汪！汪！啾！碰！）

藥師：七公你太厲害了！等一下，啊！警車來了，因為我們虐待
　　　小動物。

七公：我快軟掉了，他們要對我開子彈！

藥師：別怕！我使出彈指神功！

（啾！啾！啾！碰！碰！）

藥師：啊！不行，子彈速度太快了。

七公：那我們用輕功逃走吧！

藥師：走！

七公、藥師：終於到家了！

藥師：老媽不在家了。

七公：那給我吃點東西吧！我快累死了！

藥師：沒問題！包你吃雞腿吃到飽！

下台一鞠躬。

（五）分享與回饋

1. 請各組每位組員輪流花一分鐘，分享同組創作劇本和表演的優缺點。分享完後，請各組主要編劇、導演或演員，上臺分享心得，為了讓學生言之有物，我先示範分享的重點，請他們根據參考題目進行分享，以免失焦。

2. 參考的題目內容如下：

   (1) 創作劇本的靈感來自哪裡？劇本是屬於哪一種創意？並說明理由。

   (2) 分享排練和演出的心得，整體來說，我們在演技表現如何？是屬於哪一種創意，給星星表示鼓勵。（最多 10 顆星）

各組分享與回饋

第一組：我的流浪生涯劇本

主要編劇 S8： 這次創作靈感是來自兩本圖畫書的圖片，我們絞盡腦汁才將這兩本書連結起來，成為一齣有趣的相聲劇，內容比較多是描述小貓、小狗離開家，在街上遇到野狗所發生的事，和圖畫故事書中的情節有很多相似，所以我們覺得應該是製造差異的創意劇本。

導演 S4： 在編排的過程中，有遇到一些小問題，因為 S11 一直不能決定在哪一組，所以有點難安排角色。不過，還好最後他有加入我們這組，演沒人敢挑戰的戴便便頭小貓，讓我們鬆了一口氣。他和 S8 為了帶給大家歡笑，有一些需要突破自我的臺詞，都說得很自然。大家這次排演都非常合作，而且都沒有笑場，還讓臺下觀眾很開心。有很多點子是大家一起想的，所以是無中生有的創意表演，我給大家10 顆星。

第二組：小貓小狗惡整表弟

主要編劇 S2： 這次編劇，我只是看圖片，完全沒有用腦子想，就隨便草草寫完了，但是沒想到竟然受到同學們的好評，所以就直接用我的劇本修改，真是超級幸運。也許我平時腦中就很想整整頑皮的表弟，才會有靈感吧！這齣劇本和兩本圖畫書內容大不相同，所以是無中生有的創意劇本。

演員 S5： S10 演小狗，臺詞很多，情緒要很激動，他表演很精采。不像我演表弟，有些動作很呆板、不夠生動，很無趣，特別需要加油，才能傳神表達出表弟被整的模樣。這次演出，大家都很努力，而且演得很好笑，每個演員動作、表情都有做出來，好棒！是無中生有的創意表演，所以我們給自己 9 顆星。

第三組：貓狗看臺灣

主要編劇 S16： 我在編劇時，正好在看電視《食尚玩家》這個節目，所以才會聯想到小貓、小狗在拍一個美食節目，請野狗當主持人，帶小貓、小狗去有名一中街吃腐爛大雞排，再遇到捕狗隊的情形。因為內容和故事書完全不同，所以我們認為是無中生有的創意劇本。

導演 S19： S18、S17、S27 三位是舞蹈社的社員，舞蹈老師有教她們跳小貓的一些動作，所以她們在討論時，才會想用小貓、小狗的姿勢來對話。不過，大家都是女生，不喜歡演兇惡的野狗，還好 S13 願意來幫我們演這個角色，才解決這個問題。大家都演得很有喜感，唱、跳都表演很好，是無中生有的創意表演，所以我們有 9 顆星的水準。

第四組：洪七公、黃藥師驚魂記

主要編劇 S28： 我很喜歡看武俠小說，所以一看到野狗，就想到洪七公的打狗棒，不知不覺就寫出劇本。不過爸爸有問我為什麼不用黃蓉、郭靖當主角，因為黃蓉也有當過丐幫幫主，我回答大概是我很欣賞洪七公，而且他很喜歡大口吃肉，所以我就以他當主角。同學大部分沒看過武俠小說，所以才會選我的劇本，我覺得這是無中生有的創意劇本。

導演 S26： 一看到劇本，趕快跟 S3 借武術棍子，請他演洪七公，再請會武術的 S28 演黃藥師，因為我們都是女生，演兇惡的野狗和警察，還滿好玩。大家都很賣力的表演，真的很精采。雖然沒有唱的部分，不過聲效配得不錯，我們的表演是無中生有的創意表演，所以我覺得大家應該得 10 顆星。

3. 老師講評：

今天大家都表現得很好，上次演出的一些缺點，如：聲音太小、劇本背不熟、表情太嚴肅，說話不清楚的問題，看過這次表演，發現同學都很用心改進這些問題，老師很高興你們會為了要幫助別組的演出，沒有選擇和好朋友同組，讓我很感動！劇本越寫越有內容，抖的包袱也更有趣，所以大家會覺得無中生有的創意劇本比上次還多。回去整理自己寫的兩篇劇本，選一篇寫在作文簿上，作為自己創作的歷程。

（六）後測結果

1. 你喜歡演相聲劇？為什麼？

    (1) 答：全班 31 人都喜歡演相聲劇。

    (2) 答：相聲劇可以帶給別人歡樂，聽別人由內心發出來的笑聲，會讓自己也很開心。能增加相聲演說技巧，也可以學會說、

學、逗、唱的技巧。演戲時，也可以將平常快樂的一些趣事，加入戲劇中演出。

2. 你覺得相聲劇的劇本容易寫嗎？

答：4 位同學覺得劇本容易寫，27 位同學覺得劇本不容易寫。

3. 你大部分是看圖畫書的文字還是圖來改編的？

答：18 位同學是看文字改編劇本，13 位同學是看圖改編劇本。

4. 一本圖畫書和兩本圖畫書哪一種劇本比較容易寫？為什麼？

(1) 答：11 位同學覺得一本圖畫書劇本比較容易寫，20 位同學覺得兩本圖畫書劇本比較容易寫。

(2) 答：原因整理歸納認為一本圖畫書劇本比較容易寫的同學覺得一本圖畫書的內容少，只要在劇本發揮創意，再加入想像力，就可以完成劇本，但是兩本需要注意連接性。而認為兩本圖畫書劇本比較容易寫的同學覺得兩本圖畫書內容比較多，可以讓他想到更多創意，製造更多的想像和樂趣。

5. 你因為演相聲劇，有沒有讓你更尊重同學？更注意身邊的流浪狗？為什麼？舉例說明。

(1) 答：30 位同學有更尊重同學，更關心身邊的野狗。1 位同學填沒有，因為他覺得平常已經很尊重同學。

(2) 答：整理歸納為演相聲劇時，可以增加友情，學習尊重同學的意見，才能完成表演。在表演時，才了解流浪狗在外面流浪是辛苦的、是危險的，都被人類和同類欺負，因此演完後，很希望能關心流浪狗，讓牠們感受到溫暖。

我的整體觀察則是：

看到大家的後測問卷，都填喜歡相聲劇，讓我開心不已，因為對我而言，這是第一次教學生寫單一圖畫書和非單一圖畫書的相聲劇本，並進行表演教學。常常下課，都會看到各組導演在進行排戲，有時會看到有的組別發生小小的爭執；有時則看到有的組別笑成一團。班上充滿熱鬧的討論聲，表示學生都想盡全力表演，為團隊爭取最佳表現，帶更多歡樂給臺下觀眾，這種認真的精神，

臉上散發光彩的表情，真值得讚賞。相聲在口語表達上對學生的咬字、嘴型都十分的注重。也因為這樣的趣味化後，學生在準備相聲的過程中不知不覺已經獲得了許多相聲的知識。也從中了解圖畫書每一個人物每個階段性的成長經驗。這樣的經驗不需經父母親反覆的嘮叨，而是從他們揣摩故事人物的個性中取得；才能在學生的成長過程中成為正面、積極、陽光的借鏡。加上在這樣不同場域的演出，需要學生更多別出心裁的創意，當孩子的想像力經過一段時間的培養後，在創意的表現上會更成功，也更能抒發他們的情緒。（觀摘 2010.10.13）

第七章　創意故事劇場的圖畫書教學

第一節　圖畫書教學與故事劇場結合的創意向度

一、故事劇場發揮兒童的創意

　　由於創作性戲劇在國內越來越盛行，所以近年來開始陸續推廣「故事劇場」，並結合創作性戲劇活動，讓兒童不只是戲劇的欣賞者，更是戲劇的參與者。因為故事創作後，倘若只是直接呈現在讀者面前而為讀者所接受，那麼它只是一個傳播工具而已。如果它還要經由一個轉化的過程再現而為聽眾或觀眾所接受，那麼就會牽涉到其他的問題。這些問題，都是關係「故事的說演」。「說」是指將故事予以複述或轉述；「演」是指將故事予以表演呈現。由於說故事時會搭配著姿態、表情和動作等肢體語言，而演故事時除了肢體語言還需要相當多的「口說」來傳達，以致於「說」、「演」經常是一體呈現的。而我們所以需要這些姿態、表情、動作等肢體語言輔助，是因為有特定的傳播對象在接受影響。我們對這些對象不需要明顯的教訓條例，但是藉由說演故事的呈現依舊得有教育意義的存在。（周慶華，2002：311-324）

　　全國非常知名的紙風車兒童劇團，特別成立「紙風車說故事劇場」運用故事創造情境，並融入教育的意義，同時提供兒童不同領域的思考價值及學習經驗，並以生活經驗作為出發點，以創意表達為前提，開拓兒童對於表演藝術的新視野，常常在一場演出中，以不同的故事利用不同的表現方式，透過偶戲、肢體默劇、互動劇場等多元的實驗，激發兒童的創意及想像，他們以高品質、別出心裁的創意演出受到政府機構及鄉鎮公所的青睞，也針對每個單位的需求，發展創作了許多小品，目的就是要將創意的種子，種植在每個孩子的心中。

　　又如在豆子劇團諸多的演出中，「豆豆故事多」系列可說是最受觀眾喜愛的節目之一。團長曾秀玲認為「一個好的兒童劇團並不一定需要華麗的舞臺、誇張的技巧或是喧嘩的笑話，而是回到戲劇的本質，放入生活的情緒和感動，不要以為孩子不懂得情感是什麼，好的兒童劇擁有美麗的靈性，吸引孩子單純的心靈，一起感動。」以互動的戲劇表現模式，每次演出透過三段故事的內容與延伸，帶領 3 歲到 12 歲的兒童甚至成人族群進入戲劇的魔幻世界，在現場觀眾的即時互動表現出舞臺上與下，戲劇內與外的無限想像空間。透過這樣的表現形式，豆子劇團除了說故事演故事之外，更在滿場歡樂笑聲中，讓孩子與大人親身馳騁於戲劇表演的趣味中，感應故事主題的內涵深度。

　　此外，如九歌兒童劇團為使戲劇環境及教育更加多元成熟，除了創作中大型戲劇作品，還努力推廣「故事劇場」，結合創作性戲劇，引導兒童自然走進劇中情境，展現孩子無限的想像力與創造力，期望讓更多的兒童，能從小培養看戲的興趣。

　　這些劇團都認為戲劇是在故事中引導孩子創作出自己的戲劇，使他們學習對自我的認知與角色的定位。也就是說，高年級學童在老師的引導下，在創作戲劇時，會思考集體討論，結合彼此創意，創作出人物、動作、對話。而故事劇場賦予學生自由的選擇，可讓一組或個人敘述臺詞或對話時，其他的人則作啞劇動作，教師可作多種編組，以使學生自然有效，愉快的分析故事內容。（張曉華，2007：265-266）學童在編劇時，腦海中會充滿很多想像的畫面，由於每個人想的對話、動作都不同，將會使表演有各種可能性。而編劇、演出都會賦予故事產生新的風貌。

二、故事的來源：圖畫書

　　一般故事都採單線式發展，按時間順序進行，只要能完整敘述前因後果的事件，都可以當演戲的題材，但是，倘若要吸引觀眾的目光，就必須將「故事劇本化」，先對故事的內容進行分析、設計、改造，掌握故事中的衝突點，激發故事的高潮。高年級的學童正在學習如何編寫故

事劇本，「故事」的定義以廣義來說，不僅突破過去的舊事蹟，進入「現實生活」，而且又進入到「想像性故事」，甚至運用寫作技巧，將情節加以虛構，而這些虛構情節是為了達成「合乎兒童心理」、「開闊視野」、「充實生活」、「豐富思想」等等的目標所必須具備的條件和技巧。這些條件技巧的講究，就是在進行創作故事。（何三本，1997：255）

　　他們喜歡將自我的經驗和故事中的角色情感聯想在一起。而一本好的圖畫書它不同於虛幻的童話，是貼近兒童當下的處境和心情的故事創作，通常是一種迷人的、有意義的、精緻的情節推進過程。有了這個過程，才會為故事的敘述增加趣味、展現魅力、吸引讀者關注故事的發展，直到故事結束為止。九歌兒童劇團推廣的「故事劇場」，有幾齣藉由圖畫書來作媒介，創作出經典作品，如：《擁抱》、《膽小小雞》、《彩虹魚》、《阿嘓與阿呱》、《一片披薩一塊錢》等。因為這些圖畫書在圖和文的表現上，都是非常有故事性，很吸引孩子的目光，所以在說故事的過程中，小朋友的情緒會隨著故事情節表達出來。例如：在《擁抱》這齣戲，是描寫一個愛與勇氣的故事，當小刺蝟因為身上的刺弄傷他的朋友，而失去了友誼，在傷心難過時，就可以請小朋友上臺，透過劇中擁抱的溫馨傳遞，安慰小刺蝟的心，並讓小朋友融入劇中其他動物的角色，學習到如何輕輕的擁抱，如何以更開闊的心，去面對與接納不同的朋友（莊永佳，2000）。藉著這個故事，讓我們體會到每一個小朋友不同的性情，與面對不受歡迎朋友的反應。更可以激發出小朋友的同情心，與思考判斷的能力。這齣戲的特色是只要將桌子當舞臺，生活各項物品都可以入戲，讓孩子從生活中發現驚奇與創意；並讓孩子融入劇中情境，發揮無限的想像力與創造力。

　　可見教師只要用故事劇場的方式適當地引導，無論是對學生在語文能力、價值澄清，還是人際關係、情緒紓解等方面都會有很大的幫助；尤其是在人際關係上，更可看出同學間的人際互動，並藉由合作學習讓學生更了解團體中每一分子的努力與否，對大家都有相當的影響。一般圖畫書是文字和圖畫相間，學生必須靠視覺來理解，看完後會在腦中呈現一格格的故事畫面。同時學生也很容易就將故事搬到舞臺上，用肢體動作來扮演給觀眾看。至於道具的應用，可以依據故事情節而定，沒有

絕對的必然性；只要隨手取得的道具，就可以在劇中有畫龍點睛的功用。
而學生的聲音和動作就是最好的肢體動作，勿讓過多的道具影響了學生
敘述故事的流暢性。故事是無限想像的延伸，而這也是故事最迷人的一
點。藉由上臺表演，希望學生能在公開場合，以故事劇場的方式來演出，
期盼學生在演出的過程中也能體會該故事真正的意涵，試著去深思故事
中的境界。

第二節　單一圖畫書改編為故事劇場的敘事表演教學

　　閱讀一本好的圖畫書，可以讓學生不斷激發對話，在對話之間所進
行的心靈溝通，能孕育出充實的內在，但是如果沒有心靈的交流，圖畫
書不過就是個普通的物件罷了。運用故事劇場的方式，可以讓圖畫書發
揮作用。這些肢體表演、動作交織出的語言，將孩子引進了圖畫書的世
界。這時學生在閱讀、創作、演出的情況下，滿心喜悅的體會到圖畫書
神祕而多采多姿的世界。這種感覺就是「幸福」。在學生時代反覆體驗
這種感覺的人，長大之後才能真正感受幸福的滋味，這正是讓他們接觸
圖畫書最可貴的地方。

　　由於它的內容是以一組圖畫在說故事，圖與圖之間的連貫、轉折、
製造高潮和定律，帶給讀者很大的想像空間；再加上故事具有敘事的優
點與特色，字數雖少，但主題明確、脈絡清楚明確，又有圖的搭配，學童
很快就能掌握編劇的要點。所以可選生活類型的故事圖畫書，以生活故
事為主。故事的發生，可以周遭朋友、親人、老師、同學、家人等為主
角；敘述事情，可以寫現代的事物、觀念、現象等。只要是我們身邊有
的事物、發生過的事件，都可以運用想像的手法，生動有趣地表現出來。

　　我希望圖畫書是以這種方式與學生的生活結合；我相信這也是圖畫
書最能發揮作用的方式。教學者只要重視孩子的感覺與好奇心，不讓孩
子去配合圖畫書，或是強迫孩子接受圖畫書，自然的引導他們進入圖畫
書的世界；讓活力和好奇心旺盛的學生，用自己的眼睛、自己的耳朵，
從圖畫書中不斷挖掘出新的事物就好了。也就是說，不要緊抓著孩子的

手腳，什麼事都想要主導，這樣孩子們才能學習到包容不同的人與事物，以更寬廣的心胸去看待世界。

　　故事劇場為了能和創作性結合，讓學生能學習和現場觀眾的即時互動，創造出更多舞臺上與下、戲劇內與外的無限想像空間的創意，所以我特別將三年前已經實作過的《感恩之門》這本圖畫書的經驗與大家分享。由於它的故事內容敘述性強，又能有效結合故事劇場這種創作性戲劇，所以一定可以讓圖畫書教學發揮最大的效用。

一、實作方式

（一）先帶學生閱讀，邊讀邊融入創作性戲劇和活動中，讓學生很快感受書中人物的心情，並試著幫助他們解決問題。

表 7-2-1　單一圖畫書《感恩之門》創作性戲劇化的實作方法

書名	議題	故事劇場特色
《感恩之門》	感恩 分享	（一）內容： 　　感恩節到了，由於印地安人願意接待清教徒，在新開的餐廳，一起共享的第一個感恩節，當天快樂的聚會，所散發的溫暖和力量。讓這兩個原本不相干的族群一起體驗和發現奶奶說的至理名言：「感恩節的大門就像快樂的心，要大大敞開著。」 （二）創作性戲劇： 　　1.看《感恩之門》4～6頁，演思考劇。 　　　敘述安妮的火雞烤焦了，感恩節大餐也泡湯了，她非常的傷心。將小朋友分成 4 組，幫忙安妮想出一個最好的方法，並用即興創作演出來。 　　2.看《感恩之門》7～14頁，演情緒劇。 　　　當安妮傷心的時候，她選擇去燙衣服，請每位小朋友演出她難過時如何發洩情緒？並討論哪一種方法是最好抒發情緒又不會傷害自己

		和別人。 3. 看《感恩之門》15～30 頁 　書中卡爾叔叔邀請艾德和安妮跳舞，安妮也教 　他們跳康加舞，彼此跳得非常開心。 活動一：讓小朋友跟著音樂，跳書中的舞蹈，體會肢 體律動的樂趣。

（二）請學生分析故事結構：

表 7-2-2 《感恩之門》故事結構分析表

角色	安妮	艾德	奶奶	大人	孫子
個性	想太多、 容易煩惱	開朗、 正面思考	好客、 喜歡分享	孝順	頑皮、聽話
種族	美國人		英國清教徒		
故事情境	發生什麼事？		地點	心情	做什麼事？
1.	安妮把火雞烤焦了		安妮的家中	悶悶不樂	去燙衣服
2.	艾德建議出去吃飯		新世界餐廳	安妮不安 艾德很開心	安妮摸摸餐 桌的裝飾
3.	廚房的小孩看到他們進來 餐廳		新世界餐廳	生氣	敲鍋子
4.	奶奶邀請他們		新世界餐廳	開心	做最好的位 子
5.	大家一起吃飯跳舞		新世界餐廳	開心	跳民族舞、 康加舞
6.	大家發現門沒關的秘密.		新世界餐廳	很驚訝	將馬鈴薯拿 開
7.	安妮回到家中		安妮的家中	夫妻一起感 恩	喝茶

（三）將創作性戲劇，所想出的劇情，進行劇本改編和創作。

《感恩之門》劇本（畫線部分是學生創作的劇情）

第一幕演員：安妮和艾德、火雞

地點：家裡

道具：桌子、桌布、用箱子做的烤箱

旁白：今天是感恩節，艾德和安妮獨自在家，準備烤一隻香噴噴的火雞來慶祝。喔，糟糕，安妮不小心把火雞烤焦了。安妮的心情壞透了，因為她搞砸感恩節，所以安妮跑到房間，並且大聲哭了起來。

艾德：把黑的皮撥掉就可以吃了。

安妮：這麼臭，怎麼吃！

艾德：那我們再烤一隻火雞就好了。

安妮：那不就 12 點才能吃晚餐。

艾德：我肚子好餓！我們去看看街上的餐廳還有沒有在營業？

安妮說：好吧！可是和在家吃的感覺不一樣。

第二幕演員：安妮和艾德

地點：餐廳（舞臺右邊）

道具：2 張桌子 6 個椅子、鍋子、鏟子、桌巾、裝飾品、畫

旁白：安妮和艾德走在街上，發現餐廳都關了，這時，看到新世界餐廳的大門還開著。

艾德：哇！太棒了！我們進去吧！

安妮：這是感恩節的餐桌裝飾嗎？為什麼都沒有人呢？艾德我們好像不應該來這裡，回家吧！

艾德：別想太多了，反正他們的門開著。

地點：廚房（舞臺左邊）

演員：李歐、安娜、塔雅娜、奶奶

旁白：好幾隻不高興的眼睛，正在廚房後面偷看。

李歐：太可惡了！

安娜：誰忘了把大門關上，我們今天不營業啊！唉！感恩節大餐
　　　泡湯了。

塔雅娜：把他們趕走，我來敲鍋子把他們嚇跑。

奶奶：夠了夠了！在老家啊，敲鍋子是用來趕走野狼，可不是要
　　　趕走那些肚子餓的人，況且今天是感恩節，我們烤了一隻
　　　像狗屋那麼大的火雞，卻不肯和別人分享？哼！

第三幕演員：李歐、安娜、塔雅娜、奶奶、安妮和艾德

地點：餐廳

道具：桌子、椅子、點心

李歐：奶奶說的沒錯，幫忙多搬幾張椅子吧！

安娜：請你們坐在最好的位子。（並在桌上多放了餐具和點心。）

奶奶說：感恩節快樂，歡迎！很高興你們來。

艾德和安妮：謝謝！

奶奶：讓我們來乾杯慶祝感恩節吧！

旁白：大家一起吃東西、聊天，開心的不得了！

第四幕演員：安妮和艾德、卡爾叔叔跳康加舞（10 人）兔子舞
　　　　　　（20 人）道具：音樂、帽子

旁白：晚餐後，卡爾叔叔邀請艾德夫婦和他們一起跳舞。卡爾叔
　　　叔領著樂隊演奏音樂年輕人開始跳舞沒多久，每個人都加
　　　入了，就連從來不跳舞的艾德，也跟著跳起舞來。

艾德：這個舞好有趣，太好玩了！

安妮：我也喜歡跳舞，我來教大家跳兔子舞。

旁白：才一會兒就跳成一條長龍，真是太棒了！艾德和安妮道別
　　　的時候，他們互相交換禮物，大家都說：「謝謝你們讓我
　　　們過了一個特別的感恩節。」

第五幕演員：安妮和艾德

地點：路上

道具：月亮

旁白：艾德和安妮走在回家的路上，兩人依偎在一起。

安妮說：今天的感恩節，好棒！你覺得什麼是最值得感恩呢！

艾德：喔！親愛的，我不得不說，我最值得感恩的就是你把我們
　　　的晚餐烤焦了。

安妮：嗯！艾德我也這麼想。

旁白：<u>為什麼新世界餐廳的門是開著？</u>
　　　<u>最後演員謝幕拿著一顆大愛心一起說：「奶奶說在老家啊</u>
　　　<u>感恩節的大門就像快樂的心要大大的敞開著。」</u>

二、相應理念提點

　　透過創作性戲劇，閱讀《感恩之門》這本圖畫書，很容易帶孩子進入「感恩」的世界，再讓學生編劇演出，將這本書的重點「開始不好的事，也許會有好結果」用戲劇方式表達出來，讓他們從內心深處感受隨時要有一顆柔軟的心，去看待身邊每一件不順利或不被計畫的事；他們才會抱著一種等待和學習的態度，發現生活中每件事的發生，都值得感恩。這就是故事劇場結合創作性戲劇的精神所在。

第三節　非單一圖畫書改編為故事劇場的敘述表演教學

　　非單一圖畫書為了能改編成故事劇場的劇本，可將兩本圖畫書組合。這裡將選學校班書《感恩之門》和《凱琪的包裹》的組合當例子。在教學時，可以指導學生用《感》的故事人物當主角旁白認識的過程，後來在《凱》的故事中結下兩家美好的情緣。或以《凱》的故事當前言介紹，而將《感》的內容當主要故事。當然還可以和學生討論不同的結合方法。學生為了能有新的組合，一定會激發出學生最大的創意，產生新的效果。因為劇本內容很豐富，表演也會非常精采。

　　以下是《感恩之門》和《凱琪的包裹》兩本圖畫書改編為故事劇場的敘述表演教學：

一、請學生用《感恩之門》的人物為主角並將故事當前言＋《凱琪的包裹》故事結構

表 7-3-1　《感恩之門》＋《凱琪的包裹》結合故事劇場敘述表演

角色	安妮	艾德	奶奶	大人	孫子
個性	想太多、容易煩惱	開朗、正面思考	好客、喜歡分享	孝順	頑皮、聽話
種族	美國人			英國清教徒	
前言	在某一年的感恩節，兩家成了好朋友。				
故事經過	1.因為發生世界大戰，奶奶一家搬回英國的老家。				
	2.世界大戰後，英國嚴重缺乏物資，奶奶家裡生活非常困苦。				
	3.安妮和艾德寄很多包裹和信，溫暖他們的心。				
	4.孫子和鄰居也寫了很多感謝信給安妮和艾德。				
	5.冬天來了，整個鎮上的居民都擔心如何度過冬天。				
	6.安妮和艾德在教會募捐衣服、食物，寄給鎮上的居民，幫助他們度過寒冷的冬天。				
	7.奶奶號召鎮上的居民寄一大箱薔薇花給安妮和艾德，希望他們能將種子灑在每個角落，代表他們的謝意。				
結局	今年的感恩節，安妮和艾德到英國探望奶奶一家人，一起度過溫馨的感恩節。				

二、請學生用《凱》的人物為主角並將故事當前言＋《感》故事結構

表 7-3-2　《凱琪的包裹》＋《感恩之門》結合故事劇場敘述表演

角色	蘿西	曼菲爾市居民	郵差	凱琪	奧斯特鎮的居民
種族	美國人		荷蘭人		
前言	在第二次大戰後，由於蘿西伸出援手，主動寄包裹和信件幫助凱琪一家人度過難關，並協助他們移民到美國開餐廳，才能展開新的生活。				

故事經過	1.今年感恩節前一天，蘿西和媽媽烤焦了火雞，非常懊惱。
	2.這時突然來了一通電話，凱琪邀請蘿西全家在感恩節，到他們新開的餐廳吃飯。
	3.蘿西一家人一到餐廳沒看到半個客人，覺得有點擔心。
	4.這時凱琪和家人在廚房準備豐盛的火雞大餐。
	5.凱琪的父母出來邀請他們坐最好的位子，並享用餐點。
	6.凱琪一家人拿出感恩卡片和禮物，輪流唸出他們對蘿西家人的感激，場面非常溫馨。
	7.飯後，凱琪帶蘿西一家人跳荷蘭傳統舞，蘿西則帶凱琪家人跳康康舞，兩家人笑得合不攏嘴。
結局	兩家人互相約定，每年的感恩節都要一起聚餐，共度這個值得充滿感恩的節日。

　　由於非單一圖畫書結合的故事劇場，內容不會只侷限在一個場景，有時會橫跨不同的時空，人物也可跳脫原來故事的框架到另一個故事當主角，這樣的結合故事將更有可看性。不過為了讓觀眾能很快了解整個故事的脈絡，敘述表演就是很重要的一環。這樣的編劇教學，不僅可擴展學生的視野，還能增加他們的想像力和創造力，是學生非常願意參與的戲劇教學方式。

第四節　相關的教學活動設計及其實務印證

　　以我服務學校箱書運用在單一圖畫書改編為故事劇場的敘述表演的教學活動設，是以《不是我的錯》這本圖畫書進行教學，來作實務印證。

　　上課如果能配合最近發生的時事，將會提升學生的學習動機和興趣，並達到教學的效果。由於最近桃園某所國中發生很嚴重的霸凌事件，引起全國民眾高度的關注，呼籲教育當局要拿出對策解決問題，於是教育部就開始正視這個存在校園已久的霸凌問題，不僅規定反霸凌日，全國進行反霸凌宣導，還設立霸凌專線，讓被霸凌者有抒發的管道在《不是我的錯》這本圖畫書中，作者透過一位學生躲在角落暗自哭泣的故事，

談論了一個重要的人生課題，就是現在校園中存在的霸凌現象。霸凌除了肢體上的衝突，還包括言語上的衝突，以及排擠孤立同學。如果看到同學被霸凌，敢不敢出來阻止？這本書將各種霸凌現象，用圖畫和簡單的文字予以呈現，將給青春期的學生有更多的想像、思考空間。因此，本研究選擇這本圖畫書當文本與故事劇場結合。至於將它們結合的理由，詳見第一章第三節的說明。

表 7-4-1　單一和非單一圖畫書改編為故事劇場的
敘述表演教學活動設計

教學內容	《不是我的錯》、《威廉的洋娃娃》	教學者、設計者	李玉玫
教學方式	故事劇場	教學班級	六年丙班
教學時間	一百六十分鐘	教學人數	31 人
設計理念	1. 藉由討論國語課文〈草船借箭〉，它是以故事劇場編寫的劇本，來引起學生學習的動機，並對故事劇場的呈現方式有初步的認識。 2. 結合創作性戲劇，讓全班邊讀邊演，小組集體討論，激發學生創意，並能即興演出。 3. 透過各組實際演出故事劇場，了解故事劇場的敘述表演方式，最後將彼此溝通表演的內容，寫成劇本。		
教學目標	1. 能找出圖畫書文本和圖畫所要傳達的訊息。 2. 能了解校園霸凌現象，學習表現自信與自覺，不讓自己成為弱者，也要學習人際互動技巧，才不用凡事依靠老師或家長處理問題，並能以同理心去尊重、關心別人的興趣。 3. 能學習故事劇場的表達方式。 4. 能學習與小組同學一起合作演出。 5. 能利用聲音、肢體、表情進行演出。 6. 能欣賞同學的表演，並給予鼓勵。 7. 能找出製造差異和無中生有創意的劇本和表演。 8. 能將圖畫書改編成故事劇場劇本。		
準備教材	《不是我的錯》、《威廉的洋娃娃》圖畫書 31 本、電腦、單槍、電子白板、前、後測問卷、《親子天下》第 19 期、《哆啦 A 夢》DVD 圖畫書的 ppt、劇本賞析單、錄影機。		

教學活動內容	時間	教學資源	能力指標	評量方式
一、準備活動 （一）教師 　1、發下《不是我的錯》、《威廉的洋娃娃》圖畫書、前測問卷，請學生填寫。 　2、將全班學生分四組，進行討論和表演。 （二）學生 　1、填寫前測問卷。 　2、預先看圖畫書，畫結構圖，找出書中重點。 二、發展活動 （一）活動一 　1、討論這兩本圖畫書以圖為主體的「互釋」形式和內容？ 　S：《不》只有很少字，都是圖在發聲。 　S：《威》的圖片圖裡蘊含非常多訊息，所以不需要看文字。 　S：光看《不》的圖片，就能知道故事內容。 　S：看《威》的圖片，可以幫助我們了解故事。 　教師總結：大家都很認真觀察與閱讀，這兩本書都是屬於圖畫的主體性勝過故事本身的敘述性，也就是閱讀圖畫書時，圖畫必須同時發聲，甚至比文字更具有說明性。 　2、為什麼這兩本圖畫書要和故事劇場作結合？ 　　（老師先和學生討論國語課文	30	《不是我的錯》、《威廉的洋娃娃》圖畫書、前測問卷。 介紹圖畫書的 ppt、單槍、電腦。	5-3-8　能共同討論閱讀的內容，並分享心得。	能回答老師的問題，並說出圖畫書的特性。能了解故事內容以及故事劇場的特性。

〈草船借箭〉，並說明故事劇場的特性，現在請學生看圖畫書思考這個問題）				
S：《不》每一頁的圖具有故事連續性。				
S：《威》完整敘述故事前因後果。				
S：《不》的圖給讀者很大想像空間，可以用文字填補。				
S：兩本書都有高潮、衝突的情節，是很吸引讀者的故事。				
教師總結：是啊！因為這兩本圖畫書圖像讓讀者有很大的想像空間，只要仔細觀察圖，並將圖畫中有要傳達的方式——示意，「示意」是當圖像需要抽象表達的意念、狀況、想法等無法說明時，都可以藉著圖畫本身的質地和包含的物件顯示出來，就可以豐富這兩本圖畫書的故事情節。				
（二）活動二：改編劇本演出（一） 　　1、《不》和故事劇場如何作有創意的結合？ 　　　（老師播放《哆啦A夢》DVD一段，進行角色分析，並討論故事文本以創意戲劇方式激發創意） 　　S：可以請記者訪問那位愛哭的小孩。 　　S：老師可以詢問為什麼他要哭？。 　　S：警察可以詢問為什麼他哭泣的原因。 　　S：多一些敘述在對話，會很有創意。	30	《哆啦A夢》DVD	5-4-2-4能從閱讀過程中發展系統性思考。	能了解圖畫書和故事劇場的創意結合。 能改編劇本並揣摩劇中角色。能大方演出故事劇場，並欣賞同學的演

教師總結：沒錯！創意除了表現在劇本的改編，也可以在故事劇場的旁白敘述表演，這就是最好的結合。			出。

2、實際改編劇本演出。

S：我的劇本是大家先不承認自己的錯，後來才願意承認。

旁白：下課時，榕樹下有一位低年級學生在大聲哭泣，旁邊圍觀很多小朋友。

老師：快說，是誰欺負他？

學1：我一來他就哭，所以我沒看到。

學2：可能他剛剛跌倒吧！

學3：應該是想媽媽吧！

學4：有可能是想玩盪鞦韆吧！

學生：（一起說）不是我們的錯！

老師：你們都不知道原因嗎？那我去看監視器。

學1：我有碰他一下。

學2：我不小心讓他跌倒！

學3：我有用一句髒話罵他媽媽！

學4：我剛才盪鞦韆不小心推到他！

老師：所以是誰的錯呢？

學生：（一起說）都是我的錯！

S：我是以有一個學生因為無聊而哭，沒想到大家也跟著哭起來。

旁白：老師一進教室看到小朋友在哭，只有一個小朋友沒哭，而且也不說話。

老師：你們發生什麼事？

學1：我也不知道！看到好朋友哭，我就哭了！

學2：全班哭這麼大聲，吵死我了，所以我也氣哭了。

學3：我以為大家在玩一起哭的遊戲。 老師：那為什麼有一個人沒哭？ 學1：他耳朵痛。 學2：他覺得哭很幼稚。 學3：他在做白日夢。 老師：你為什麼不哭？ 學：好好笑！我只是無聊，所以一進來就假裝大哭，沒想到大家也跟著哭，後來我覺得很無聊，就不哭了！ 老師：所以呢？ 學：這都是無聊惹的錯。			
（三）活動三：檢討成效（一） 　S：第一組欺負小弟弟的學長很沒用，作錯事不敢承認，是校園常發生的事。 　S：第二組的結果很出人意料之外，是很特別的創意寫法！ 教師總結：這兩場演出展現製造差異、無中生有的創意，也能表現故事劇場的敘事表演特色，值得鼓勵！	20	5-4-2-4 能從閱讀過程中發展系統性思考。	能針對前一組同學演出，提出回饋與建議。
（四）活動四：改編劇本演出（二） 1、這兩本圖畫書和故事劇場如何作有創意的結合？ 　（老師講解親子天下吳季剛的故事，和學生討論這個故事與《威》內容可以和先前演過的《不》創意結合） 　S：可以從吳季剛小時候玩洋娃娃，常常在學校被同學嘲笑，一直寫到他成功。 　S：可以用倒敘法，描述吳季剛成功	60	5-4-2-4 能從閱讀過程中發展系統性思考。 6-4-3-1 能配合各項學習活動，撰寫演說稿、辯論稿或	能了解圖畫書和故事劇場的創意結合。能改編劇本並揣摩劇中角色。能大方演出故事劇場，並欣

| 後，非常感謝以前嘲笑他的人，讓他更進步。
教師總結：這兩種改編方法都是製造差異的創意，大家可以在對話中多加一些敘事情節，讓劇本更有故事性。
2、實際改編劇本演出。
S：我的劇本是第一種寫法。
旁白：吳季剛從小非常喜歡玩洋娃娃，大家都嘲笑他，只有媽媽支持他。
吳：媽媽，為什麼大家都笑我？
媽媽：沒關係！我帶你去國外讀書，他們就不會笑你了！
旁白：到了加拿大，同學都很喜歡他設計的衣服，非常欣賞他的才華，所以成了學校偶像明星。
媽媽：你設計的芭比娃娃晚禮服成了小女孩最愛，連總統夫人都愛不釋手，希望你幫她設計禮服放大版。
吳：我會試看看！
旁白：在總統就職大典，總統夫人穿吳季剛設計的衣服，讓他大出風頭。
吳：媽媽謝謝妳！要是沒有妳的鼓勵！我不會成功。
媽媽：不客氣！看到你的夢想實現！是媽媽最大的幸福。
S：我的劇本是第二種寫法。
旁白：在美國總統夫人和馬總統夫人都穿吳季剛設計的禮服後，吳季剛一躍成為時尚圈的流行 | | 劇本。 | 賞同學的演出。 |

指標。 記者：請問您為什麼這麼會設計衣 　　　服？ 吳：因為我從小很愛玩洋娃娃，所以 　　會想要設計漂亮的衣服給娃娃 　　穿。 記者：在這追求夢想的過程中，你有 　　　遇過什麼難忘的事？ 吳：我最難忘的事是小時候玩洋娃娃 　　被同學嘲笑，但是這些嘲笑卻成 　　為我努力的動力，激勵我繼續努 　　力往設計的路前進。 記者：原來如此！可見你是一位正面 　　　思考，不怕挫折、困難的大 　　　師，這種精神值得我們學習。				
（五）活動五：檢討成效（二） S：吳季剛追夢的過程很辛苦，但是 　　有一個好媽媽願意支持他，完成 　　夢想，這組的同學演的方式令人 　　感動。 S：吳季剛長大後，會感謝這些嘲笑 　　同學，他們用這個觀點來演這齣 　　戲，感覺很特別！ 教師總結：這次演出大家都在情節 　　　　　上敘述的很清楚，只是旁 　　　　　白有時候會忘了進去演 　　　　　戲，啞劇表演也要再熟悉 　　　　　這種表演方式，會讓整齣 　　　　　劇更有故事性。	20		5-4-2-4 能從閱讀 過程中發 展系統性 思考。	能針對前 一組同學 演出，提 出回饋與 建議。

　　根劇前測結果，學生對故事劇場的呈現方式比較了解，因為剛上的國語課文〈草船借箭〉，就是運用旁白來敘述人物的個性及故事的脈絡，讓整個故事的焦點著重在諸葛孔明、周瑜、魯肅的對話。學生演這齣戲，只要將心力用在角色的對話上，其他連接每一幕的臺詞交給旁白即可；而旁白可以拿著課本唸，演員只要演啞劇動作和少許的對話。他們都覺得這樣演戲的方式，演員比較輕鬆，不像舞臺劇、相聲劇，演員需背熟很多臺詞。這類的戲劇方式只要練習幾遍，很快就可以演出一場精采的戲。

　　當我選擇《不是我的錯》這本圖畫書進行教學和討論時，正好碰上全國每所學校都要進行反霸凌宣導，所以教學重點是要讓學生了解什麼是霸凌行為？以及教導他們如何面對和處理同學的霸凌行為？我將教學目標放在這兩點，希望學生能透過圖畫書戲劇的教學，更認識霸凌行為所造成對別人內心傷害的後果。

　　首先我放《哆啦 A 夢》卡通給學生看，並分析四個很有代表性的角色：胖虎總是運用自己的拳頭，欺負大雄；而小夫就是胖虎身邊的小跟班，常常在旁邊幫腔作勢；大雄遇到麻煩，總是哭哭啼啼找哆啦 A 夢幫忙；而哆啦 A 夢總是有道具可以幫大雄對抗胖虎無理的要求，造成他不會處理人際關係。在《終結霸凌》一書中，指出大人都花很多心思在胖虎和大雄身上，忽略佔最多數的小夫們。其實只要小夫們少一點，正義使者多一點，胖虎就沒戲可唱了。因此，學生要學習在班上的課題是能表現自信與自覺，不讓自己成為弱者，也要學習人際互動技巧，才不用凡事依靠老師或家長處理問題。此外，人性的嫉妒和佔有欲，也會使自己很容易產生霸凌行為，這更是需要學習克服與面對的問題。（王美恩，2001，21-39）

　　讓學生自己選組，也是一種關係霸凌，因為班上總會有一、二兩位同學落單，造成心理上的不舒服。因此，經由我的說明，他們也同意這次分組是採抽籤方式。進行圖畫書教學時，先在黑板帶他們畫心智圖，引導他們思考，討論哪些部分可以用創作性戲劇方式來呈現故事劇場的劇本。

一、根據故事寫心智圖

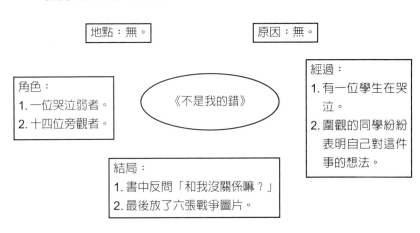

圖 7-4-1　《不是我的錯》圖畫書的心智圖

　　經過討論後，S1 認為學生名字、地點、原因可以各組創作。S5 認為可以選一位正義使者來說明真理。S13 認為弱者必須學會解決問題，而不是用哭泣的方法。S21 覺得每組演圍觀的同學可以自由創作對這件事的想法。

二、創作性戲劇心智圖

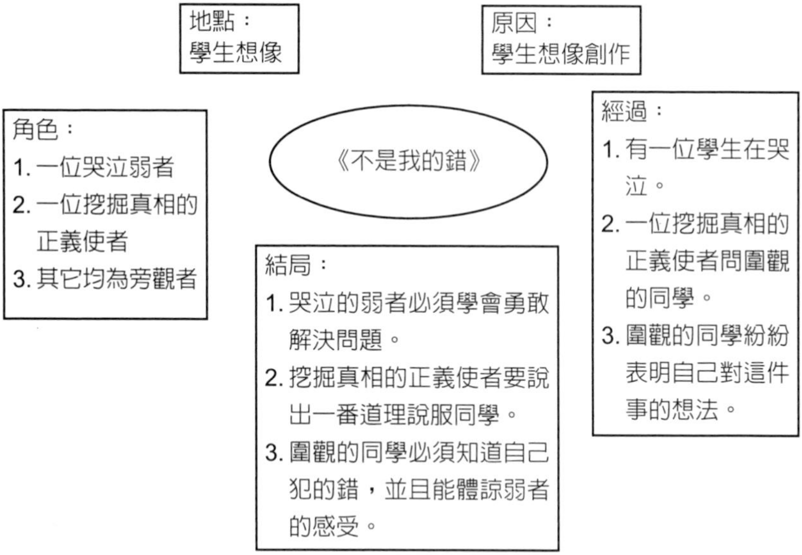

角色：
1. 一位哭泣弱者
2. 一位挖掘真相的正義使者
3. 其它均為旁觀者

地點：學生想像

《不是我的錯》

原因：學生想像創作

經過：
1. 有一位學生在哭泣。
2. 一位挖掘真相的正義使者問圍觀的同學。
3. 圍觀的同學紛紛表明自己對這件事的想法。

結局：
1. 哭泣的弱者必須學會勇敢解決問題。
2. 挖掘真相的正義使者要說出一番道理說服同學。
3. 圍觀的同學必須知道自己犯的錯，並且能體諒弱者的感受。

圖 7-4-2　《不是我的錯》故事劇場劇本的心智圖

三、實際運用創作性戲劇方式思考演出

（一）閱讀圖畫書第二頁時，演思考劇

　　我請大家扮演那位在哭的孩子，可以先想自己為何哭泣，再用各種方式表達哭的強度。這時只見全班學生哭成一團，男生表情很誇張的邊哭邊笑，女生還滿入戲的暗自啜泣。於是我請四位同學說明哭泣的理由。S14：「大家笑他，所以很想哭。」S8：「有人打他，才會哭大聲。」S16：「大家搶他東西，所以很生氣的哭。」S29：「有人欺負她，可是她叫救命，都沒人理她，所以傷心的哭了。」

（二）討論題

1. 哭的同學都沒有錯嗎？

　　S12 說有的同學很愛哭，一遇到事情，就哭個不停，旁邊的同學會覺得他就是愛哭鬼，所以不想理他。S9 說他遇過一個同學，很愛假哭，引起同情。S26 覺得有些同學平常不會哭，如果哭了，就應該發生一些事，需要問清楚。S25 說有些同學常會先去捉弄同學，同學氣不過，才會打他或搶他東西，所以不一定沒有錯。

2. 為什麼書中同學會一個一個出來說明自己的理由？

　　S4 說可能老師問同學為什麼他在哭？S9 說也許是記者去採訪同學，了解事情真相。S19 說護士阿姨在問其他同學原因，因為那位同學全身是傷。S31 覺得是家長跑來教室興師問罪，幫小孩討公道。

3. 書中同學說的理由，你覺得有道理嗎？難道他們都沒有錯？

　　S5 說這位在哭的同學，人緣應該很差，所以大家才會欺負他、打他，不過他們說的話感覺都是強詞奪理。S7 說我覺得這些同學說的話都是錯的，什麼只打一下下，或不是我先打，大家都認為不關自己的事，好像老師說的小夫只會欺善怕惡。S16 認為膽小怕事的同學太多，才會讓霸凌的同學太囂張。S21 指出哭的同學應該常被欺負，所以大家對他這種不尊重的態度才會習以為常。

四、分組排練

　　接下來，我請各組同學分配角色：一位演弱者；一位演挖掘真相的正義使者。圍觀的同學則紛紛表明自己對這件事的想法：哭泣的弱者必須學會勇敢解決問題；挖掘真相的正義使者要說出一番道理說服同學；圍觀的同學必須知道自己犯的錯，並且能體諒弱者的感受。

在排練的時候，每組都很開心，出乎我的意料之外，因為，我本來以為這是一個很嚴肅的主題，可能氣氛會很沈重，大家一定不想演被欺負的弱者，沒想到一些愛搞笑的同學卻自告奮勇，還演的很誇張，逗得大家開懷大笑，由於是抽籤分組，雖然同組成員，有男有女，異質性高，反而擦出一些火花，讓同學更了解彼此的個性（觀摘 2011.12.8）

五、即興演出

選出一位主持人，按照組別順序依序演出，並在各組表演完，請臺下觀眾給予熱烈的掌聲。因為這是學生第一次演故事劇場，內容又是有關「霸凌」的主題，為了避免有樣學樣的負面影響，在排練時我特別強調正式演出，絕對不能有霸凌的畫面，只能用旁白交代衝突的情節。雖然我給他們的約束很多，但是他們的表演內容仍然有抓到重點，並在場景、角色、劇情部分儘量用自己的想法，大部分都能跳脫出圖畫書的觀點，創意部分值得鼓勵！第一組主要是敘述在學校上音樂課時，學生發生的衝突事件，最後再透過老師的引導，讓學生思考並明白自己所犯的錯。第二組則以「喜羊羊和灰太郎」卡通裡面的角色當劇中的主角，內容是描述懶羊羊遇到被其他羊集體霸凌，獨自在森林難過時，還好村長運用智慧的言語教導這些羊要懂得尊重，並願意彼此認錯，最後並成為好朋友。第三組是以微笑電視臺現場 call in 節目，所探討的學校「霸凌」新聞為主要的內容，希望全國觀眾都可以表達自己的意見。第四組則是以同儕的力量約束霸凌者，不可以再用霸凌的方式對待同學。以下是四組演完後，將即興演出的劇情，一起再創作的劇本。

第一組：

老師：上課了！這節我們要上音樂課。
老師：（看了看大家）感恩節快到了，我們先來複習「感恩的心」吧！

小齊：（偷偷對著小毓唱）感（幹）恩的心，感（幹）謝有你，
　　　把我一生害的這麼慘的人就是你。

旁白：唱完後小毓覺得不爽，不過因為老師在上課，所以不敢動
　　　手，這時剛好訓導主任來找老師說話，所以老師就說：同
　　　學們自己慢慢練習吧！

小毓：（看老師走後，就不爽的看小齊）你是怎樣！故意的喔！

小齊：沒怎樣啊！

小毓：（生氣對其他同學說）下課後我們來圍毆他吧！

其他同學：好啊！

旁白：眼看就要放學了，小毓心裡很著急。

小毓：老師快點下課啦！

其他同學：老師～老師～下課啦！下課啦！

老師：（看了看時間）好吧！好吧！同學們下課了！

大家都說：「YA！」

旁白：小毓就帶著其他同學要堵小齊，終於看見小齊從校門口
　　　走出來，所以大家就把小齊逼到角落，合力把他打到鼻
　　　青臉腫。

小淳：（想到今天下午有上棒球課）今天老師說我棒球打不太
　　　好，所以就送我一顆棒球，回家練習，剛好可以把棒球塞
　　　在他的嘴巴。

其他同學：好啊！好啊！

大家：（邊拍手邊說）塞棒球！塞棒球！

小毓：（看老師走後，就不爽的看小齊）你是怎樣！故意的喔！

旁白：小淳就一直塞棒球在小齊的嘴裡，大家也一起拍手，這時
　　　有一個人拍著小毓的肩膀說：你們在做什麼？

小毓：（一直揮手趕那個人走，好像是不要讓他來破壞的樣子，
　　　邊趕邊喊）Get out the here.

旁白：說完之後就繼續打，邊打邊覺得那個人很面熟，所以就突
　　　然想到那個人是老師，而且旁邊也站了個訓導主任。

小毓：老師和訓導主任來了！

（其他同學聽到小毓說的話，就連忙把小齊擋住。）

老師：後面是誰？

旁白：大家就趕緊插進去，不讓老師看到，最後老師不耐煩了，
　　　所以就直接把同學推開，這時才看到被欺負的小齊。訓導
　　　主任以為小齊快死了，就想幫小齊做人工呼吸 CPR。

小齊：（嚇到馬上爬起來）我還沒死。

老師：誰打你的？

小齊：（邊說邊指）是他！他！他！他！

（大家急忙解釋）

小毓：老師，在上音樂課的時候，他趁妳不在的時候，邊唱歌邊
　　　罵我！

小淳：我只是看不慣有人欺負我的好朋友而已。

小柔：是他自己喜歡到處惹人生氣，他上次也罵我啊！

小豪：我只是看他身體黑黑的，所以才想要幫他洗刷刷而已。

大家：這都不是我的錯。

老師：你們全部真的都沒有錯嗎？先站著反省 5 分鐘。小齊你覺
　　　得自己哪裡作錯了？

小齊：我不該先對小毓唱不禮貌的歌，讓她生氣。

老師：小毓，那妳？

小毓：我也不該叫大家圍毆他，雖然他的嘴巴很壞。

老師：其他同學？

小淳：我不應該為了挺好朋友而欺負他。

小柔：雖然他上次罵我，可是我也不能趁這機會欺負他！

小豪：我不能看他身體黑黑的，就沒經過他的同意幫他洗刷刷。

老師說：那雙方要如何表示歉意？

大家：對不起。

旁白：大家都覺得老師的話很有道理，於是一起說：我們要做別
　　　人生命的天使，不要做別人生命中的惡魔。

第二組：

旁白：懶羊羊一個人躲在大樹旁邊大聲哭泣，而且一副很可憐的
　　　模樣。

暖羊羊：咦？怎麼有人在哭？難道有人被欺負了？不行！我得去
　　　　告訴村長！

慢羊羊：暖羊羊你怎麼啦？氣喘吁吁的！

暖羊羊：村……長……有人被欺負了

慢羊羊：什麼！在哪裡？快帶我去！

暖羊羊：嗯！（帶村長去找懶羊羊）

懶羊羊：啊！別再打啦！救……命！

慢羊羊：誰打你？

懶羊羊：是喜羊羊他們！

慢羊羊：走！我帶你去找他們問清楚！

旁白：這時在學校空地上，看到喜羊羊、美羊羊、沸羊羊、紅羊
　　　羊正聚在一起看選美雜誌，她們在爭誰最美，正吵得不可
　　　開交呢！

慢羊羊：誰欺負懶羊羊？

喜羊羊：又不關我的事，是他自己長得又矮又胖，又愛睡覺，一
　　　　副欠揍樣啊！

暖羊羊：這樣就可以打人喔！

美羊羊：我也想幫忙啊！可是～

慢羊羊：可是什麼？

美羊羊：可是他長得那麼醜，幫他會污染我的美。

暖羊羊：太自戀了吧！

沸羊羊：是他活該，而且又不是我的責任，雖然是我起頭的，但
　　　　大家都有打啊！

暖羊羊：沒救了！

紅羊羊：和我無關！我只有拿走他的零食而已。

懶羊羊：零食是我生命中的泉源啊！

紅羊羊：閉嘴！（舉起拳頭）

懶羊羊：別打啦！（又開始哭）

暖羊羊：別哭了！（安慰懶羊羊）

慢羊羊：你們敢保證不是你們的錯。

（一片沉默）

慢羊羊：喜羊羊，你如何保證懶羊羊以後不會當模特兒？

喜羊羊：我……懶羊羊對不起！

慢羊羊：美羊羊，你怎麼知道懶羊羊以後長得帥不帥？

美羊羊：唉！對不起啦！懶羊羊！

慢羊羊：雖然大家都有打懶羊羊，但是這件事是你起頭的，責任
　　　　最大耶！

沸羊羊：喔！對不起啦！

慢羊羊：紅羊羊，你明知道懶羊羊愛吃零食卻又給人家搶走，明
　　　　知故犯，也很嚴重！

紅羊羊：我不是故意的啦！

慢羊羊：雖然你們心中的怒氣得以解放，但別人心目中的創傷卻
　　　　是難以抹去的啊！你們以後要和平相處喔！

全部的羊（除了慢羊羊）：是的，村長！

旁白：從此以後，他們就和懶羊羊做好朋友，彼此相親相愛，再
　　　也不嘲笑他了！

第三組：

主播：歡迎各位觀眾收看微笑電視臺！最近全臺最關注的議題就
　　　是「霸凌」，但是如果一個人被欺負，其他的人都說：「不
　　　是我的錯！」那這到底是誰的錯？老師又應該怎麼做？現
　　　在就讓我們來看下面這則案例。

學 1：嗚……老師有人欺負我！

老師：是誰？

學 1：太多人打我，我不知道……嗚……（用蓮花指輕輕拭淚）

老師：（對學生們說）是誰欺負他的？

學2：呃……當當當時，我我我不在在場場耶！（心虛的微笑）

老師：（用懷疑的眼神看學2）是喔！

學3：那個時候我心情不好，所以就「輕輕」（加強語氣）的拍了他一下！這樣有錯嗎？

老師：「輕輕」的？

學4：拜託！他那麼「娘」！誰看他都不順眼好不好！

老師：娘？

學5：厚！我們只是笑他「娘」而已啊！是他自己愛哭的！

老師：笑他？

學6：我知道要去告訴老師，可是被欺負的人又不是我，不關我的事！

老師：唉！小朋友，你們的觀念都是錯的！嘲笑，也是一種霸凌，是「言語霸凌」，會造成受害著心靈上無法抹滅的傷害！而且你們人人有錯！說謊是不對的！冷眼旁觀的人更是加害者，因為你會讓被害人無法獲得保護！

主播：看完這則案例，請問大家有什麼想法？如果你是老師，你會怎麼做？明天同一時間請各位觀眾 call in 進來，可以分享你對這件事的看法或告訴我們你的親身經歷，我們將請專家為你解決問題。謝謝各位觀眾收看今天的節目，明天請繼續收看。

第四組：

旁白：大家正在玩，除了簡小毛和余小鑫。

簡：你們在幹嘛？

旁白：大家仍然不理他，繼續玩。

簡：（大聲的叫）你們在幹嘛？

玲：在玩啊！不然ㄌㄟˊ？

簡：那我可以玩嗎？

蔡：喔！你很煩耶！

簡：我只是問可不可以一起玩嘛！

喬：誰管你啊！煩死了，揍你喔！

簡：好啊！來揍我啊！

喬：好！

旁白：大家海扁簡一頓，簡躺在地上，芳最後走過去，踹他一下，看到余小鑫出現，大家趕快躲在樹後面看好戲。

鑫：（走過來）先生，睡在這裡會著涼哦！

簡：我不是在睡覺啦！

鑫：啊！不然ㄌㄟ？

簡：我被扁了一頓，才會躺在這鳥不生蛋、狗不拉屎的地方。

鑫：喔！誰扁你啊？

簡：用手指躲在樹後的那群人。

鑫：喔！

旁白：余小鑫看到簡小毛悲慘的遭遇，趕快到樹後面叫大家出來，不過他們卻一臉不屑的模樣，讓余小鑫看了很生氣。

鑫：你們為啥要扁他？

芳：我只踹了他一下耶。

喬：是他自己要來煩我們的，又不是我的錯。

蔡：所以我們就告訴他不要來煩我們。

鑫：用這種方法啊……

玲：怎樣？你有意見嗎？想吃拳頭嗎？

旁白：大家作勢要開打。

鑫：沒事！沒事！猛搖頭。大家就走了。

鑫：（回頭向簡說）阿簡啊！真抱歉，他們太恐怖了，我幫不了你，而且我補習快遲到了，再見啦！

旁白：賢走過來。簡爬起來。

賢：咦？阿簡你在幹嘛？

簡：我被打了啦！

賢：誰打你啊？

簡：他們。

賢：要我去幫你討公道？

簡：隨便。

賢：（走向大家）你們怎樣可以打他？

玲：因為他ムメ乁⋯⋯啊！

賢：因為他ムメ乁就打他，好奇怪喔！

蔡：哦！你很煩ㄋㄟ！欠打耶！

蕎：快滾啦！

賢：可是我是來幫阿簡討公道的耶。

旁白：賢拿白板寫「公道」二字。

賢：那你們以後不可以再欺負阿簡囉！

玲：好！那我們欺負你！

賢：不行！不能欺負任何人！

旁白：這時鑫也走出來。

鑫：對啊！欺負人不好玩吧？你們被人欺負也不會好玩啊！

蔡：好啦！好啦！隨便啦！

鑫：不能隨便！

蔡：哦，那我們⋯⋯儘量。

鑫：不能儘量！要百分之百！

蔡：好！那就百分之百！

賢：乁！阿簡！他們說不會再欺負人了耶！

簡：謝謝你們啦！

旁白：從此以後，簡小毛、余小鑫、賢賢組成正義三人組，到處
　　　幫助被人欺負的弱者，學校就沒有發生任何霸凌事件了。

六、分享與回饋

(一) 請各組討論前一組表演的內容，這次重點是放在學生的演出，是否
能將「霸凌」這個主題清楚的呈現出來，讓觀眾很容易明白不可以
對別人作霸凌的行為所以我先示範上臺分享的重點，請他們根據黑
板上參考的題目進行討論十分鐘後，每組派五位同學上臺分享討論
的內容。

(二) 參考的題目內容如下：

1. 有沒有演出弱者哭泣的原因？

2. 這位弱者值得同情嗎？

3. 劇中有沒有方法可以讓他解決面對的問題？如果沒有，請提出一個方法，幫他解決問題。

4. 正義使者的說法是否能說服大家，讓學生明白真理？

5. 看完這齣戲，是否能更了解霸凌這個議題？

各組分享與回饋：

第一組：

S17：第四組有演出弱者哭泣的原因，就是他很想和同學玩，可是大家拒絕他，他卻還一直問他們，同學不耐煩就集體打了他。

S16：我們有 2 個人覺得他不值得同情，因為他不太會看狀況，才會被打。5 個人覺得他很無辜，只是想和同學玩，就被打，真慘！

S5 ：劇中沒有說明弱者用什麼方法面對問題，其實他平常就要多交一些好朋友，對別人要多付出，也許就會有很多同學要和他玩。

S13：阿賢拿白板說要幫阿簡討公道，這時小鑫也出來說一句話，那些同學就願意以後百分之百不欺負人，我們覺得這段劇情不太能說服那些霸凌者，阿賢應該再多說一些有智慧的話，或再舉一些例子，可能會更有說服力。

S15：看完他們的演出，能感受到被霸凌難過的心情，也很佩服那兩位挺身而出幫助同學的勇士，我們很喜歡他們最後的結局，居然會想到組成正義三人組，去幫助別人，很像超人的劇情。

第二組：

> S22：第一組演得很好，S5 就是太白目，上音樂課對同學沒禮貌，
> 　　　會遭到集體圍毆的下場。
>
> S10：S5 不值得同情，他這種愛惹火同學的行為，大家都會很想
> 　　　打他。
>
> S7 ：劇中老師有讓 S5 思考，知道以後不可以先惹同學生氣。
>
> S2 ：老師問每個同學哪裡作錯？再讓他們自己思考並回答錯的
> 　　　地方，我們覺得這個方式比老師直接教導，效果更好。
>
> S26：每個演員都演得很棒！我們覺得他們將霸凌的主題表達得
> 　　　很清楚；尤其是結尾說的那句話「我們要做別人生命中的
> 　　　天使，不要做別人生命中的惡魔」，很能提醒大家不要成
> 　　　為別人生命中的霸凌者。

第三組：

> S27：雖然第二組沒有演出懶洋洋為什麼哭的原因，不過從村長
> 　　　問話過程中，我們推測是大家嫌他又矮又胖、又愛吃，所
> 　　　以才會動手打他。
>
> S31：懶洋洋很值得同情，他只是懶一點、胖一點、愛吃一點，
> 　　　又沒礙到誰？不應該欺負他。
>
> S23：劇中沒有教他解決問題的方法，只有村長叫大家和他和平
> 　　　相處，懶羊羊應該勤勞一點，不要太貪吃，要多運動，就
> 　　　不會成為大家嘲笑的對象。
>
> S28：村長輪流問他們一個問題，那些欺負懶羊羊的羊就各自認
> 　　　錯，這樣的劇情不太能說服觀眾，最好是再舉一些懶羊羊平
> 　　　時對大家做的好事，可能大家會比較容易感動，願意認錯。
>
> S8 ：看完這齣戲，覺得卡通的主角和人類一樣，也會遇到霸凌
> 　　　的問題，所以覺得印象很深刻。

第四組：

S4 ：沒有演出弱者哭的原因，不過後面有說是同學笑他娘，而且有人打他，才會哭。

S6 ：他很值得同情，因為兩性平等，男生也可以女性化，要尊重別人。

S18：劇中沒有教他解決問題的方法，其實只要別人嘲笑他時，主角可以勇敢說出自己不舒服、難過的心情，請他們不可以再說同樣的話，倘若他們還是繼續嘲笑，可以告訴老師或家長，請他們協助處理。

S29：老師說的很對！不過同學可能還是不能體會被嘲笑的心情，可以加上觀眾 call in 進來的意見，會比較有說服力。

S30：這齣戲編得很好，不過劇情太短，如果最後再加上模仿秀的劇情，讓主播唸出不同縣市觀眾 call in 的意見，會讓觀眾更了解霸凌這個議題。

七、選出製造差異創意的劇本和無中生有創意的劇本和表演

(一) 各組分享完，請大家根據「製造差異」和「無中生有」的創意戲劇化圖畫書教學的定義（詳見第三章第二節和第三節），投票決定同學劇本和表演屬於哪一種創意。

(二) 結果：

製造差異的創意劇本：第三組、第四組。

無中生有的創意劇本：第一組、第二組。

製造差異的創意表演：第四組。

無中生有的創意表演：第一組、第二組、第三組。

上完課，請學生寫日記，內容是關於這次演戲的心得。改完後發現有些學生的想法，很值得探討。

S28：她原本以為霸凌者只是看被霸凌的人不順眼，沒想到是他們心靈有很大的問題；而有些同學，對人太白目、太懦弱，

或因為個性男不像男，女不像女，都容易成為被霸凌的對象。但是這些人也有自尊心，所以被欺負到一種地步，也會不敢面對現實，例如：不敢上學、找理由請假，或許這是逃避現實的一種方法，但是總不能每天請假吧！所以告訴家長、老師才是解決問題的方法。

S27：每次先閱讀圖畫書，能了解我們要演什麼？要學習什麼？也可以幫助自己在編劇的時候，有個參考的依據，不會只是亂寫一通。然後再用戲劇演出，能更加深我們對「霸凌」的認知，還能讓大家的演技更厲害，並且讓每個人都能因為同學精湛的演技，而對演員詮釋的角色有不同的認識和感動。在排練時，也可以培養團結合作的精神，增加彼此的感情，我相信經過這次的戲劇演出，班上絕不會發生「霸凌」的問題。

S2：　我演完這場戲後，發現我很像那位弱者，每次遇到事情，都會認為是同學的錯，誰叫他們欺負我，惹我生氣，讓我火冒三丈，所以我每次一定馬上找老師求助，老師會教我遇到問題，要先學習處理自己的情緒，再和同學溝通，可是我都作不到。現在我知道，其實我常常先捉弄同學，讓他們很生氣，才會罵我，或同學不是惡意說我，我就生氣，所以我也有錯，我想向他們說對不起，老師請幫幫我，我不太敢跟他們說。

S21：今天演完這場戲後，讓我對這本書有更深入的了解，因為我曾經在書局看過這本書，可惜那時候我看不懂，不知道那位男孩為什麼平白無故在哭？那些同學沒人問他們，為什麼會回答？演完戲以後，我終於知道原來那位小孩在哭，是因為被欺負，那些小孩其實是有人在問他們啦！才會回答心裡的想法。我絕對不會去霸凌別人，因為無論是演戲還是在排練時，我都覺得那些被霸凌的同學，很可憐！而且如果有同學招惹你，應該告訴大人，而不是去打他，不然不僅是他有錯，自己也有錯呢！

S30：我在以前的學校被霸凌過很多次，同學曾經把我關在廁
　　　所，或把我鎖在陽臺外面，我很生氣告訴老師，他也沒辦
　　　法，每次都叫我要原諒他們。後來媽媽看到我很害怕去上
　　　學，才會讓我轉學到這個學校。來到這一班，發現同學都
　　　很友愛，我也交到好朋友，今天在演這齣戲，我的心情很
　　　輕鬆，因為大家演得很有趣，我也更清楚要怎麼幫助被霸
　　　凌的同學。

　　從學生的日記，可以發現他們透過這次戲劇的演出，對「霸凌」有
更深一層的認識：S2 知道自己原來也有錯，才會引起同學的反感；S30
想到以前被霸凌的經驗，現在已能釋懷，很多學生不僅能感受被霸凌者
的心情，也知道自己絕不能當一位霸凌者，更不能袖手旁觀，看同學被
欺負。因為透過角色扮演，學生開始有同理心，了解別人的痛苦，就是
防止霸凌的第一步。每種霸凌的行為都不一樣，也沒有放諸四海皆準的
解決方法。基本上，學生都有一顆善良的心，老師用「相互了解」的方
式來減少霸凌，演戲就是一種最好的教學體驗方式。

　　非單一圖畫書改編為故事劇場的敘述表演運用的教學活動設計，則
是以《不是我的錯》、《威廉的洋娃娃》兩本圖畫書運用在教學上，進
行實務印證。

八、引起動機

　　《威廉的洋娃娃》這本書是以小男孩想要洋娃娃為主軸的故事。因
此，我上網找「臺灣之光」吳季剛的故事，介紹給學生聽。

　　　　親子天下網站訪問吳媽媽，媽媽回憶吳季剛從小愛玩芭比娃
　　娃，和女孩子一樣喜歡拿著針線，幫娃娃縫衣服。因為他個性文
　　靜，在學校不太敢告訴同學他的興趣是玩芭比娃娃，更無法分享
　　他為娃娃所縫製的衣服，但只有吳媽媽看在眼裡，認為他的興趣
　　在臺灣保守的教育無法發展，九歲移民加拿大，在溫哥華的那段
　　日子，他在家裡也到處擺著自己動手做的娃娃，曾因親友的嘲弄

而傷心落淚。在他 9 歲時，學畫設計圖、裁縫、打版，歷經一段刻苦的學習過程。14 歲時前往日本進修雕刻藝術；爾後，他回美國參加首屆芭比娃娃國際設計比賽，拿下晚禮服和新娘禮服項目的雙料冠軍；並且在隨後舉行的巴黎娃娃大展中得到亞軍。不到十八歲，已是美國 Fashion Royalty 的創意總監。

大學進入知名時尚設計殿堂「紐約帕森設計學院」。後來得到美國第一夫人二次青睞，在總統就職大典，穿上他設計的禮服，這件美麗的禮服，還被送進美國國家歷史博物館典藏，瞬間讓 Jason 吳聲名大噪。他也在雙十國慶為總統夫人周美青設計時尚新裝，在面對家鄉媒體時有另一番真誠分享：「我真心希望所有的父母，當你發現你的孩子有特殊的才藝與興趣時，能夠多鼓勵他們、尊重他們，並儘可能的給他們空間和學習機會！」後來曾跟媽媽說：「謝謝你，媽媽，讓我可以做我自己。」

原來，這位年紀輕輕、新出爐的「臺灣之光」Jason 吳，最令人印象深刻的不是他的設計、他的才華，而是他真誠面對自己、永不放棄追尋的勇氣。

學生聽完故事，又看到吳季剛特別幫美國總統夫人密雪兒和總統夫人周美青穿的禮服照片，大家驚呼連連。我問學生對這個故事有什麼想法？S8：「很難想像男生小時候玩芭比娃娃，長大可以幫總統夫人設計衣服。」S16：「如果他讀我們班，就不用到國外讀書，女生會每天跟他一起玩芭比娃娃，男生也不會笑他。」S28：「他媽媽好偉大，我只是不喜歡玩娃娃，喜歡打球、愛和弟弟打架，媽媽就常常唸我，叫我要像女孩子。」S13：「吳季剛居然能努力完成夢想，很令人佩服。」

九、和學生討論《威廉的洋娃娃》的故事

上課時和學生一起閱讀這本圖畫書，內容是描述一個小男孩，很希望擁有一個洋娃娃。這小小的心願就惹來哥哥說噁心，鄰居的小朋友罵娘娘腔，爸爸也只肯買火車、籃球給他，希望他能成為一個真正的男子

漢。直到有一天，奶奶來了，不但買了一個洋娃娃給他，也讓爸爸了解玩洋娃娃的男孩其實沒有什麼不好。

問題一：閱讀完這本書，你覺得一般男孩子做什麼事，很容易被同學嘲笑？

S5 認為男生玩辦家家酒或玩洋娃娃，大家會覺得他很娘。S8 認為動作、外型或說話的語氣，一副娘娘腔的模樣，同學會覺得他很噁心。S9 認為男生只跟女生玩，也會覺得他很怪。

問題二：哥哥和鄰居用嘲笑的方式對待威廉玩洋娃娃的行為，如果你的男同學，行為舉止或喜好，很像女孩子，你會怎樣對他？

S15 說我會尊重他。21 說平常心對待他，因為他一定有別的優點。S13 說跟他一起玩，才會比較了解他。

問題三：最希望誰了解你，並支持你、鼓勵你、完成你的夢想？

S15 說媽媽如果鼓勵我，我會努力完成夢想。S 7 說家人鼓勵我，我就會有力量。S19 說我希望交到一群好朋友，和我一起完成夢想。

當學生討論完這本繪本，我問他們如何用這本書演出？S26：「我覺得這本書好像是吳季剛小時候發生的故事。」S3：「每次圖畫書都只有畫小孩子的心情，倘若是我們讓故事中的角色長大，一定很有趣。」S6：「我們可以編有些男生或女生因為行為舉止或喜好，跟大家不一樣，所以被嘲笑，不過他們很努力克服困難，最後得到大家讚賞的故事。」

這些點子都很好，於是和學生討論這本故事中哪些情節可以和先前演過的《不是我的錯》相連結，也可以加上吳季剛或生活中的一些經驗，重點是主角要學習接受自己和別人的不同、並願意面對困難、解決問題並實現自己的夢想。先分組討論劇情，並提醒學生可用旁白來敘述部分內容。由於地點不同，則可用分幕的方式來呈現，觀眾會比較清楚整個劇情。討論完後，回家再將劇本寫完整。

例如：

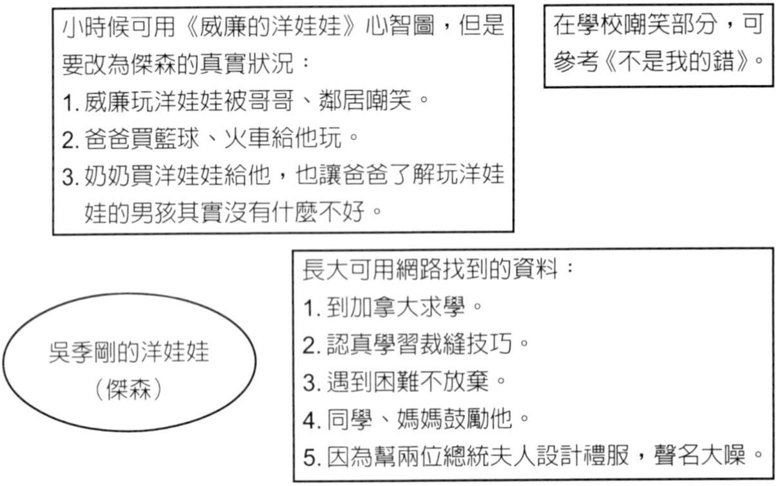

小時候可用《威廉的洋娃娃》心智圖，但是
要改為傑森的真實狀況：
1. 威廉玩洋娃娃被哥哥、鄰居嘲笑。
2. 爸爸買籃球、火車給他玩。
3. 奶奶買洋娃娃給他，也讓爸爸了解玩洋娃
　娃的男孩其實沒有什麼不好。

在學校嘲笑部分，可
參考《不是我的錯》。

吳季剛的洋娃娃
（傑森）

長大可用網路找到的資料：
1. 到加拿大求學。
2. 認真學習裁縫技巧。
3. 遇到困難不放棄。
4. 同學、媽媽鼓勵他。
5. 因為幫兩位總統夫人設計禮服，聲名大噪。

圖 7-4-3　《威廉的洋娃娃》、《不是我的錯》圖畫書的心智圖

　　聽完同學的分享，讓我有很深的感觸。班上有位男生，很喜歡模仿
女生搖臀擺舞的動作和聲音，也很喜歡穿女裝，扮演女生的角色，五年
級時同學都很欣賞他的演出，可是到六年級，同學都邁入青春期，就會
對他的行為舉止在背後指指點點。我本來只是想將這本書引導到兩性平
等的議題，所以引起動機的資料才會找吳季剛，表示男生可以玩洋娃娃，
因為這本倘若和上本結合，內容可能就是描述威廉在學校玩洋娃娃，被
同學嘲笑，然後被欺負；再問學生如何幫他解決困難，並且要學習多尊
重別人的喜好，強調這兩個重點。沒想到學生喜歡真人真事，對主角如
何面對問題，一步一步克服困難，完成偉大夢想的故事著迷。也許他們
可以用這兩本書當媒介，寫出一齣吳季剛或主角完成夢想的全記錄。因
此，我應該學吳季剛的媽媽不僅要栽培他們的天賦，也要栽培他們視野，
進行一場不平凡的教學實驗。（觀摘 2010.12.13）

十、分組排練

　　排練時，發現同學準備很多道具：有的帶很多芭比娃娃，有的帶小
禮服，似乎大家都摩拳擦掌、躍躍欲試要作最精采的表演。

看到他們排練的情形，有點不知道他們葫蘆裡是賣什麼藥。我有
準備兩套大禮服和三頂爆炸頭，都是跟學校借的，提供他們使用。
有兩位男生穿大禮服穿得挺開心，女生帶爆炸頭也很有笑點，大
家真的豁出去了。在這場戲劇中，不分性別，只求戲好，真是兩
性平等最好的示範。（觀摘 2010.12.16）

十一、正式演出

選出兩位主持人，歡迎各組演出，並在各組表演完，請臺下觀眾給
予熱烈的掌聲。第一組主要是敘述一對雙胞胎，不顧家人和同學的反對
和眼光，努力實現自己的夢想，最後得到家人和同學的祝福。這一組的
同學表演的很出色，因為他們善用同學的優點，並利用簡單的道具，讓
武術社 S28 女生演武林高手，S8 男生反串女生跳熱舞，場面很熱鬧又很
有勵志效果，表演完掌聲不斷。第二組則以比奇堡為場景，內容是描述
阿奇喜歡玩球，可是那裡的小孩都喜歡玩海綿寶寶，所以阿奇被朋友嘲
笑的受不了，於是媽媽帶他到男人島打球，最後打贏籃球高手，不僅成
名也變成大富翁。S21 是海綿寶寶迷，剛開始邊演邊唱海綿寶寶歌，大
家好像變成幼稚園學生，再加上 S3 演籃框，配合主角投球的角度，生動
的演技，令人印象深刻。第三組和第四組都是以吳季剛的故事當腳本，
不過第三組的洋娃娃是 S22 真人演的，很傳神，好像縮小版的芭比娃娃。
第四組則拿芭比娃娃當道具。劇本有很多英文臺詞，所以演員帶爆炸頭
說英文，很有異國風情，男生 S1 反串總統夫人，笑點頗多，非常精采。
以下是四組創作的劇本。

第一組：

第一幕

地點：馬路。

旁白：有一對雙胞胎 Jack、Rose，Jack 是個男生，卻喜歡跳舞，
　　　Rose 是強壯的女生，很喜歡練功夫，不僅同學常嘲笑他
　　　們，父母也很頭痛他們的喜好。

Rose：Jack！今天老師發社團通知單，我好想參加武術社，不僅
　　　可以打倒壞人，還可以鍛鍊我強壯的小肌肉呢！

Jack：我也想要參加舞蹈社，如果我穿上漂亮的舞衣，站在舞臺
　　　上翩翩起舞，那不知道有多風光呢！

Rose：那我們趕快去告訴媽媽，說不定就可以完成我們的夢想了！

Jack：YA！Rose，拉茲夠！（Let us go！）

第二幕

地點：家裡。

Jack：媽！我們想參加社團。

媽：好啦！讓我看看！Rose 你那麼強壯，去參加舞蹈社！看看身
　　材會不會變得妖嬌美麗！Jack 你的肉那麼軟趴趴，去參加武
　　術社，一定可以成為「李小龍第二」。

Rose、Jack：不要！

媽：不管！明天我就去學校幫你們交錢！給我好好上課！否則小
　　心你們的屁股！

Rose：媽咪好討厭！都不聽聽我們的想法，難道小孩子沒有選擇
　　　的權利？

Jack：是啊！氣死人了！

Rose：有了！我想到了！

Jack：是什麼？

Rose：（靠近 Jack 的耳朵）我們在社團成果發表會當天，玩變男
　　　變女變變變，媽媽就不會發現了！

Jack：哇！Rose 你真聰明！那我們就趕快去換裝吧！

Rose：好啊！一定會讓媽媽大吃一驚！走吧！

Jack：YA！Rose，拉茲夠！

第三幕

地點：社團教室。

舞蹈社：

老師：快要社團成果發表會了，大家一定要好好的練習，小其、
　　　小文出來示範第一個劈腿動作，接著換新來的同學 Jack。
　　　（Jack 咬緊牙關，可是還是劈不下去）

同學 1：一個大男生，連劈腿都不會，幹嘛來練舞。

同學 2：就是啊！還是趁早回去吧！免得丟人現眼。

老師：同學不要嘲笑 Jack，他已經很努力學習，Jack 回家要多多
練習，身體才會柔軟喔！

Jack：好！（含著眼淚，繼續練習）

武術社：

武術老師：現在要練習 2 人對練，小恩和小傑一組，Rose 和小嵐
　　　　　一組。開始！

旁白：Rose 倒下，又奮力站起來。

同學 1：女生練什麼武術，想當英雄啊！

同學 2：我可不想跟她打，打贏也不光榮！

旁白：Rose 倒下，又奮力站起來，一共四次，最後才站起來，不
　　　過已經傷痕累累！這時同學被她奮戰的精神感動，於是大
　　　家一起喊：Rose，加油！嗙！嗙！嗙！下課了，Rose 和 Jack
　　　彼此互望，並互相擊掌打氣。

第四幕

地點：學校禮堂。

人物：主持人、舞蹈社、武術社、爸爸、媽媽。

主持人：今天是社團成果發表會，感謝各位家長來參加，現在就
　　　　以熱烈的掌聲來歡迎舞蹈社，帶來一首熱情有勁的舞曲
　　　　《微笑 pasta》。

舞蹈社：

愛很 easy　很 easy yeah～～yeah～～

心情很 easy　很 easy woo～oo～～

夢很 easy　很 easy　yeah～～yeah～～（Jack 戴的假髮掉了，他很
鎮定，但是爸媽的表情很驚慌，臺下的觀眾發現他是男的，大聲
尖叫）

笑一笑沒什麼大不了 oh～oh～

天空是綿綿的糖 就算塌下來又怎樣

雨下再大又怎樣 乾脆開心的淋一場

彩虹是微笑的臉 悲傷拜拜 快樂不需要理由（表演完，爸媽和臺下的觀眾都喊安可）

主持人：謝謝您們熱情的掌聲，現在就來歡迎武功高強的武術社帶來精采的表演，首先開場的是耍棍表演。

主持人：哇！實在是太厲害了！再來是節目的高潮～擊破木板，難度非常高，請大家為他加油！（Rose一連踢破3個木板，來賓尖叫加掌聲）

主持人：哇！這些小朋友真是武林高手！聽說剛才踢破木板的主角，可是一位女生，她的大名是Rose，（來賓尖叫加掌聲）現在請剛才表演的小朋友出場！也請臺下的爸爸媽媽上臺給孩子一個熱情的擁抱！（爸爸媽媽衝上臺抱住Jack、Rose。親一下）

主持人：請問媽媽，你覺得孩子表演的怎麼樣？

媽媽：實在是太好了！Jack、Rose對不起，我錯了！我不應該干涉你們的興趣，你們真的是很棒的孩子！

主持人：那爸爸？

爸爸：別再哭了！走吧！我們找家餐廳好好的慶祝一番。

Jack、Rose：YA！太棒了！（親爸媽一下）

後面的小朋友：我們也要去！

主持人：今天的表演不僅精采又很感人，希望每個爸爸媽媽都能尊重孩子的興趣，相信他們都會有很好的表現，再一次謝謝您們的光臨。明年再會！（放楊承琳的祝福歌曲）

第二組：

第一幕：比奇堡

旁白：阿布很喜歡他的玩具，他的玩具是一顆籃球，可惜的是這裡的小孩都喜歡玩海綿寶寶，所以他被排斥了。

（在他的健身房）

阿布：我最愛籃球了，你看他多帥，今天我要和你一起變壯，我
　　　往上、往下、往左、往右投，一天投一千次，哇！我的肌
　　　肉也變大了！。（哥哥、鄰居抱著海綿寶寶走進來）

阿布的哥哥：玩球，粗魯死了。

鄰居：對啊！你玩球，會越玩越呆，哪像我們這麼優雅，來唱給
　　　你聽。

哥哥和鄰居合唱：海綿寶寶主題曲。

阿布：吵死了！你們沒玩過，當然不懂籃球有多好玩。

鄰居：我們才不想玩這麼無聊的玩具，而且你沒聽說，沒玩海綿
　　　寶寶，就不是比奇堡的一份子嗎？

哥哥：好了！走吧！我們趕快去玩海綿寶寶！別理他！

旁白：於是阿布哭著找媽媽，希望媽媽能夠安慰他。

阿布淚流滿面的說：媽媽，我只是喜歡玩球，為什麼大家要笑我？

媽媽：不要哭！乖孩子！媽媽買一個最可愛的海綿寶寶送你，說
　　　不定你就會和大家一樣喜歡玩。

阿布：不要！我一抱它，就覺得娘娘腔，渾身不舒服！

媽媽：那我們去男人島，那裡沒人會排斥你。

阿布：好啊！我們快去吧！

第二幕：男人島

旁白：阿布到了男人島，他看到了很多同學帶籃球去上學，所以
　　　下課他們經常打球，阿布也會和同學一起分享他的球。

同學：為什麼你那麼會打球？

阿布：因為我每天都有練習啊！

同學：你好厲害喔！可以教我們如何灌籃、射三分球嗎？

阿布：沒問題！

（過了五年後）

媽媽：阿布！大驚喜！今天騎士隊的詹姆士先生要和你單挑籃球。

阿布：真的嗎？可是我恐怕不行，不過，試試看好了。

媽媽：加油！我對你有信心！

第三幕：籃球場

主播：現在歡迎阿布和詹姆士先生出場。開始！詹姆士先投出一
　　　顆三分球，得到三分，阿布馬上去搶球，唉！可惜！沒成
　　　功！詹姆士正要灌籃時，啊！阿布一個快步搶走了籃球，
　　　連續擦板得分。時間到！最後結果阿布以4：3獲勝，實在
　　　是一場精采的比賽啊！

旁白：阿布因為這場球賽，在男人島一戰成名，變成有錢的大
　　　富翁。

第三組：

劇名：傑森的洋娃娃

第一幕：臺灣

旁白：在臺灣的一個醫院裡誕生了一個白白胖胖的小男嬰，他的
　　　父親很開心，他很希望這個男孩以後能當一個堂堂正正的
　　　男子漢，可是好景不常，這個小男孩不僅沒有當成男子漢，
　　　反而當上了大家口中的「娘子漢」！

（在房間）

傑森：（抱著洋娃娃）珊迪，我的小寶貝，爸爸幫妳穿上漂亮的
　　　衣服，我等下帶妳出去玩，讓大家見識一下妳有多可愛。

（哥哥和鄰居拿著籃球走進來）

哥哥：傑森，你要不要和我們一起去打球？

傑森：不要！我要和我的珊迪去公園玩。

鄰居：哈哈！你在玩洋娃娃，娘娘腔，不要過來。

哥哥：把他丟掉啦！你真丟我的臉。

傑森：（哭著說）不行！它是我的寶貝，我要跟媽媽告狀！

旁白：傑森的哥哥生氣的把洋娃娃丟在地上，這時傑森哭得更大
　　　聲了。

哥哥：你這個愛哭鬼，只會哭，簡直就是女生嘛！

鄰居：說的好，說的好，女生！女生！傑森是女生！

傑森：（哽咽著說）喔！我的珊迪，我的寶貝，你有沒有怎樣，
　　　　爸爸帶你去擦藥。

哥哥：（傑森的哥哥和鄰居走出去）唉！沒救了！

旁白：雖然哥哥和鄰居嘲笑他，但是他仍然把芭比娃娃帶去上學。

（這時一大堆男同學走來）

同學1：哈哈！傑森在玩洋娃娃，他是一位娘娘腔。

同學2：他有沒有出生證明，他多大了？哈！哈！

同學3：我們快走，才不會被傳染到「娘娘症」。

旁白：傑森在學校不僅被人嘲笑，甚至有人對他惡作劇，故意把
　　　　他的洋娃娃藏起來，讓他哭，懦弱的傑森也無能為力，只
　　　　好放學後向媽媽訴苦。

傑森：媽媽！同學都笑我，還把珊迪藏起來。嗚！我要轉學。

媽媽：可是你已經轉學十次了耶！不如我們去加拿大，那裡不會
　　　　有人笑你。

傑森：真的嗎？那我們什麼時候去？YA！珊迪，我們不會被嘲笑
　　　　了，太棒了！

第二幕：加拿大

旁白：傑森在加拿大，男同學不會嘲笑他，女同學還會和他一起
　　　　玩洋娃娃或交換意見。

同學1：傑森你的娃娃穿的衣服好特別喔！為什麼我在外面都沒
　　　　　看過？

傑森：因為這是我親手做的呀！

同學2：哇！傑森，你真厲害，可以幫我做一件嗎？

傑森：沒問題。

旁白：正當他們玩得很盡興時，一群男同學走過來。

男同學1：哇！傑森，你的手工真好！

男同學2：是啊！傑森，你真強，可以做一件給我妹妹嗎？

傑森：當然可以啊！

旁白：傑森高興的回到家，並和媽媽分享今天的事。

媽媽：太好了。對了！你要不要到大學設計和裁縫得到更多技巧？

傑森：好啊！快點走吧！我等不及了。

媽媽：傻孩子，加油吧！

傑森：喔！又失敗了，我已經試了好幾千次了，乾脆放棄好了。

教授：不行！傑森，打起精神來，失敗為成功之母，你一定會成功的，別放棄！

傑森：對！我不能輕易向失敗低頭，一定再加把勁。

教授：沒錯，就是這種精神。

傑森：太好了，我成功了。

旁白：傑森參加芭比娃娃設計服裝大賽，獲得第一名。

教授：傑森，不得了了！白宮今天寄來一封信，信上說總統夫人很喜歡你設計的衣服，希望你能幫總統夫人做就職大典的禮服。

傑森：太好了！我就來設計一套最美麗的禮服，讓總統夫人大出風頭吧！

新聞主播：今天是歐巴馬總統的就職大典，總統夫人蜜雪兒所穿的白色小禮服是由傑森吳設計師所精心設計，因為這件衣服，讓總統夫人成為全場注目的焦點。

第三幕：臺灣

新聞主播：今天是臺灣99年國慶日，總統夫人今天特別穿上了設計師傑森所贈送的禮服出席典禮。我們現在就請記者為您播放現場的最新情形。

記者：我們現在來訪問一下知名設計師傑森。請問為什麼你會特別贈送一件禮服給總統夫人？

傑森：因為我也想祝臺灣生日快樂，而我的專長又是做衣服，就想藉此表達心意。

記者：為什麼你會往設計衣服的路發展？

傑森：因為我從小就很愛玩洋娃娃，喜歡幫他們設計衣服，雖然我常被人笑，但我把這些嘲笑的話當成進步的原動力，我所以會成功，都要感謝那些笑我的人。

記者：以上是記者為您播報的新聞，我們將時間交還給棚內主播。

旁白：傑森長大後，成為了一位知名設計師，雖然傑森是位男生，但也可以設計衣服、玩芭比娃娃，這驗證了不管是男生或女生，都可以做自己夢寐以求的興趣，不受性別拘束。

第四組：

第一幕：臺灣

道具：洋娃娃、籃球

旁白：傑森喜歡玩芭比洋娃娃，可以每天摟著它，抱著它。幫它設計很多漂亮衣服，讓它每天都能穿得很漂亮！

道具：洋娃娃、籃球

傑森：我最喜歡玩芭比洋娃娃，她叫溫蒂，你看她是不是長得美麗又可愛，今天穿的這套紫色小禮服，最適合參加宴會，哇！她真的是太美了！溫蒂等下我帶妳出去玩喔！

（哥哥和鄰居拿籃球進來）

哥哥：弟弟！你還在玩洋娃娃，別噁心了！

鄰居：娘娘腔！羞羞臉！跟我們去玩籃球，我們才相信你是男生！

（說完搶走傑森的娃娃。）

傑森：（搶回洋娃娃）你們懂什麼？哼！芭比娃娃可是我最愛的寶貝！

旁白：傑森聽了這些話很難過，但是他仍然把他最愛的芭比洋娃娃，帶去學校，和同學分享他可愛的娃娃。下課時同學在玩一二三木頭人，看到他拿洋娃娃，都會笑他娘娘腔！羞羞臉！並且對他做鬼臉，於是傑森難過的跑回家去。

傑森：（哭著）媽媽，我不要在臺灣讀書！大家都不了解我，而且為什麼男生就不能玩洋娃娃？

媽媽：（心疼的摟著他）乖孩子，不要難過！我帶你到美國讀書，那裡沒有人會笑你。

傑森：真的嗎？那我們趕快去，這樣我就可以幫洋娃娃做很多漂亮的衣服。

第二幕：加拿大

旁白：傑森到了加拿大，看到很多男生和女生會帶芭比娃娃到學
　　　校，下課會一起玩。

傑森：我可以和你們一起玩嗎？

同學1：Come on！Welcome join us.（跳娃娃舞）

同學2：為什麼傑森你的娃娃穿的衣服特別漂亮？

傑森：（驕傲的）這可是我親手做的衣服啊！

同學1：哇！you are so good.舉起你的右手，偶像！偶像！舉起你
　　　　的左手，簽名！簽名！傑森幫我做一件！可以嗎？

同學2：me too！

同學3：me too！

傑森：no problem！包在我身上！

旁白：傑森一回到家，就請媽媽帶他去大學學設計和裁縫，想要
　　　學會更多技巧，才能設計更多漂亮的衣服給芭比娃娃穿。

媽媽：這是我幫你買的娃娃裁縫機，希望你能很快做出漂亮的衣
　　　服，和大家分享！

傑森：（抱住媽媽）謝謝媽媽！我會努力！

旁白：小小的裁縫機需要很多技巧，所以傑森的非常辛苦，一
　　　直縫不成功！

傑森：哇！又失敗了！為什麼這麼難縫？雖然我已經試 3000 多
　　　次，絕不能放棄，再試一次看看，我想一定會成功，YA！
　　　我成功了！哇！好美喔！我趕快帶去給同學欣賞！（啦啦
　　　啦啦啦）

（到了學校）

傑森：大家快來看！這是我作的衣服！

同學1：Wow its so beautiful！I want this！

同學2：你可以把這些漂亮的禮服，和設計的洋娃娃，放在網路
　　　　上賣，一定會成為最暢銷的商品。

同學們：You are a genius！（天才）Bless your dream come true。

傑森：Thank you！

旁白：傑森在網路上賣的芭比娃娃因為服裝設計新穎，所以很快就銷售一空。

媽媽：傑森！不得了！白宮今天寄來一封信，上面說很喜歡你為洋娃娃設計的禮服，希望你幫總統夫人設計就職大典禮服。

傑森：這也太難了吧！不過我可以試看看！有了！就拿這個娃娃的禮服做放大版，希望總統夫人會喜歡。

（舞臺分一半美國、臺灣，演員從不同方向出場）

美國司儀：今天是歐巴馬總統就職大典，歡迎總統和總統夫人出場，接受大家的祝福。（一陣歡呼聲）！Her dressing is too beautiful！Who is the greatest designer？

臺灣司儀：今天是中華民國的生日，也就是國慶日，現在用最熱烈的掌聲歡迎總統和總統夫人出場。（一陣歡呼聲）總統夫人的衣服好典雅！有如一位美麗的天使呢！這件美麗的禮服是出自哪位偉大的設計師？歡迎傑森吳。

傑森吳出場：我的中文名字是吳季剛，這些衣服都是我設計的，我要告訴臺下的小朋友，不管是男生、女生，都可以玩洋娃娃、設計漂亮的衣服。

記者：請問您為什麼能做出這麼美麗的衣服？

傑森：我想我能做出這麼漂亮的衣服，全都要謝謝我最愛的媽媽，她一直不停的鼓勵我、幫助我，使我有動力，願意接受這像艱難的任務！謝謝媽媽！謝謝大家！

記者：哇！傑森先生！您真謙虛！我的眼淚都要流下來了！沒想到他不僅設計衣服很厲害，還那麼懂得謙虛和感恩，我們應該要向他學習。

兩位總統夫人：（走出來，從舞臺兩邊）傑森再幫我們設計一件漂亮的衣服吧！

十二、分享與回饋

(一) 請各組討論表演的內容。這次重點是放在主角是否能學習接受自己
　　和別人的不同、並願意面對困難、解決問題，將阻力化為助力，並
　　實現自己的夢想；讓觀眾明白只要找到夢想，不管別人的嘲笑和批
　　評，向著標竿直跑，總有一天幸運之神會眷顧你。所以我先示範上
　　臺分享的重點，請他們根據黑板上參考的題目進行討論。十分鐘後，
　　每組派四位同學上臺分享討論的內容。

(二) 參考的題目內容如下：

　　1. 如何依據這兩本圖畫書編出，主角努力完成夢想的過程？

　　2. 編或演這齣戲時有遇到什麼困難或難忘的事？

　　3. 覺得本組的劇本和表演屬於哪一種創意？

　　4. 演完這齣戲後，學到什麼？

　　第一組：

> S23：我們討論很久，故事只有威廉玩洋娃娃被哥哥、鄰居嘲笑
> 　　　和爸爸不接受他的喜好，感覺很孤單，才會想用一男一女
> 　　　雙胞胎當主角，他們雖然面臨媽媽的反對和同學的嘲笑，
> 　　　不過彼此鼓勵，總算完成夢想。

> S27：大家在討論劇本，為了誰要演 Jack，吵得不可開交，男生都
> 　　　不想演，只好抽籤，才找到男主角。Jack 跳熱舞的動作，是
> 　　　將學校運動會跳大會舞的一段，編進劇本，氣氛才會熱鬧。

> S31：編完這齣戲，覺得劇情從頭到尾都有連貫性，應該屬無中
> 　　　生有的創意和演出。

> S9 ：男女是平等的，所以父母應該尊重孩子的興趣，同學也應
> 　　　該彼此鼓勵，最重要的是每個人都應該找到自己的興趣，
> 　　　才能努力完成夢想。

第二組：

S3　：既然書中是男生玩洋娃娃會被嘲笑，所以我們就改成男生喜歡玩海綿寶寶，反而玩球會被嘲笑。還好有媽媽和同學的鼓勵，才能一戰成名，變成富翁。

S5　：本來是要用垃圾桶演籃框，可是覺得不生動，所以 S3 演籃框，效果很好。我因為很高，大家叫我演籃球高手，灌籃的感覺很棒！

S16：我們覺得劇本是製造差異的創意，而演出是屬於無中生有的創意，因為和故事書的內容觀點完全不同 。

S17：演完後，我們學到要尊重別人的興趣，不能笑他，還要支持他、幫助他。

第三組：

S7　：我們是以吳季剛的故事當劇本，再加上圖畫書的內容，很多臺詞都是大家想的。如：同學嘲笑、和媽媽的對話、總統夫人說的話。最後是吳季剛說出他會成功的原因，都是要感謝那些笑我的人，因為他把這些嘲笑的話當成進步的原動力。

S26：這齣戲演起來真有趣，人物很多，大家一直換裝，臺詞都會忘記，旁白要提醒誰要出場。男生都想演總統，帶爆炸頭，反而是女生不想演總統夫人，只好由 S13 反串兩國總統夫人。男生穿禮服，拉鍊拉不起來，真好笑！

S19：這齣戲內容很多，所以花很多時間在編劇和演出，是屬於無中生有的創意。

S10：我是演哥哥、一小段旁白、同學和司儀，我很不想演臺灣同學和哥哥，因為要嘲笑別人。演完這齣劇，我們也學會要包容和自己不一樣的人。

第四組：

> S25：我們想演出故事中的主角從小到大追求夢想的過程，所以
>　　　才會以吳季剛為主角，希望他是一個成功後懂得謙虛和感
>　　　恩的人，才值得我們學習。
>
> S29：我們全部是反串演出，男生演女生角色，穿我們為他們準
>　　　備的迷你裙；女生則演男生，大家演得很過癮。而且演這齣
>　　　戲眼力要很好，才不會搞不清楚狀況沒出場。
>
> S18：這齣戲有外國場景，所以我們有問英文老師，請他幫忙想
>　　　臺詞，所以編劇和演出應該是屬於無中生有的創意。
>
> S6 ：我們演完戲，覺得不管是男生或女生，都可以做自己夢寐
>　　　以求的工作。

　　討論完，請學生做後測，叮嚀回家將劇本寫在作文簿，並完成故事
劇場劇本賞析單。

> 　　改完他們的作文，發現這齣戲內容太多，學生可以發揮很多創意。
> 透過同組討論，有些文筆好的學生，可以很快編出一齣精采的戲
> 劇，並打字影印給同組成員練習；有些學生則是透過演出後，才
> 去修改自己的劇本。不管過程如何，他們都學到故事劇場的敘述
> 表演方式。不過，倘若能給他們更多排練時間，就不會發生演員
> 忘詞、忘記出場的狀況，畢竟高年級的學生很希望自己每一次演
> 出都能有很好的表現。（觀摘 2010.12.21）

　　由於霸凌、兩性教育，都是最近教育部要宣導的主題，所以學校希
望我能指導幼童軍演一齣戲，讓全校學生都能從戲劇中學習到這兩個主
題的相關的知識。因此，我請學生投票，選出一個適合宣導的劇本。結
果由第四組的《傑森的洋娃娃》獲選。經過兩星期的排練，當天的演出
大獲好評。以下是學校首頁網站的校園活動特別報導：「近來，社會新
聞中出現了很多霸凌事件，臺中市北屯區新興國小為了防制霸凌的事件
的發生，強化小朋友的認知觀念，避免偏差行為的產生，特別由李玉玫
老師指導童軍團的小朋友和訓導處的老師們演出《傑森的洋娃娃》戲劇，

以吳季剛的故事來說明性平觀念。其實男生也可以玩洋娃娃，大家要打破僵化的性別觀念，避免用肢體及言語去霸凌別人；倘若遇到霸凌事件也可以伸出自己正義的關懷之手，避免又一起的霸凌事件產生。本次戲劇結合閱讀戲劇、性平教育、反霸凌宣導，在學生的戲劇表演結束後，由素娥老師提示宣導的重點，運用有獎徵答的方式，給予學生深刻的印象；然後再由老師表演霸凌情境，讓學生表達該如何因應處理。整個活動生動有趣且發人深省，最後在校長總結，期許大家用健康正向的心態邁入新的年度中結束。」

臺灣同學在嘲笑傑森玩洋娃娃	美國同學用歡呼口號鼓勵傑森
啦啦隊先跳一段熱舞，歡迎美國總統、夫人出場，夫人穿傑森吳設計的禮服，豔驚全場。	全體演員大合照

圖 7-4-4　晨光時間學生故事劇場精采演出

　　為了很快能演好這齣戲，我先將幼童軍分成五組，分別是哥哥、鄰居一組、臺灣同學一組、美國同學一組、兩國總統和總統夫人一組，由班上的十位學生指導他們演戲，而我負責教導傑森、媽媽、司儀、記者口語表達的部分。經過兩星期中午的排練，這群演員已演的有模有樣。當然班上的學生也花了很多時間教他們，有時排練完，還會向我抱怨，那位童軍不認真，一直在玩或亂演一通。我就會鼓勵他們，學習吳季剛遇到挫折，能勇敢面對並克服困難的精神。要想方法教他們，讓他們能很快揣摩劇中人物的心情，看到學生們這麼盡心盡力教這些幼童軍演戲，並幫他們找戲服、道具，覺得這個時間是最棒的教學相長的過程。就如 S17 說的：「教他們這麼多次，我腦海裡一直浮現演戲的情景，感覺自己真像大導演。」

　　S9 說的：「沒想到我們可以編宣導的戲劇，給全校看，覺得好有意義。」S21 說的：「這齣戲如果是我們班演，一定很出色，也不用花這麼多時間練習，不過能教更多學弟妹學會演戲，我也很開心。」

　　當天演出完，幾位老師又將劇中的哥哥、鄰居、臺灣同學嘲笑傑森的劇情，透過狀況劇演出，讓學生深思如何看待別人與自己的不同；並學習尊重別人的興趣，多以鼓勵的態度對待他，也許他就是下一個聞名全球的吳季剛。

　　以前學校找我演宣導戲，都是我寫劇本，指導學生演戲，常常一齣戲演完，我也身心俱疲，所以對這項工作，總是又愛又怕。現在由學生編劇，學生指導演員演戲，我覺得輕鬆很多。相信故事劇場的敘述表演，不僅是老師教書方法一大突破，也是讓學生能力快速提升的最佳秘方，值得推廣並和老師分享其中的奧妙。

第八章　結論

第一節　理論建構與實務印證的成果

近幾年童書市場蓬勃，大量出版國內外優良圖畫書，使得圖畫書變成隨手可得的題材，由於圖畫書頁數不多、內容淺顯易懂、包羅萬象，再加上橫跨不同時空背景，提供讀者很大的想像空間，學生在閱讀時，藉著圖文探索，很容易將自身經驗融入故事情節中，產生很多聯想。但是我發現一般六年級學生在閱讀時，常只是跟著書中的故事脈絡，感受角色的心情，很少能在閱讀中運用思辨能力，體會書裡蘊含的大智慧。為了讓學生能很快將曾經出現在生活中的各種情緒、情感和人際互動的經驗，轉化成自己的觀點和心境與文本結合，並運用書中的智慧，化解自己面對的困境壓力和學習解決問題，所以我希望以創意戲劇化的元素，帶領學生在學習過程中，用創意戲劇的方法將人類生活的經驗加以想像、反應、思考、內化，進而幫助他們用自己的語言和動作來表達和勾繪出他們的內心世界。這樣創意戲劇化圖畫書教學不僅能更豐富圖畫書的意涵，也能讓學生形成足以穩定思維和行事的價值觀。這就是我所以要建構這一套創意戲劇化圖畫書教學理論的主要用意。現在理論已經建構完成了，謹將成果要點敘述如下：

在研究目的、方法、範圍建立後，接著我在第二章的文獻探討以各學者針對創意戲劇化、創意圖畫書和圖畫書戲劇化為主題的相關教學研究成果加以擷取檢視，發現倘若能改實施無中生有、製造差異的創意教學，相形之下可以讓圖畫書教學呈現嶄新的面貌；並且教學配合舞臺劇、廣播劇、相聲劇、故事劇場，也將會讓創意戲劇化圖畫書教學呈現更多元的面向。

在第三章提到如果想讓學生能將創作成果更完整的有結構性的具體的呈現給同學觀眾欣賞，就必需考量圖畫書是一種閱讀教學。本研究是

以閱讀教學中的說話教學結合圖畫書戲劇化作檢證，為了更有效達成閱讀教學「多方刺激轉豐的效果」，不妨更改閱讀教學流程而讓說話教學是以「額外」強化方式介入，也就是不外是透過演講、辯論、舞臺劇、廣播劇、相聲、雙簧、說故事等活動安排來成就。（周慶華，2007b：65）因此，本研究採用舞臺劇、廣播劇、故事劇場、相聲劇等四種既有趣又容易實施的方式來進行教學活動，以多種方式進行編劇本、演故事，讓學生們的創意發揮到最好的境地。

　　在第四章是從圖畫書教學與舞臺劇結合的創意向度來探討，判定老師運用創作性戲劇的方法，鼓勵學生自己根據圖畫書的結構發展故事情節，以兩種創意的方式，發展出角色、對白，並能運用多媒體教學在舞臺表演的模式，如透過燈光、音效、布景、服裝、化妝呈現出來。活動進行中，老師引導學生共同思考，共同創作，讓整齣舞臺劇表演都是學生的創意，才能讓戲劇的活動得以成長、興盛。

　　在第五章則是探索圖畫書教學與廣播劇結合的創意向度，斷言由於廣播劇唯一的工具和特性就是「聲音」，而且每個學生聲音的美是不同的，又受到天賦優劣條件的限制，所以只要配合聲情美教學，鼓勵學生能勇敢的鍛鍊多種聲音，運用創意將自己不同角色的臺詞，配合劇情，想像場景，發音清楚，讓聲音多變化，可以很適切的表達劇中人物的個性與心情；並在音樂、效果、聲音上表現更多情感和美感，使聽眾可以聽到很精采的故事。這就是廣播劇能啟發學生的原因，並運用創意將自己的聲音表情表達出來，才能呈現最好的演出效果。

　　在第六章則是研究圖畫書教學與相聲劇結合的創意向度，肯定學生改編圖畫書文本，穿插成語、歇後語、繞口令、語文常識、笑話、歌曲……等其中幾項，增加相聲諧趣化的特性，賦予相聲劇本新生命。因為語言的滑稽趣味，會引發學生聽的興趣，助長其聽的能力，進一步誘導其表演，則學童說、學、逗、唱的能力也可以有效地獲得提升。至於學童在表演前，熟讀腳本，則必能強化他們的閱讀能力。

　　在第七章則是探討圖畫書教學與故事劇場結合的創意向度，認定故事劇場賦予學生自由的選擇，可讓一組或個人敘述臺詞或對話時，其他的人則作啞劇的動作。教師可作多種編組，以使學生自然有效，愉快分析

故事內容。（張曉華，2007，265-266）高年級學童在老師的引導下，編劇時可以依據故事情節而定，作單一或非單一圖畫書創意改編，學生的聲音和動作就是最好的肢體動作，勿讓過多的道具影響學生敘述故事的流暢性。故事是無限想像的延伸，讓編劇、演出都能賦予故事新的風貌。

　　茲將本研究成果圖示如下：

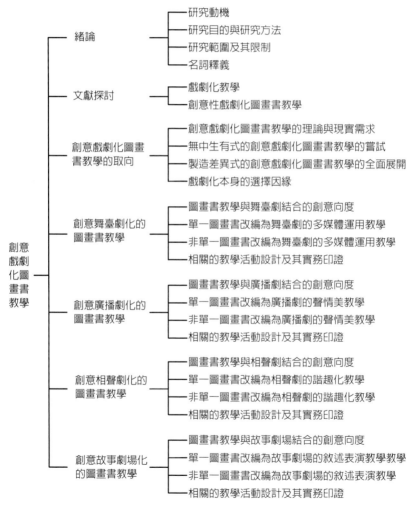

圖 8-1-1　本研究成果圖

　　在這項研究中，圖畫書與舞臺劇、廣播劇、相聲劇、故事劇場結合時，四個創意向度彼此都有交集。也就是舞臺劇的演員上臺時也必須要有廣播劇聲音表情的美感和相聲劇說、學、逗、唱的能力，才能將整齣戲表演的很精采；而廣播劇和故事劇場都是一種敘述表演，演員也都需要有說、學、逗、唱和聲音表情的基本功；而一齣故事劇場和舞臺劇的演出都需要運用：道具、布景、化妝、服裝、燈光等多媒體，才能更吸引臺下觀眾的目光。因此，這四種戲劇的創意向度教學的交集，可以圖示如下：

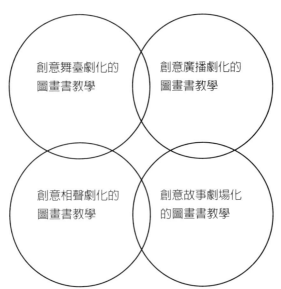

圖 8-1-2　四種戲劇化的創意向度教學交集圖

　　從上圖可以得知圖畫書結合戲劇的教學，這些創意向度彼此都有關連，所以可以有很多組合，教學者不必特別設定一個創意向度。但是我為了能有效教學，只處理沒有交集的部分，因為交集部分對還沒學過戲劇的學生而言是模糊地帶。於是根據各章戲劇的重點考量，設計多媒體、聲情美、諧趣化、敘述表演的創意教學，讓學生能在最短的時間，學到這些創意向度；不僅能在很短的時間改編劇本，還能即興演出，將圖畫書內容的意涵提升到另一個更豐富的境地。

　　在這四章創意戲劇化圖畫書教學，透過後測問卷，也發現一個有趣的現象：全班學生特別喜歡圖畫書結合相聲劇、舞臺劇的方式，因為六年級的學童喜歡粉墨登場、上臺展現自我，也喜歡故事內容是有趣的表演。而廣播劇和故事劇場的敘述表演方式，對少數幾個學生來說，有點無聊和困難，因為廣播劇只用坐著演出、對演員挑戰性不高；故事劇場旁白一下要敘事、一下要進來演戲的方式，演員會覺得有點困惑。不過，大多數學生也都很喜歡這兩種戲劇的表演方式。所以教學者可以根據學生的年齡、課程的需要，每學期選一、兩本圖畫書結合一種戲劇進行教學。相信透過這種創意教學方式，學生在閱讀圖畫書時，不僅會增加深度和廣度，也能將習得的技巧從圖畫書文本推廣到文字書文本，將這些滋養的養分轉化為成長的重要力量。

　　為了將這次的研究成果，推廣給更多的種子老師，我特別在 2010 年的主題輔導研習中主講「創意戲劇化圖畫教學」，介紹什麼是圖畫書？為什麼圖畫書要和戲劇作結合？圖畫書和戲劇又如何作有創意的結合？請各組老師根據所拿到的圖畫書畫出創意故事結構圖，將角色、地點、原因、經過、對話改編，十分鐘後，進行排練和即興演出。大家的演出非常精采，其中第二組和第六組無論在劇本和演出都展現製造差異和無中生有的創意，令大家印象深刻！

我在和大家說明無中生有的創意。

當天參加研習的六十位老師根據所拿到的圖畫書畫出創意故事結構圖。

第二組演出大帥哥，發現胖胖的女生才　第六組演出老師宣布 No body 當模範
是他的最愛。　　　　　　　　　　　　生。

第二組改編自圖畫書《你很特別》的《變身大作戰之逆轉勝》，內容是敘述一個
胖女生，不斷被大家嘲笑，後來去找藍天衛（當紅連續劇的男主角）進行變身
改造計畫。可是後來藍天衛發現胖胖的女生很特別，是他最好的暖暖包，所以
這個胖胖的女生打敗窈窕美女，贏得男主角的歡心。

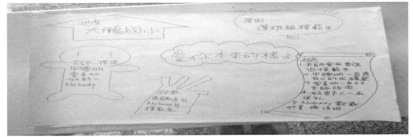

第六組改編圖畫書《愛妳本來的樣子》，內容是敘述老師宣布班上要選出模範
生，大家都很努力向老師爭取這個榮譽，賈聰明用 100 分的考卷、曾美麗用她
的美麗、好野人拿鈔票、No body 則用她的真心，最後老師選 No body 當模範生。

圖 8-1-3　臺中市輔導團主題輔導創意戲劇化圖畫書教學研習

　　當天研習後的問卷統計，六十份問卷只有三位勾滿意，其他五十七位都勾非常滿意，對創意圖畫書戲劇化教學的成果，提出更有力的證明。可見這種教學模式值得推廣給更多現場教學的老師，讓他們可以將學習的方法和技巧運用在圖畫書、課文教學，使更多學生受益。

第二節　未來研究的展望

　　有關「創意戲劇化圖畫書教學」，就是在國小閱讀教學課程中以圖畫書為閱讀教材，並以戲劇化方式進行教學，激發學生最大的創意，達到最好的效果。這在我自己的實際教學中獲得檢證：（一）單一和非單一圖畫書與舞臺劇結合，學生學到將多媒體的創意運用在舞臺劇的表演。（二）單一和非單一圖畫書與廣播劇結合，學生學到將聲音表情展現的美感的創意運用在廣播劇的表演。（三）單一和非單一圖畫書與相聲劇結合，學生學到將說、學、逗、唱諧趣化的創意運用在相聲劇的表演。（四）單一和非單一圖畫書與故事劇場劇結合，學生學到將敘述表演的創意運用在故事劇場的表演。由此可知本研究的價值，教學者可以自我回饋提升圖畫書的教學成效，也可以提供其他教學者改善圖畫書的方法，並作為透過圖畫書理解、創作和傳播參考的典範。

　　然而，在時間的限制下，課程常常無法有效應用在閱讀戲劇化教學，在有限的時間內，想討論的內容太多，所以圖畫書的內容勢必受到時間的擠壓而得有所取捨，至於本研究在命題建立的範圍內選擇具有代表性的圖畫書，再加上舞臺劇化、廣播劇化、相聲劇化、故事劇場化等戲劇化的具體作法來完構，是將所選的作品分為四個主題：自信主題，以《你很特別》（陸可鐸，2000）為代表；美感主題，以《桂花雨》（琦君，2002）為代表；尊重主題，以《兩姊妹和她們的客人》（桑雅‧保嘉伊娃，2006）為代表；霸凌主題，以《不是我的錯》（雷‧克里斯強森，2000）為代表。由於「命題的演繹可以有無限多的展演，必須有所節制；以致自我圈定的範圍也就『勢必』不可避免的了」（周慶華，2004a：45），就得在取材的層面與所要解決問題關涉的層面來設定。建議教學者可以

在每學期初根據語文、綜合、藝術與人文課程，設定要教的主題，並配合適合的圖畫書，進行戲劇化教學，會讓學生除了正式課程之外，有更豐富多元化的學習。

另外，在選擇圖畫書的教材時，受限取材必須是學校班書，因為人手一本，才方便討論編寫創意劇本，而學校箱書屬於圖畫書類別，有二十四本，為了要配合主題和戲劇化教學，這次在單一圖畫書和非單一圖畫書戲劇教學，只用八本，難免有遺珠之憾。因此對圖畫書戲劇教學有興趣的教學者，在教學時可以根據課程的需要以及學生的興趣，設計教學活動，讓學生能多參與教材的選擇，能真正成為學習的主體，提升他們選擇圖畫書、編寫劇本的能力，進而主動規畫創意戲劇化各項演出活動。

由於本研究不是要討論「創作性戲劇活動」的表達方式與應用，而是要直接運用「創作性戲劇活動」中諸如相聲的方式加以戲劇化，再配合「閱讀教學流程中說話教學是以『額外』強化方式介入，透過演講、辯論、舞臺劇、廣播劇、相聲、雙簧、說故事等活動安排來成就」。（周慶華，2007b：65）其中說故事又分劇場性讀者劇場、故事劇場、室內劇場。為了配合教室的場地，可以讓學生即興創作和全體成員參與，而我僅以相聲劇、舞臺劇、廣播劇、故事劇場來進行圖畫書教學驗證。倘若以後還能再作這方面的研究，將再安排其他戲劇活動，開啟學生學習的多樣性。

在指導單一圖畫書和非單一圖畫書改編劇本時，為了節省教學時間，讓學生很快能抓到編劇的重點和方法，我在相聲劇、廣播劇的教學，有先編劇本讓學生參考，或指定學生一定要以媽媽和老師為主角來編寫劇本，無形中也限制了學生的一些想法。倘若時間允許，可以全班用創意劇本接龍方式訓練學生接寫對話的能力，並讓他們自由選擇我在各章提出的創意改編或結合方法，如兩本或三本圖片的結合、修改書中一些情節或填補部分空白情節、兩本圖畫書與雜誌、報紙、文章結合……等，讓學生可以依據自己的能力，進行劇本改編。前提是老師要先教導這些方法，並讓學生熟悉這些技巧，才能選擇以不同戲劇化方式來詮釋圖畫書的內容。

　　上述這些，受到時間及我個人能力不足的限制，因此在教學細節部分也有待教學者再自行修正使用，這些都有待未來繼續關注討論。許多我能力所不及處理以及無法納入研究的部分，同樣可以一併另行展望。最後期許透過創意戲劇化圖畫書教學，能讓許多老師願意實施這樣的教學方式，讓更多學生喜愛閱讀，培養創意思考的想法和能力，讀出書中的道理，並能啟發生命智慧、深化價值反省、尊重與珍惜生命、並發展個人獨特的生命。

參考文獻

Dr.J.L.Adams 著，簡素琤譯（1990），《創意人的思考》，臺北：遠流。

Nellie McCaslin 著，馮光宇譯（2010），《鞋帶劇團輕輕鬆鬆玩戲劇》，臺北：財團法人成長文教基金會。

Rita Van Bilsen 著，余治瑩譯（1995），《最好的禮物》，臺北：智茂。

V. Spolin 著，區曼玲譯（1998），《劇場遊戲指導手冊》，臺北：書林。

大衛・威斯納文／圖，格林譯（1994），《瘋狂星期二》，臺北：格林。

子魚（2007），《說演故事空手道》，臺北：天衛。

巴貝柯爾著，吳燕凰譯（2006），《頑皮公主不出嫁》，臺北：格林。

巴貝柯爾文／圖，吳燕凰譯（2004），《頑皮公主不出嫁》，臺北：格林。

王美恩（2011），《終結霸凌》，臺北：天下。

王玥（2001），《肢體密碼──戲劇輔導手冊》肢體密碼──戲劇輔導手冊，臺北：幼獅。

王玥（2002），《愛上表演課》，臺北：幼獅。

王美充（2005），《國小戲劇教學之行動研究──以青山國小為例》，臺東大學教育研究所碩士論文，未出版，臺東。

王偉忠・陳志鴻合述、王蓉採訪整理（2009），《這些創意不是亂講》，臺北：天下。

王偉忠口述、王蓉採訪整理（2007），《歡迎大家收看王偉忠的……》，臺北：天下。

王毓茹（2005），《戲劇教學案例建立的研究：以國小低年級生活課程為例》，臺南大學戲劇研究所碩士論文，未出版，臺南。

王溢嘉（2005），《創異啟示錄》，臺北：野鵝。

王絹（2002），《愛上表演課》，臺北：幼獅。

王瓊珠（2004），《故事結構教學與分享閱讀》，臺北：心理。

匡惠敏（2010），《新移民女性的語文教育──讀報讀書會的運用與實例》，臺北：秀威。

安東尼布朗文／圖，漢聲雜誌譯（1991），《朱家故事》，臺北：漢聲。

何三本（1997），《說話教學研究》，臺北：五南。

何三本（2002），《九年一貫語文教育理論與實務》，臺北：五南。

何靜瑛（2008），《無字圖畫書教學對國小學童創造力的影響》，臺北市立教育大學特殊教育研究所碩士論文，未出版，臺北。

吳如茵（2006），《以戲劇活動降低國小學童學習英語的焦慮：以臺南縣國小學童為例》，國立臺北教育大學兒童英語教育研究所碩士論文，未出版，臺北。

吳佳芬（2007），《應用戲劇活動在國小資優班學童創造力的研究》，臺南大學特殊教育研究所碩士論文，未出版，臺南。

吳明姿（2003），《圖畫故事教學活動的研究──以關懷主題為例》，臺東大學兒童文學研究所碩士論文，未出版，臺東。

吳美如（2003）《戲劇活動融入國小四年級語文領域教學之行動研究》，，屏東師範大學國民教育研究所，碩士論文，未出版，屏東。

吳美如、吳宗立（2004），〈戲劇活動融入國小語文領域教學之行動研究〉，《國教學報》，16，185-212。

呂智惠（2005）《說故事劇場研究：以臺灣北部地區兒童圖書館說故事活動為例》，臺灣大學戲劇學研究所碩士論文，未出版，臺北。

李美玲（2005），《紙風車戲劇 36 計》，臺北：紙風車。

杜紫楓（1990），《演的感覺真好》，臺北：富春。

沙里斯貝莉著，林玫君譯（1994），《創作性兒童戲劇入門》，臺北：心理。

佘宜珊（2009），《臺灣兒童故事屋演出效果對學齡兒童戲劇教育的影響》，中國文化大學戲劇研究所碩士論文，未出版，臺北。

周文敏（2001），〈「繪本教學」於「藝術與人文領域」的應用〉，《國教輔導》，41（1），58-62。

周慶華（2002），《故事學》，臺北：五南。

周慶華（2004a），《語文研究法》，臺北：洪葉。

周慶華（2004b），《創造性寫作教學》，臺北：萬卷樓。

周慶華（2007a），《走訪哲學後花園》，臺北：三民。

周慶華（2007b），《語文教學方法》，臺北：里仁。

周慶華（2009），《文學詮釋學》，臺北：里仁。

周慶華（2010.5.25），〈逆向思考〉，《國語日報》少年文藝版。

林文鵬（2008），《表演藝術在教學上之運用──以國小六年級為例》，臺東大學兒童文學研究所碩士論文，未出版，臺東。

林文寶、徐守濤、陳正治、蔡尚志（2003），《兒童文學》，臺北：五南。

林玉体（1992），《說故事的技巧》，臺北：時報。

林志忠等（2003），《世代教師的科技媒體素養》，臺北：高等教育。

林秀娟（2009），《說演故事在閱讀教學上的應用》，臺東大學語文教育研究所碩士論文，未出版，臺東。

林佳蓉（2009），《創作性戲劇活動應用在國小閱讀教學的行動研究》，臺東大學兒童文學研究所碩士論文，未出版，臺東。

林玫君（2002），〈創造性戲劇對於兒童語文發展相關研究分析〉，《臺南師院學報》，36，19-43。

林玫君（2005），《創造性戲劇理論與實務──教室中的行動研究》，臺北：心理。

林德・克羅姆特著，吳書榆譯（2009），《我自己會啦》，臺北：大穎。

林璧玉（2009），《創造性的場域寫作教學》，臺北：秀威。

林麗嬈（2006），《視覺藝術結合戲劇活動在藝術與人文領域應用的研究：以三年級學童為例》，新竹教育大學人資處音樂教學研究所碩士論文，未出版，新竹。

林敏宜（2001），《圖畫書的欣賞與應用》，臺北：心理。

芭芭拉・庫尼著，方素貞譯（1998），《花婆婆》，臺北：三之三。

邱楠（2007），〈為第一本廣播劇選集序〉，《廣播雜誌》，88，6。

邱翠珊（2003），《故事教學對國小二年級學生語文能力的影響》，屏東大學國民教育研究所碩士論文，未出版，屏東。

姜龍昭（1983），《戲劇編寫概要》，臺北：五南。

姚一葦（1997），《戲劇原理》，臺北：書林。

姚全興（1990），《兒童文藝心理學》，臺北：重慶。

施佳君（2006），《戲劇教育策略融入國小高年級英語課程的行動研究──以繪本為媒介》，臺南大學戲劇創作與應用研究所碩士論文，未出版，臺南。

洪雪香（2004），《相聲在國小語文輔助教材之研究》，新竹大學臺灣語言與語文教育研究所碩士論文，未出版，新竹。

洪嘉璐（2000），《兒童參與創造性戲劇活動引導者角色的研究：以九歌兒童劇團實施為例》，中國文化大學兒童福利研究所碩士論文，未出版，臺北。

洪慧瑄（2007），《創作性戲劇教學對國小五年級學童口語流暢力影響之行動研究》，臺灣師範大學創造力發展研究所碩士論文，未出版，臺北。

珍・杜南著，宋珮譯（2007），《觀賞圖畫中的圖畫》，臺北：雄獅。

胡寶林（1994），《戲劇與行為表現力》，臺北：遠流。

馬景賢（2010），《說相聲學語文》，臺北：小魯。

唐那森著，黃筱因譯（2002），《最炫的巨人》，臺北：格林。

夏明華（1991），《有效的說話教學策略》，臺北：臺北市教師研習中心。

夏洪憲（2009），《以圖畫故事書為媒介指導兒童編寫劇本的行動研究——以國小六年級學生為例》，臺東大學語文教育研究所碩士論文，未出版，臺東。

夏洛特‧佐羅托著，楊清芬譯（1998），《威廉的洋娃娃》，臺北：遠流。

夏潔編著（2009），《關於創意的 100 個故事》，臺北：宇河。

徐守濤（2003），《說唱玩國》，臺北：幼獅。

徐守濤〈（1989），（兒童戲劇與兒童輔導〉，《臺東師院幼教學刊》第二集，27-152。

徐琬瑩（2006），《不只是兒戲——兒童劇本集》，臺北：幼獅。

桑亞‧保嘉伊娃著，陳皇玲譯（2006），《兩姊妹和她們的客人》，臺北：大穎。

祝振華（1980），《怎樣講故事說笑話》，臺北：黎明。

郝廣才（1998），《一片披薩一塊錢》，臺北：格林。

郝廣才（2008），《好繪本如何好》，臺北：格林。

郝廣才（2006），《腦力發電—打開創意的開關》，臺北：格林。

高瑀羚（2009），《繪本在創意教學上的應用以——「三隻小豬」相關繪本為例》，臺東大學兒童文學研究所碩士論文，未出版，臺東。

崔小萍（1999），《表演藝術與方法》，臺北：書林。

康志偉（2003），《親師生合作學習「戲劇活動」的行動研究：以臺北縣豐年國小特教班為例》，臺東大學兒童文學研究所碩士論文，未出版，臺東。

張允中（2002），《做一個人見人愛的說故事高手》，臺北：宇河。

張心盈（2006），《戲劇活動技巧應用於國小智能障礙學童社會技巧的研究》，臺南大學特殊教育研究所碩士論文，未出版，臺南。

張世忠（2001），《九年一貫課程與教學》，臺北：五南。

張玉成（1999），《教師發問的技巧》，臺北：心理。

張秀卿（2009），《繪本教學應用在國小一年級品德教育的行動研究——以尊重與關懷為核心》，臺北教育大學社會教育研究所碩士論文，未出版，臺北。

張玲霞（2006），《國語文別瞎搞》，臺北：新手父母。

張凱杰（2001），《崔小萍「廣播劇」之探討》，中國文化大學戲劇研究所碩士論文，未出版，臺北。

張曉華（2003），《創作性戲劇教學原理與實作》，臺北：成長基金會。

教育部（2003），《國民中小學九年一貫課程綱要藝術與人文學習領域》，臺北：教育部。

教育部（2008），《國民中小學九年一貫課程綱要：語文學習領域》，臺北：教育部。

莎莉絲著，李志強等譯（2007），《即興真實人生——故事劇場中的個人故事》，臺北：心理。

莊永佳文‧圖（2000），《擁抱》，臺北：國語日報。

莊惠雅（2000），《臺灣兒童戲劇發展之研究》，臺東大學兒童文學研究所碩士論文，未出版，臺東。

許雅惠（2002），《傳統童話圖畫書與顛覆性童話圖畫書表現手法之比較研究——以「三隻小豬」為例》，臺中教育大學語文教育研究所碩士論文，未出版，臺中。

陸可鐸著，馬第尼斯圖（2000），《你很特別》，臺北：道聲。

陳津慧（2009），《國小六年級學生寫作能力的教學研究——以繪本教學為例》，臺東大學兒童文學研究所碩士論文，未出版，臺東。

陳意爭（2008），《圖畫與文字的邂逅：圖畫書中的圖文關係探索》，臺北：秀威。

陳龍安（2006），《創造思考教學的理論與實際》，臺北：心理。

陳韻文（1995），《臺灣廣播劇 1930'S～1960'S》，臺灣大學藝術研究所碩士論文，未出版，臺北。

陳嬿如（2007），《創造性繪本教學方案對國小低年級學生創造力的影響》，臺灣師範大學教育心理與輔導研究所碩士論文，未出版，臺北。

馮翊剛（2000），《相聲世界走透透》，臺北：幼獅。

粘鳳茹（2005），《藝術與人文領域中的創造性戲劇活動：以戲胞班為例》，《教師之友》，46（3），96-102。

傅大為（1994），《基進筆記》，臺北：桂冠。

曾子瑛（2009），《繪本創造思考教學方案對國小資優生創造力的影響》，臺北市立教育大學特殊教育研究所碩士論文，未出版，臺北。

琦君著，黃淑英圖（2002），《桂花雨》，臺北：格林。

華倫著，周小玉譯（2001），《戲劇抱抱》，臺北：成長基金會。

雲美蓮（2006），《繪本在生命教育應用的行動研究：以國小二年級為例》，屏東大學教育行政研究所碩士論文，未出版，屏東。

黃秀雯、徐香菊（2004），〈繪本創作之創意思考教學研究——從觀察、想像、到創意重組〉，《藝術教育研究》，8，29-71。

黃美序（2009），《戲劇的味道》，臺北：五南。

黃迺毓（2003），《童書是童書》，臺北：宇宙光。

黃迺毓、李坤珊、王碧華（2003），童書非童書，臺北：宇宙光。

黃淑瑛（2005），〈孩子的最愛圖畫故事書的欣賞與創作教學〉，《美育》，143，4-17。

黃惠英（2008），《教育戲劇策略融入國小三年級學生品格教育的研究——從「尊重」與「關懷」出發》，臺南大學戲劇創作與應用研究所碩士論文，未出版，臺南市。

愛得華‧賴特著，石光生譯（1986），《現代劇場藝術》，臺北：書林。

楊佳惠（2000），《創作性兒童戲劇研究》，臺東師範學院兒童文學研究所碩士論文，未出版，臺東。

楊雅婷（2009），《運用圖畫書統整藝術與人文學習領域課程的行動研究》，臺東大學兒童文學研究所碩士論文，未出版，臺東。

葉玉珠、葉玉環、李梅齡、彭月茵（2006），〈以創作性戲劇教學啟發幼兒創造力之行動研究〉，《師大學報：教育類》，51，1-27。

葉怡均（2007），《我把相聲變小了》，臺北：幼獅。

葉怡均（2010），《說唱玩國》，臺北：幼獅。

葛琦霞（2002），《教室 V.S 劇場　好戲上場囉！》，臺北：信誼。

董奇（2003），《兒童創造力發展心理》，臺北：五南。

詹竹莘（1997），《表演藝術與表演教程》，臺北：書林。

詹宏志（1986），《創意人—創意思考的自我訓練》，臺北：臉譜。

詹斯匡（2007），《兒童創造力開發之教學研究——以圖畫書創作為例》，臺東大學兒童文學研究所碩士論文，未出版，臺東。

詹瑞璟（2010），《大家來說相聲》，臺北：幼獅。

雍‧薛斯卡著，方素珍譯（1999），《三隻小豬的真實故事》，臺北：三之三。

雷‧克里斯強森文／迪克‧史丹柏格圖（2000），《不是我的錯》，臺北：和英。

廖五梅（2010），《唐傳奇戲劇化在閱讀教學上的應用》，臺北：秀威。

廖慧娟（2007），《兒童戲劇活動導入國小低年級寫作教學的研究》，新竹教育大學人資處語文教學研究所碩士論文，未出版，新竹。

漢格著，陳仁富譯（2001），《即興表演家喻戶曉的故事：戲劇與語文教學的融合》，臺北：心理。

趙自強、徐琬瑩（2005），《戲法學校中級篇》，臺北：幼獅。

劉清彥（2006），《道在童書》，臺北：道聲。

劉惠愉（2006），《戲劇活動融入國小社會學習領域教學的研究》，國立臺北教育大學社會科教育研究所碩士論文，未出版，臺北。

劉朝蓮（2008），《教育戲劇融入國小二年級生命教育課程——以生死議題為取向》，屏東教育大學幼兒教育研究所碩士論文，未出版，屏東。

蔡雅泰（2006），〈從創作本質談作文教學策略〉，《師友月刊》5月號。

蔡慧君（2007），《結合繪本與創造性戲劇教學活動對國小三年級學童多元智慧的影響效果的研究》，逢甲大學公共政策研究所碩士論文，未出版，臺中。

鄭淑方（2002），〈無字圖畫書創意教學〉，《師友》，423，76-77。

鄭黛瓊（1999），摩根著，《戲劇教學——啟動多彩的心》，臺北：心理。

鄧志浩（1997），《不是兒戲——鄧志浩談兒童戲劇》，臺北：張老師。

黎波諾著，余阿勳譯（1989），《水平思考法》，臺北：水牛。

賴馬文・圖（1997），《我和我家附近的野狗們》，臺北：信誼。

賴聲川（2006），《賴聲川的創意學》，臺北：天下。

戴琲樺（2005），《故事與戲劇活動在生命教育教學上的應用》，屏東大學教育行政研究所碩士論文，未出版，屏東。

謝華馨（2003），《應用創作性戲劇說故事教學活動之研究——以安和國小一年級為例》，臺東大學兒童文學研究所碩士論文，未出版，臺東。

鍾敏華（2002），《兒童繪本與兒童語文創造力的教學行動研究》，臺東大學兒童文學研究所碩士論文，未出版，臺東。

鍾滿英（2005），《圖畫故事書創造思考教學對國小三年級學童的閱讀動機閱讀自我效能成效之探討》，中山大學教育研究所碩士論文，未出版，高雄。

黛比・艾威爾著，劉清彥譯（2005），《感恩之門》，臺北：道聲。

簡良哲（2007），《創作性戲劇活動提升學童同儕人際關係的行動研究》，臺灣海洋大學教育研究所碩士論文，未出版，基隆。

鐵皮人工作室（2006），《三隻小豬》，臺北：幼福。

附錄

一、資料編碼表

（一）舞臺劇

代碼	資料類型	對象	時間	記錄方式	編碼
A	觀察	全班	2011.03.15	摘記	觀 A1 摘 2011.03.15
	觀察	全班	2011.04.07	摘記	觀 A2 摘 2011.04.07
	訪談	各組抽樣	2011.04.11	摘記	觀 A3 摘 2011.04.11
	反思	全班	2011.04.17	摘記	觀 A4 摘 2011.04.17

（二）廣播劇

代碼	資料類型	對象	時間	記錄方式	編碼
B	觀察	全班	2011.05.03	摘記	觀 B1 摘 2011.05.03
	訪談	各組抽樣	2011.05.12	摘記	觀 B2 摘 2011.05.12
	反思	全班	2011.05.17	摘記	觀 B3 摘 2011.05.17

（三）相聲劇

代碼	資料類型	對象	時間	記錄方式	編碼
C	觀察	全班	2010.09.21	摘記	觀 C1 摘 2010.09.21
	觀察	全班	2010.09.28	摘記	觀 C2 摘 2010.09.28
	訪談	各組抽樣	2010.10.03	摘記	觀 C3 摘 2010.10.03
	觀察	全班	2010.10.06	摘記	觀 C4 摘 2010.10.06
	反思	全班	2010.10.13	摘記	觀 C5 摘 2010.10.13

（四）故事劇場

代碼	資料類型	對象	時間	記錄方式	編碼
D	觀察	全班	2010.12.08	摘記	觀 D1 摘 2010.12.08
	觀察	全班	2010.12.13	摘記	觀 D2 摘 2010.12.13
	觀察	全班	2010.12.16	摘記	觀 D1 摘 2010.12.16
	觀察	全班	2010.12.21	摘記	觀 D2 摘 2010.12.21
	反思	全班	2011.12.26	摘記	觀 D4 摘 2010.12.26

二、創意圖畫書結合舞臺劇教學活動資料

（一）舞臺劇的前測學習單

舞臺劇的前測學習單　　姓名：

1. (　　) 你有看過舞臺劇嗎？①有②沒有。
2. (　　) 你知道舞臺劇有什麼特色？①道具、布景②服裝、化妝③燈光。
   （可複選）
3. (　　) 有沒有人告訴你是家裡、班級特別孩子或學生？①有②沒有③不知道。
4. (　　) 你有沒有讚美別人很特別？①有②沒有③不知道。
5. (　　) 你有沒有和胖哥一樣的煩惱？①有②沒有③不知道。
6. (　　) 你覺得班上有沒有像故事中妹妹一樣的同學？①有②沒有③不知道。
7. (　　) 你遇到同學需要協助時，你會如何對待他？①幫助他②不理他③請他去找別人。
8. (　　) 《你很特別》的主題是在敘述①表現好的木頭人可以貼金星貼紙②表現不好的木頭人要被貼灰點點③每個人都是特別④凡事可以不在乎別人。
9. (　　) 《愛你本來的樣子》的主題是在敘述①每個人都有不同的喜好②要耐心教導別人③不管你本來的樣子是如何，我都要愛你④對待人要付出真心，別人才會感受到你真誠的樣子。
10. 《你很特別》改編成舞臺劇本，你想在哪一部分加入創意的情節？

---

11. 《愛你本來的樣子》改編成舞臺劇本，你想在哪一部分加入創意的情節？

（二）多媒體運用教學學習單

《最棒的禮物》多媒體運用教學學習單

項目	兒童版	成人版
服裝	評分：○○○○○○○○○○ 原因：	評分○○○○○○○○○○ 原因：
化妝造型	評分：○○○○○○○○○○ 原因：	評分○○○○○○○○○○ 原因：
演技	評分：○○○○○○○○○○ 原因：	評分○○○○○○○○○○ 原因：
布景	評分：○○○○○○○○○○ 原因：	評分○○○○○○○○○○ 原因：
音樂與音效	我覺得	
並寫下多媒體對整齣劇的重要性和感想。		

（三）舞臺劇的後測學習單

舞臺劇的後測學習單　　　姓名：

1. （　） 你喜歡演舞臺劇的戲？①喜歡②不喜歡。
   原因：_____
2. （　） 你覺得舞臺劇的劇本容易寫嗎？①容易②不容易。
3. （　） 你大部分是看圖畫書的文字還是圖來改編的？①文字②圖。
4. （　） 你覺得一本圖畫書和兩本圖畫書改編成舞臺劇本，哪一種比較
   容易寫？①一本圖畫書②兩本圖畫書。
   原因：_____
5. （　） 請你選出演舞臺劇需要準備哪些項目，才能表演的很精采？①
   布景②化妝③服裝④道具。（可複選）
6. （　） 你覺得以舞臺劇方式來編寫劇本，是否可以幫助你了解圖畫書
   的內容？①可以②不可以
7. 你有沒有遇過類似微美克村會比較人好壞的情境？請詳細說明，並寫
   出自己當時的感受。

_____

_____

8. 你如果和書中的胖哥一樣覺得自己不想被別人評斷時，想知道自己生
   命中的價值，你想去找誰解決心中的疑惑？為什麼？

_____

_____

9. 你覺得自己特別的地方在哪裡？是誰告訴你的？

_____

_____

10. 你真的可以做得到伊萊對胖哥說的不用在乎別人對你的的感受，只要在乎我的感受？那你最在乎誰的感受？為什麼？

_____

_____

11 演完《你很特別》你學到什麼？

_____

12. 請分析每位家人像《愛妳本來的樣子》書中那個角色？為什麼？（傾聽者——小女孩、多才多藝（忙碌）——兄弟姊妹、需要關心與陪伴——國王）

_____

_____

13. 你最想要那位家人給你肯定或鼓勵？為什麼？希望他對你說什麼？

_____

_____

14. 演完《愛妳本來的樣子》你學到什麼？

_____

三、創意圖畫書結合廣播劇教學活動資料

（一）廣播劇的前測學習單

廣播劇的前測學習單　　　姓名：

1.（　）你有看過廣播劇嗎？①有②沒有。
2.（　）你知道廣播劇有什麼特色？①聲音②音樂、音效③道具、服裝。（可複選）
3.（　）媽媽是否常對你說一些感人、叮嚀、教導的話？①有②沒有③不知道。
4.（　）你能深刻感受媽媽的愛？①有②沒有③不知道。
5.（　）你有沒有遇過和巨人一樣慷慨大方的人？①有②沒有③不知道。
6.（　）你遇到同學需要協助時，你會如何對待他？①幫助他②不理他③請他去找別人。
7.（　）《桂花雨》的主題是在敘述①媽媽要教導孩子注意天氣的變化②媽媽應該要有節儉的德行③媽媽應該要叮嚀孩子的每一件事④媽媽對孩子無私的愛。
8.（　）《最炫的巨人》的主題是在敘述①要學習和需要的人分享自己擁有的東西②不管自己有沒有東西，都要和別人分享③當一個巨人一定要穿得很炫④看到別人擁有一些好東西，可以去請他和你分享。
9.《桂花雨》改編成廣播劇本，你想在哪一部分加入創意的情節？

_____

10.《最炫的巨人》改編成廣播劇本，你想在哪一部分加入創意的情節？

_____

（二）廣播劇的後測學習單

廣播劇的後測學習單　　　姓名：

1.（　）你喜歡演廣播的戲？①喜歡②不喜歡。
　　　原因：＿＿＿＿＿＿＿＿＿＿＿＿＿＿＿＿＿＿＿＿＿＿＿＿＿＿
2.（　）你覺得廣播劇的劇本容易寫嗎？①容易②不容易。
3.（　）你大部分是看圖畫書的文字還是圖來改編的？①文字②圖。
4.（　）你覺得一本圖畫書和兩本圖畫書改編成廣播劇本，哪一種比較
　　　容易寫？①一本圖畫書②兩本圖畫書。
　　　原因：＿＿＿＿＿＿＿＿＿＿＿＿＿＿＿＿＿＿＿＿＿＿＿＿＿＿
5.（　）請你選出演廣播劇需要準備哪些項目，才能表演的很精采？①
　　　聲音②化妝③音樂④音效。（可複選）
6.（　）你覺得以廣播劇方式來編寫劇本，是否可以幫助你了解圖畫書
　　　的內容？①可以②不可以。
7.請回憶媽媽曾經對你作過哪些事或說過的話，讓你印象深刻。請詳細
　說明，並寫出自己當時的感受。

＿＿＿＿＿＿＿＿＿＿＿＿＿＿＿＿＿＿＿＿＿＿＿＿＿＿＿＿＿＿

＿＿＿＿＿＿＿＿＿＿＿＿＿＿＿＿＿＿＿＿＿＿＿＿＿＿＿＿＿＿

8.你每天最喜歡和媽媽一起作什麼事？感覺如何？

＿＿＿＿＿＿＿＿＿＿＿＿＿＿＿＿＿＿＿＿＿＿＿＿＿＿＿＿＿＿

＿＿＿＿＿＿＿＿＿＿＿＿＿＿＿＿＿＿＿＿＿＿＿＿＿＿＿＿＿＿

9. 演完《桂花雨》你學到什麼？

_____

_____

10. 你覺得身邊那一個人的行為很像巨人？

_____

_____

11. 當別人有困難求助你，你會怎麼作？

_____

_____

12. 演完《最炫的巨人》你學到什麼？

_____

_____

四、創意圖畫書結合相聲劇教學活動資料

（一）相聲劇的前測學習單

相聲劇的前測學習單　　　　姓名：

1. （　）你有聽過相聲劇嗎？①有②沒有。
2. （　）你看過相聲劇嗎？①有②沒有。（填沒有看過，請跳到第四題作答）
3. 你在哪裡看過相聲劇？是哪一個劇團主演的？

_____

4. （　）你知道相聲劇有什麼特色？①對白必須有趣②以說學逗唱為主③必須穿劇服④要有道具。（可複選）
5. （　）相聲劇可以幾個人演出？①一個人②二個人③三人④多人。
6. （　）圖畫書可以編成相聲劇？①可以②不可以。
7. （　）圖畫書倘若可以編成相聲劇，要加入哪些元素，會更有趣？①音樂②唱歌③演戲④笑話。（可複選）
8. （　）《兩姊妹和她們的客人》的主題是在敘述①彼此相處的差異②要尊重別人的生活習慣③改變別人的習慣是正確的④要多學別人的好習慣。
9. （　）《我和我們家附近的野狗》的主題是在敘述①要小心被野狗咬②要收留流浪狗③要找環保局撲殺野狗④要愛護生命。
10. 《兩姊妹和她們的客人》改編成相聲劇本，你想在哪一部分加入有趣的情節？

_____

_____

11. 《我和我們家附近的野狗》改編成相聲劇本你如何加入有趣的情節？

（二）相聲劇的後測學習單

相聲劇的後測學習單　　　姓名：

1.（　）你喜歡演相聲劇？①喜歡②不喜歡。
　　原因：＿＿＿＿＿＿＿＿＿＿＿＿＿＿＿＿＿＿＿＿＿＿
2.（　）你覺得相聲劇的劇本容易寫嗎？①容易②不容易。
3.（　）你大部分是看圖畫書的文字還是圖來改編的？①文字②圖。
4.（　）你覺得一本圖畫書和兩本圖畫書改編成相聲劇本，哪一種比較容易寫？①一本圖畫書②兩本圖畫書。
　　原因：＿＿＿＿＿＿＿＿＿＿＿＿＿＿＿＿＿＿＿＿＿＿
5.（　）請你選出相聲劇需要準備哪些項目，才能表演的很精采？①寫劇本②背劇本③肢體動作④道具。（可複選）
6.（　）你覺得以相聲劇方式來編寫劇本，是否可以幫助你了解圖畫書的內容？①可以②不可以。
7.（　）圖畫書倘若改編成相聲劇，你覺得相聲劇說、學、逗、唱哪一種特色最難融入劇本中？①說②學③逗④唱。
　　原因：＿＿＿＿＿＿＿＿＿＿＿＿＿＿＿＿＿＿＿＿＿＿
8.（　）在《兩姊妹和她們的客人》裡，客人要改變主人什麼習慣？①運動②飲食③房子擺設④牆壁顏色。（可複選）
9.（　）你在《兩姊妹和她們的客人》看到什麼？①和別人生活方式相同時，不一定會快樂②一定要改變別人，讓他和自己的生活方式相同③當一位好客人，就是要改變主人不好的習慣④要多學別人的好習慣。
10. 你演完《我和我們家附近的野狗》、《兩姊妹和她們的客人》，有沒有讓你更尊重同學？更注意身邊的流浪狗？為什麼？舉例說明。

＿＿＿＿＿＿＿＿＿＿＿＿＿＿＿＿＿＿＿＿＿＿＿＿＿＿＿＿

＿＿＿＿＿＿＿＿＿＿＿＿＿＿＿＿＿＿＿＿＿＿＿＿＿＿＿＿

（三）相聲劇劇本學習單

相聲劇劇本學習單

劇本評析

	主要內容	自我表現
說		□優□良□再加油
學		□優□良□再加油
逗		□優□良□再加油
唱		□優□良□再加油
創意改寫		□優□良□再加油
這組演出的表現	優： 要改進：	
我對這次相聲劇演出的感想	1. 最佳演員：＿＿＿＿＿＿＿＿ 2. 扮演的角色：＿＿＿＿＿＿＿＿ 3. 最精彩的部分是（可複選） □表情生動□聲音語氣很像扮演的角色 □動作表演模仿很像□唱得很好聽□講得很好笑 4. 那個角色最難演？為什麼？ ＿＿＿＿＿＿＿＿＿＿＿＿＿＿＿＿	

	請寫出編劇和演出的心得（50 字以上）
	老師評語

五、創意圖畫書結合故事劇場教學活動資料

（一）故事劇場的前測學習單

故事劇場的前測學習單　　　姓名：

1.（　）你有看過故事劇場嗎？①有②沒有。
2.（　）你知道故事劇場有什麼特色？①旁白可以說故事也可以演角色②要有道具③必須穿劇服（可複選）。
3.（　）你有沒有嘲笑別人的經驗？①有②沒有③不知道。
4.（　）你有沒有曾經被別人欺負，而在教室哭泣？①有②沒有③不知道。
5.（　）你有沒有和威廉一樣的煩惱？①有②沒有③不知道。
6.（　）你覺得班上有沒有像威廉一樣的同學？①有②沒有③不知道。
7.（　）如果班上有和威廉一樣的同學，你會如何對待他？①嘲笑他②和他一起玩③尊重他的興趣。
8.（　）《不是我的錯》的主題是在敘述①可以袖手旁觀看別人哭泣②大家欺負別人時，我也可以加入③凡事都是別人的錯，不是我的錯④我不欺負同學，並要有正義感幫助被欺負的同學。
9.（　）《威廉的洋娃娃》的主題是在敘述①每個人都有不同的喜好②要尊重別人的興趣③改變別人的興趣是正確的④男生本來就不應該玩洋娃娃。
10.《不是我的錯》改編成故事劇本，你想在哪一部分加入敘事的情節？

___

11.《威廉的洋娃娃》改編成故事劇本，你想在哪一部分加入敘事的情節？

___

（二）故事劇場的後測學習單

故事劇場的後測學習單　　　姓名：

1. （　） 你喜歡演故事劇場的戲？①喜歡②不喜歡。

　　　原因：＿＿＿＿＿＿＿＿＿＿＿＿＿＿＿＿＿＿＿＿＿＿＿＿

2. （　） 你覺得故事劇場的劇本容易寫嗎？①容易②不容易。

3. （　） 你大部分是看圖畫書的文字還是圖來改編的？①文字②圖。

4. （　） 你覺得一本圖畫書和兩本圖畫書改編成故事劇本，哪一種比較

　　　容易寫？①一本圖畫書②兩本圖畫書。

　　　原因：＿＿＿＿＿＿＿＿＿＿＿＿＿＿＿＿＿＿＿＿＿＿＿＿

5. （　） 請你選出演故事劇需要準備哪些項目，才能表演的很精采？①

　　　寫劇本②背劇本③肢體動作④道具。（可複選）

6. （　） 你覺得以故事劇方式來編寫劇本，是否可以幫助你了解圖畫書

　　　的內容？①可以②不可以。

7. 在《不是我的錯》裡，你學到什麼？

＿＿＿＿＿＿＿＿＿＿＿＿＿＿＿＿＿＿＿＿＿＿＿＿＿＿＿＿＿＿

8. 在《威廉的洋娃娃》裡，你看到威廉的興趣不被認同，有什麼想法？

＿＿＿＿＿＿＿＿＿＿＿＿＿＿＿＿＿＿＿＿＿＿＿＿＿＿＿＿＿＿

9. 你演完《不是我的錯》、《威廉的洋娃娃》，有沒有讓你更尊重同學

　的興趣，更會關心同學的心情，請舉例說明。

＿＿＿＿＿＿＿＿＿＿＿＿＿＿＿＿＿＿＿＿＿＿＿＿＿＿＿＿＿＿

（三）故事劇場劇本賞析單

故事劇場劇本賞析單

	劇本內容	評分
故事發生的原因		非常棒（　　） 還不錯（　　）
角色個性		非常棒（　　） 還不錯（　　）
故事發生的衝突點		非常棒（　　） 還不錯（　　）
故事的最高潮		非常棒（　　） 還不錯（　　）
結果		非常棒（　　） 還不錯（　　）
故事的主旨		非常棒（　　） 還不錯（　　）
對自己編的劇本的評語	1.這個劇本整體表現（ 　　　　　　　　　） 2.我最喜歡（ 　　　　　　　　　） 3.我希望（ 　　　　　　　　　）	給自己表現打 （　　）分
演出的心情 （針對自己對角色的揣摩和整組演出的表現以及透過戲劇學到的感受透過文字寫出來）		

老師鼓勵的話		

社會科學類　PF0083　東大學術 41

創意戲劇化圖畫書教學

作　　者 / 李玉玫
責任編輯 / 孫偉迪
圖文排版 / 楊家齊
封面設計 / 王嵩賀

發 行 人 / 宋政坤
法律顧問 / 毛國樑　律師
出版發行 / 秀威資訊科技股份有限公司
　　　　　114 台北市內湖區瑞光路 76 巷 65 號 1 樓
　　　　　電話：+886-2-2796-3638　傳真：+886-2-2796-1377
　　　　　http://www.showwe.com.tw
劃撥帳號 / 19563868　戶名：秀威資訊科技股份有限公司
　　　　　讀者服務信箱：service@showwe.com.tw
展售門市 / 國家書店（松江門市）
　　　　　104 台北市中山區松江路 209 號 1 樓
　　　　　電話：+886-2-2518-0207　傳真：+886-2-2518-0778
網路訂購 / 秀威網路書店：http://www.bodbooks.com.tw
　　　　　國家網路書店：http://www.govbooks.com.tw

2012 年 4 月 BOD 一版
定價：400 元

國家圖書館出版品預行編目

創意戲劇化圖畫書教學 / 李玉玫著. -- 一版. --
臺北市 ： 秀威資訊科技, 2012. 04
　面 ；　公分. -- (社會科學類 ; PF0083)
(東大學術 ; 41)
BOD 版
ISBN 978-986-221-936-2(平裝)

1.兒童戲劇　2.繪本　3.創造思考教學
4.教學研究　5.小學教學

523.37　　　　　　　　　　　　　101003614

讀者回函卡

感謝您購買本書，為提升服務品質，請填妥以下資料，將讀者回函卡直接寄回或傳真本公司，收到您的寶貴意見後，我們會收藏記錄及檢討，謝謝！如您需要了解本公司最新出版書目、購書優惠或企劃活動，歡迎您上網查詢或下載相關資料：http:// www.showwe.com.tw

您購買的書名：＿＿＿＿＿＿＿＿＿＿＿＿＿＿＿＿＿＿＿＿＿＿

出生日期：＿＿＿＿年＿＿＿＿月＿＿＿＿日

學歷：□高中 (含) 以下　　□大專　　□研究所 (含) 以上

職業：□製造業　□金融業　□資訊業　□軍警　□傳播業　□自由業
　　　□服務業　□公務員　□教職　　□學生　□家管　　□其它＿＿＿

購書地點：□網路書店　□實體書店　□書展　□郵購　□贈閱　□其他

您從何得知本書的消息？

　　□網路書店　□實體書店　□網路搜尋　□電子報　□書訊　□雜誌

　　□傳播媒體　□親友推薦　□網站推薦　□部落格　□其他＿＿＿＿＿

您對本書的評價：(請填代號　1.非常滿意　2.滿意　3.尚可　4.再改進)

　　封面設計＿＿＿　版面編排＿＿＿　內容＿＿＿　文／譯筆＿＿＿　價格＿＿＿

讀完書後您覺得：

　　□很有收穫　□有收穫　□收穫不多　□沒收穫

對我們的建議：＿＿＿＿＿＿＿＿＿＿＿＿＿＿＿＿＿＿＿＿＿＿＿

＿＿＿＿＿＿＿＿＿＿＿＿＿＿＿＿＿＿＿＿＿＿＿＿＿＿＿＿＿＿＿

＿＿＿＿＿＿＿＿＿＿＿＿＿＿＿＿＿＿＿＿＿＿＿＿＿＿＿＿＿＿＿

＿＿＿＿＿＿＿＿＿＿＿＿＿＿＿＿＿＿＿＿＿＿＿＿＿＿＿＿＿＿＿

11466
台北市內湖區瑞光路 76 巷 65 號 1 樓

秀威資訊科技股份有限公司　　　收

　　　　　BOD 數位出版事業部

....

（請沿線對折寄回，謝謝！）

姓　　名：＿＿＿＿＿＿＿＿＿　年齡：＿＿＿＿　性別：□女　□男

郵遞區號：□□□□□

地　　址：＿＿＿＿＿＿＿＿＿＿＿＿＿＿＿＿＿＿＿＿＿＿

聯絡電話：(日) ＿＿＿＿＿＿＿＿＿＿(夜) ＿＿＿＿＿＿＿＿＿

E-mail：＿＿＿＿＿＿＿＿＿＿＿＿＿＿＿＿＿＿＿＿＿